日中国交正常化50周年記念出版

忘れられない中国滞在エピソード

第5回 受賞作品集

驚きの連続だった中国滞在

赤羽一嘉・関口知宏・矢野浩二
中ノ瀬幸など43人共著
段躍中 編

日本僑報社

孔鉉佑大使からのメッセージ

第五回「忘れられない中国滞在エピソード」受賞作品集の出版にあたり、中国大使館を代表して、受賞者の皆さま、そして、日本僑報社および関連団体の皆さまに、お喜びとお祝いを申し上げます。

「忘れられない中国滞在エピソード」コンクールは二〇一八年に始まりました。長年にわたって千人を超える日本の友人の皆さまがコンクールを通じて中日友好交流や協力に参加した経験を語り、ご自身の「中国観」を共有して、両国社会の相互理解と信頼の増進にポジティブなエネルギーを絶えず注入してくださっています。

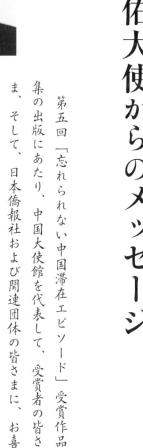

第４回コンクールの受賞者代表らと会見する孔鉉佑大使（写真中央）

第五回コンクールには例年と同様に多くの方が参加され、日本各地より二百二十五本の応募作品が寄せられました。参加者は、ベテラン政治家、著名なタレント、有名俳優及び会社員、メディア関係者、大学教員など社会各界を網羅し、年齢層も学生から社会の中堅層、ベテラン世代まで及んでいます。応募作品からは、日本の友人の皆さまが中国の風土や人情に深い興味を抱き、中国の経済と社会の発展に新鮮な感銘を受けていること、さらに両国国民が文化や心の交流を通して結んだ深い友情と、中日平和友好協力への強い期待を感じ取ることができます。

今年は中日国交正常化五十周年の節目の年に当たります。双方の共同の努力の下、この五十年間は中日関係が最も急速に発展し、両国の国民に最も多くの幸福をもたらし、地域と世界に最も大きな影響を与えた五十年となりました。新たな歴史の出発点に立ち、双方は両国と両国国民の根本的利益から出発し、国交正常化の初心の原点に立ち返り、中日間の四つの政治文書と双方の重要な共通認識を厳守し、各分野、各レベルの交流協力を強化して、両国関係が正しい方向に沿って、安定的かつ長期的に発展するよう推進しなければなりません。

民間友好は中日関係が更なる進歩を遂げるための原動力の源です。新時代の要請にふさわしい中日関係の構築を推進するには、両国の各界が引き続き手を携えて前進しなければなりません。今回の作品集の刊行によって、より多くの日本の友人の皆さまが中日友好の「友情の輪」に加わり、自分自身の「忘れられない中国滞在エピソード」を経験して、それを書き記してくださることを希望します。皆さまのたゆまぬ努力によって、中日関係が次の五十年も引き続き新たな大きな成果を収めることができると確信しております。

二〇二二年十月吉日

中華人民共和国駐日本国特命全権大使

目　次

一等賞

二等賞

三等賞

あとがき

付録

特別賞

驚きの体験の連続であった中国滞在

衆議院議員　前国土交通大臣　赤羽　一嘉

私は、一九八七～九〇年にかけて、三井物産の社員として、①独身での北京駐在、②新婚での北京駐在、③単身での南京駐在を経験致しました。日中両国間の生活慣習、文化、経済活動上などの違いから、いずれも驚きの体験の連続でありました。

中でも、強烈な印象の日々は、最初の北京駐在でありました。私は、日本企業の駐在員の巣窟であった老ホテルの新橋飯店の冷蔵庫もない狭い一室に居を構え、友誼商店隣の国際大廈（CITIC）で勤務していました。

私は、台北で中国語を一年半みっちり学び、日常生活には何不自由ないまでに習得することができたと自信満々で北京に赴任したのでありますが、着任して一～二ヶ月は、面談時や電話での先方が話す中国語は全く聞き取れない状況が続き、これから先、まともな仕事をすることができるのだろうかと悶々とした日々を過ごしておりました。が、ある日、突然、先方の中国語の意味を理解することが出来た瞬間に遭遇！……今でも、なぜ突然理解することができるようになったのか不明でありますが、当時の私にとって、一条の光が差した行幸そのものでありました。

2019年11月25日、中華人民共和国駐日本国大使館にて王毅外交部長と
（写真提供：赤羽かずよし事務所）

　私の担当業務は、中国産のトウモロコシや高粱、ごま等の買付でありましたので、原産地や積出港への出張も多く、実にタフな経験を致しました。着任早々の極寒の一月末に、北京から長春まで夜行列車の三段ベッド（硬臥）で十八時間、到着は明け方五時。零下三十度を下回る極寒の駅で、糧油総公司吉林省分公司の担当者が雪ダルマのようになりながら私を出迎えてくれ、夜行列車内での辛さが吹き飛んでしまいました。また、白酒を酌み交わし、一気飲みをする宴会は、楽しい雰囲気であるものの、苦行でもありました。その反面、原産地での工場内での食事も何度も経験しましたが、新鮮な食材を堪能できた上に、純朴な人々との交流もでき、私にとっては素晴らしい体験でした。

　貿易については、当時の中国は「国際貿易の慣行」に習熟している状況とは言えず、数々のトラブルが発生し、頭を悩ませられました。例えば、年間契約したトウモロコシの買付価格より、出荷時の相場が高くなると、必ず荷が揃わないという理由で出荷を拒まれました。当方から、契約違反のペナルティを請求しても、「ないものほど強いものはない」状態で暖簾に腕押し。東京本社には、こうした実情はなかなか理解されず、その板挟みに、とてもつらい思いを致しました。しかしながら、こうした実態も、時の経過とともに改善され、国際貿易慣行に則った取引が行われるようになったと承知しています。

辛かった経験は、生活面でもかなりありました。友誼商店に買物に行っても、お喋りに忙しい服務員は一向に応対してくれない。応対しても、「没有、没有」の連発で、全く購入することができないことは日常茶飯事でした。タクシーもサービス業とは程遠い状況で、そもそも台数が少なく、日々の生活の足の確保は大変困りました。

また、新橋飯店も居心地が良い状況とは程遠く、日本の製品が珍しかったこともあって、私の留守中に、ホテルの服務員が私の部屋のカセットテープを

2019年9月28日、中華人民共和国成立70周年記念祝賀会にて
（写真提供：赤羽かずよし事務所）

2019年9月28日、中華人民共和国成立70周年記念祝賀会にて
（写真提供：赤羽かずよし事務所）

聴いたり、日本の週刊誌のグラビアを見たりしているような状況もあり、精神的に落ち着かない日々でもありました。

反面、新橋飯店には、当時の北京では珍しかった日本のラーメン店、居酒屋があり、その上、中国古来の上手な指圧も安価で受けられ、ささやかな楽しみもありました。また、同ホテルには、多くの日本の駐在員が滞在しており、その中で、都立青山高校ラグビー部の一学年上の主将であり、後に資生堂の国際部門のトップになられた岡沢雄先輩に偶然遭遇し、旧交を温めることができたのも懐かしい思い出です。

こうした日々を過ごす中でも、会社の先輩などを通じて、中国の友人もでき始め、休日には、一緒に、屋内サッカーをかなり本気モードで興じるなど、日中友好の楽しい思い出を作ることもできました。

あれから三十年余り。現在の中国の発展ぶりは、同じ国なのかと頬をつねりたくなるほどの隔世の感があります。中国が世界有数の先進国になった今、国際社会には様々な課題が存在しますが、両国政府間の話合いのチャネルを堅持しつつ、国民相互の草の根レベルの環境・経済・文化・芸術・スポーツ・観光交流などを通し、確固たる日中友好の絆を強めていくことに、私自身も微力ながら尽力してまいります。

赤羽 一嘉（あかば かずよし）

一九五八年五月七日生まれ。慶應義塾大学法学部卒業後、三井物産株式会社勤務、台湾で語学研修。一九八七〜九〇年にかけて、北京・南京に駐在。一九九三年衆議院初当選（当選九回）。一九九五年阪神淡路大震災で自身も被災。経済産業副大臣・原子力災害現地対策本部長、財務副大臣、衆院国土交通委員会委員長等を歴任。前国土交通相、公明党幹事長代行、公明党兵庫県本部代表。趣味・特技はラグビー（元全日本高校選抜）、中国語、絵画鑑賞。座右の銘は「一人立てるときに強きものは真正の勇者なり」「真実は現場にあり」。

特別賞

「異郷有悟」
——中国の旅を通してわかったこと

俳優　旅人　関口 知宏

僕は二〇〇七年にＮＨＫの「中国鉄道大紀行」というドキュメンタリー番組で、チベット自治区のラサから新疆ウイグル自治区のカシュガルまで約三万六千キロメートルもの長距離を四か月かけて、中国の大地をゆっくりと旅しました。現地で中国の人々や社会、文化と出会い、中国や日本についてあらためて考えるきっかけをくれた旅でした。

中国を旅している間、本当に多くの中国の方からこちらがびっくりするような親切を受けたり、「熱烈歓迎」したりしていただき、なぜこんなに親切にしていただけるのか不思議に思うほどでした。

例えば、貴州省の田舎を旅した時に出会った方は、その家の唯一の財産である一匹の豚を出会って間もない僕のために殺して、ご馳走してくれようとするので慌てて止めた、そんなこともありました。

また、髪を洗ってもらうために訪れた床屋さんでも、おばさんが出会いを喜んでくれて、別れ際には泣きそうな顔をして別れを惜しんでくれました。中国のどこに行っても温かい親切を受け、歓迎され、会ったばかりの方がよく僕を家に招待して一家で大歓迎してくれました。初めて会っても次に会う約束をしてくれ、まるで親戚か長年の友人のように接してくれました。そのような中国人の温かさ、人と出会ったときの喜び方は、日本人とはかなり違うと思いました。日本人の性格では、初めて人と会ったとき、それほど強烈に喜びを表現しないように思うの

中国 西安にて（撮影：中野昭人）

です。中国で受けた多くの温かい親切や歓迎は僕の心に強く、深く刻み込まれています。

　そんな旅のある日、駅のホームに掲げられたある言葉が目に飛び込んできました。

「有朋自遠方来不亦楽乎（朋有り遠方より来る、また楽しからずや）」

　これは孔子の言行録『論語』の中の有名な言葉で、中国に来る前から知ってはいましたが、その意味をよく理解してはいませんでした。ところが、中国でこの言葉に出会ったとたん、まさに僕が肌で感じていたのはこれだ、ということがよくわかりました。どこに行っても中国の方々は初めて会った僕を興奮して喜んで迎えてくれたのです。よくラーメンのどんぶりに喜びの字が二つ並んで書いてあるのにも通じると思うのですが、喜び一つでは足りないというほどの喜びが、中国のイメージになりました。

　中国での長い旅を経て、僕にとって一番の収穫は、自分自身や日本について再認識し、自覚することができたことです。僕はこの旅を通じて「異郷有悟」

2012年4月9日、日中国交正常化40周年親善大使としてレセプションに参加（撮影：段躍中）

という四字熟語を創りました。外国に行って、その国の個性を知れば、自分の国の個性がわかる。異国への旅の体験を異郷有悟、即ち〝写し鏡〟にし、自分の長所短所を感じていくこと、といった意味です。日本にずっといるだけではわからなかったことが、中国に行って旅をする中でわかってきたのです。

　中国と日本は一衣帯水の隣国で共通点もありはしますが、それぞれの文化、社会、歴史をもち、やっぱりまったく違うことの方が多い印象でした。中国の人々の「熱烈歓迎」もそうですが、自己の発展や自己実現を強く求めていることも、いわば「喜び」に通じるわけで、つくづくあらゆる意味で「喜」の国だと思いました。それに対して、日本や日本人は協調や和を好み、その上での楽しさや楽を好む「楽」の国だと思います。旅を通して僕が考えるようになったのは、それぞれの国やその国の人々は、「喜怒哀楽」の「喜」「怒」「哀」「楽」の四つのタイプに分けられるのではないか、ということでした。

　もし世界が一つの会社だとしたら、エネルギッシュな「喜」の国、中国は販売部でしょう。販売部は売上目標の達成が必要ですが、達成できれば喜びがあります。「楽」の国、日本はコツコツとものづくりの経過を楽しむ製造部、または協調のための人事部かもしれません。合理化を好む「哀」の国はシステム部門、正義感の強い「怒」の国はコンプライアンス部門かもしれません。世界が各々そのことを知り、自身がどれかを自覚すれば、それぞれが長所として発揮される世界会社の実現も夢ではありません。裏を返せば、まだこのことを知らない世界が会社になることは、利害が一致しないので不可能なのです。

　今世界は、批判のし合いの様相を呈しています。発展の国は自国の発展のために他国を批判し、協調の国は協調性の無い国を批判。合理の国も正義の国も同様です。これは恐ろしい未来を招きます。発展しか求めない未来、協調性しか重んじない未来、合理だけ、正義だけしか追求しない未来が良いわけがないからです。会社の実現どころではありません。この旅は、そうした未来への大きな懸念も教えてくれるものでした。

　発展と協調と合理と正義、これは利害が相矛盾するために、国も人もどれかだけになりやすいのですが、すべて揃わなければなりません。会社も、リスクを負っても発展を目指すべき時、嫌な同僚や客とも協調しなければならない時、身を切る合理化をしなければならない時、損でも倫理やコンプライアンスを守らなければならない時があるのと同じです。それには、自分や自国がどれかを自覚すること。そして他の三つを受け入れることが大事なのです。

　横浜中華街に中国の有名な書道家の方がいらっしゃいますが、書道教室を開いて学びに来られた方に目標を尋ねたところ、ただ好きだからやりたい、というおじいさんおばあさんたちに衝撃を受け、世界が広がったそうです。まさに、「発展」「喜び」の書道家と、「協調」「楽しい」の日本人生徒の化学反応です。中国人と日本人は、何か縁があって、そうした学び合いが起きやすいのかもしれません。

　中国の旅は僕にとっても、自分自身と自分の生まれた国、日本についてもう一度あらためて見つめ直すまたとないチャンスとなりました。もしかすると僕は中国の旅で、もともとの「協調」と「楽」の上に「発展」と「喜」を得た、インストールしたのかもしれません。実際、中国に行く前と行った後を比べると、僕は行く前よりもエネルギッシュになった気がします。

僕は二〇一二年に日中国交正常化四十周年親善大使に就任し、様々な交流活動に携わることができ、よい経験になりました。今年は日中国交正常化五十周年に当たりますが、大変な正念場を迎えていると思います。

中国も日本も、その喜びだけではない、楽しいだけではない互いの関わりの中から、何よりもまず自らの姿を発見し、世界会社の未来、即ち発展だけではない、仲良しだけではない、四つが揃う未来に、それぞれが深化していってほしいと思っています。その未来にこそ、中国の真の「発展」、日本の真の「協調」があると思うからです。

関口 知宏
（せきぐち ともひろ）

一九七二年七月一日東京生まれ。俳優、旅人、アーティスト。立教大学経済学部経済学科卒、卒業後一九九六年フジテレビ「MMR未確認飛行物体」で俳優デビュー。以後、ドラマや司会など多方面で活躍。

二〇〇四年から始まったNHK-BSのドキュメンタリー番組で日本全国、中国、ヨーロッパなど各国を鉄道で旅する。二〇〇八年五月十日、橋田賞を受賞。二〇一二年には日中国交正常化四十周年記念事業の親善大使に就任し日中の友好に努めた。現在は映像・音楽制作なども手がけている。

著書に『「ことづくりの国」日本へ　そのための「喜怒哀楽」世界地図』（日本僑報社）、鉄道の旅シリーズ（徳間書店）など。

特別賞

日本と中国の人々がお互いに より親近感を抱く未来へ

俳優　矢野浩二

私は二〇〇〇年に中国のドラマ『永遠の恋人』の撮影で、最初に中国に行きました。当時は中国語もできず、日本との撮影方法の違いにも戸惑いましたが、通訳の方に「入郷随俗（郷に入っては郷に従え）」だ、と言われ気が楽になりました。

撮影の三カ月間、撮影スタッフの皆さんはとても親切で、私にロケ弁の中身について説明してくれたり、簡単な中国語を教えてくれたりして、「中国に来て活動すれば、きっとスターになれるよ」と言ってくれました。

中国で活動できるならやってみようと決意して、翌年二〇〇一年に単身中国にやってきました。それから現在までずっと中国で俳優として活動しています。二〇〇一年に出演したドラマが放映され、評判はよかったそうですが、それほど反響がなく少しがっかりしました。外国にいることで寂しさも感じましたが、中国人の友人たちが支えてくれたおかげで、困難を乗り越えて努力を続けることができました。

中国語に自信がついてきたのは二〇〇六年、フェニックステレビのバラエティー番組に出演した頃です。その出演後、湖南テレビでバラエティー番組のオファーが入ってきました。湖南の人々はとても思いやりが深いことが印象的でした。普段番組のメンバーはバラバラに色々な場所で仕事をしているので

2010年、中国のテレビ番組「天天向上」にて（本人提供）

すが、彼らはとても仲間意識が強く、メンバーの誰かの誕生日などには、日付が変わる十二時にお祝いのメールを入れるなど、温かさを感じました。

　中国には「好客《ハオクー》」という文化があります。言ってみればお客さんに親切、という意味ですが、それをとても感じます。外の人を非常に歓迎してくれるんですね。中国語が話せないと分かっていても、簡単な言葉でコミュニケーションを取ってくれる。例えばロケ弁の内容を一生懸命簡単な中国語で説明してくれる。

　またその大らかな姿勢は今でも感じます。それは実際来てみればとてもよく感じられるものだと思います。中国人のウェルカム精神を感じるんですね。自分は中国に来て、活動範囲が広がりました。何より気持ちで通じ合えることが大事だと思います。喋れないけれど、温かさを感じるんですね。

　長年中国で活動するなかで感じるのは、中国人は情に厚く、誕生日も重視するということです。二〇〇二年の誕生日について強く印象に残っているのは、

2018年、「天天向上」10周年を迎えた時の写真（本人提供）

部屋でテレビを見ていると突然友人から連絡があり、批判されたことです。というのは、私の誕生日は一月二十一日でしたが、思い出した時にはすでに二十五日になっていました。私は自分の誕生日のことを特に気にかけていなかったのです（以前、日本で八年間付き人をしていたので、三百六十五日・二十四時間いつも忙しい生活に慣れていました）。それから友人は私を食事に連れ出し、彼の友人たち二十人と一緒に私のために誕生パーティーを開いてくれました。今思い出しても胸が熱くなります。一般的に日本人は少しシャイで人に迷惑をかけないよう努めているところがありますが、中国人は情に厚く親切で、共感の心に富んでいると思います。

　日本と中国は近い国で、大阪と上海を始め友好都市も数多くあります。日本と中国は、交流していかなくてはならない関係だと思います。絆をつくっていかなくてはならない。例えば中国には年々日本料理店が増えています。中国の人々は健康を重視していて、日本食に対する興味も強い。そういった共通に享受できる関係性が大事なのではないでしょうか。

中国は本当に大きな国です。私はエンターテイメントの分野で活動していますが、様々な分野において、まだまだ可能性のある国だと思います。変化のスピードも速く、もっともっと日本の若者に中国へ入ってきてほしいと思います。そのためには自分たちがより多くの情報を発信していかなくてはならないと思っています。

今年は日中国交正常化五十周年に当たります。日中両国の人々には、皆がそれぞれ分かち合えるテーマがいろいろあると思います。日本のアニメやグルメなど、共に分かち合えること、お互いが共感できるものがあることが大事だと思います。

文化やエンターテイメントを通して、日中両国の人々にともに喜び、生活を楽しんでほしいと願っています。昨今いろいろと暗いニュースなども多い中、日中の皆さんに共に分かち合える興味深い話題を提供できるよう、様々な形での活動を行っていきたいと考えています。

私が中国で受け入れられた理由は、身近な友人や隣のお兄さんのような親近感があったからではないかと思っています。人は身近な存在に対して自然に親近感を抱くようになります。日本と中国の人々の間もお互いの存在を近く感じて、より親近感を抱くようになってほしいと願っています。私は中国と日本で活動する一人の俳優に過ぎませんが、これからも様々な機会を通じて、日中両国の皆さんに平和と友好の種を届けていきたいと思っています。

矢野 浩二（やの こうじ）

一九七〇年一月二十一日大阪府生まれ。二〇〇〇年に中国のドラマ『永遠の恋人』の撮影で北京に滞在、翌年二〇〇一年から中国で中国語を学びながら活動を開始。ドラマや映画に多数出演し、「中国で最も有名な日本人俳優」となる。『環球時報』主催の「2010 Awards of the year」で「最優秀外国人俳優賞」を日本人として初めて受賞。日中交流への貢献により二〇一五年に外務大臣表彰を受賞。現在は中国と日本で幅広く活動を続け、日中交流の架け橋となっている。SNSでも積極的に発信を続け、中国のSNS総フォロワー数は約二千万人。

中国大使賞

最優秀賞

私は隔離生活を通して成長しました

高校生　中ノ瀬　幸

上海市民一斉隔離という経験を経て、私の生活は一変しました。以前は洗濯機の回し方もわからなかった私が、今では服によって洗濯コースを使い分けるようになりました。一日も欠かさず三食自炊して料理の腕も上がり、立派な主婦になった気分です。それよりも成長した部分は、精神面です。隔離生活の中で隣人と家族の温もりに触れ、人はなぜ他人の助けがないと生きられないのかを知りました。

上海市民一斉隔離。全世界で報道されたこの話題の当事者にあたる私が、皆さんに伝えます。この経験が私に与えた影響は、いつもの五十日間では得られなかったものです。

隔離前、完全アウトドアの私の週末の定番は、上海の街並みを見ながら食べ歩きすることでした。当時上海は陽性者がほぼゼロ人の日々が続いていたので、その安心感から歩き回って歩き回って、上海の

ご近所の方からもらった品や、政府からの支給品。写真はそのごく一部だが、隔離中に頂いたたくさんの食料で様々な料理を食べて健康に過ごせた

全てを知り尽くした気分でした。笑い声と活気に満ちた街を見て、コロナの完全な収束はひょっとしたら、すぐそこなのではという期待すら抱いていました。「人生何が起こるかわからない」この言葉は全員に該当しますね。どの国のどの人にも該当するのです。

　通達は突然来ました。同時に、事態が悪化し通勤できなくなることを恐れた父が、上海を離れました。静かな家で一人、ざわつく私の胸。その嫌な予感は当たり、そこから一日経つと一週間隔離期間が延びていく毎日が始まります。当初予定されていた五日間の隔離は、十倍以上の日数となりました。〝期待しない、深く考えない〟、毎日を乗り切るための方法としては限界があります。「日本各地がゴールデンウイークを満喫する人々で溢れかえっています！」そんな歓声がテレビから聞こえると、私の忍耐心は悲鳴を上げているようで、精神的にかなり限界がきていることを感じました。

　不安とストレスに覆われ真っ暗な毎日の中で光と

なったのは、隣人と家族。マンションチャットに一日何百件も送られてくる応援メッセージや、有り余るほどの差し入れと普段より充実した冷蔵庫は、まさに団結力を表していました。「まだ家に食べ物はある？」「何か困ったことがあれば、直ぐ言うんだよ。」管理人のおじさんにそう話しかけられた時、私の心のつかえは確かに、じわっと溶けました。あの時「没事，謝謝（大丈夫です、ありがとう）」としか言えなかったことを、今も悔やんでいます。この隔離が明けたら、防護服を脱いだおじさんに、もう一度お礼を伝えに行きたいです。「誰か助けてくれる、誰か見ていてくれる」という確信は、今まで感じたことがない心強さです。上海人の新しい一面を見て、上海には親切な人がたくさんいることを知って、不自由で苦しい思いをしているけれど、上海を嫌いにはなれないと思いました。

　そして、私の一番の心の支えはやはり家族の応援でした。両親だけでなく、祖父母やいとこも定期的にテレビ電話をかけてきてくれます。「人は一人では生きていけない」、それは精神面での事も指すのではないでしょうか。この隔離期間に家事が大変だと涙したことは一度もありませんが、寂しくて不安で涙したことは何度もあります。こんなに日本が恋しくなったのは初めてでした。この恋しさは、外に出ることができない不自由からではなく、隔離が終わって、またいつもの日常が戻ってくる想像ができない怖さから来ていたのだろうと思います。でもそんな時、なぜか必ず彼らから連絡が来るんです。「何もしてあげられないけど……」と申し訳なさそうに呟く私の家族は、私にどれだけのことをしてくれたのか知りません。誰にも会えない毎日でも、自分を気に掛けてくれる人がいる有難さを、身にしみて感じました。

　上海に復活の光が見え始めた今、私は家で一人、毎日色々なことを考えます。その中で私なりに辿り着いた結論と、今の思いを語ります。まず結論としては、〝受け入れるしかない現実を受け入れる〟とは、その現実の中で自分にとっての収穫を見つけること、もしくはその現実を自分にとっての栄養に変えることです。〝期待しない、深く考えない〟、それでは時間が過ぎるのをただ待つことしかできず、受け入れるという点では遠く及びません。

私は隔離生活を通して成長しました。

例えば、隔離前は洗濯機の回し方もわからなかった私が、今では服によって洗濯コースを使い分けます。一日も欠かさず三食自炊して料理の腕も上がり、立派な主婦になった気分です。きっと父が帰ってきたら驚くと思います。それよりも成長した部分は、精神面です。隔離生活の中で隣人と家族の温もりに触れ、人はなぜ他人の助けがないと生きられないのかを知りました。見えないところで自分を支えてくれる人がいることに、気づいていきたいと思いました。そんなことを考えていると、不思議と心に余裕が生まれ、すっと胸が軽くなるのです。だから、目の前が真っ暗になってネガティブな感情が溢れそうになった時は、そうして自分を落ち着かせています。泣くことしかできなかった私が、自分の感情をコントロール出来るようになったことは、いつもの五十日間では得られなかったはずの成長だと感じます。

この小さな家の中で、経験を重ね、感情と向き合い、私は大きく花開いています。

中ノ瀬 幸（なかのせ みゆき）

二年半インドネシアの幼稚園に通い、その後は中学二年生まで熊本の学校に通う。二〇一九年の春、中学三年生で上海日本人学校に転入。コロナの影響で二〇二〇年二月から十一月まで熊本に一時帰国、初めての授業からオンライン授業だった。二〇二〇年十二月、念願の登校をし教室で授業を受けるも、今年四月またオンライン授業の日々を経験することになった。

1等賞

多世代交流を育む広場

大学教員　横山　明子

中国の広場ダンスは創意工夫で、踊り方は無限にある。小道具を使ったり、全員同じ衣装で踊ったりしている団体があったり、広場ダンスの大会が行われたりしている。地区での楽しみの一つである広場ダンスが、徐々に勝負にこだわる広場ダンスへと変化する。大会に出場しなくても、多世代が集まり、振り付けを教え合いながら楽しく交流できる。これが広場ダンスの魅力ではないだろうか。

外国人教師として中国に赴任して十二年が経った。中国に来て以来、興味関心を持っていることの一つに広場ダンスがある。二〇一〇年、かつて勤めていた大学内で初めて広場ダンスを見た。早朝から大音量で軽快な音楽が流れ、その音楽に合わせて踊っている方々がいた。それは朝八時頃から始まり、ダンスサークルではなく、近隣住民の集まりであるかのように見えた。遠くからその様子を見ているだけの

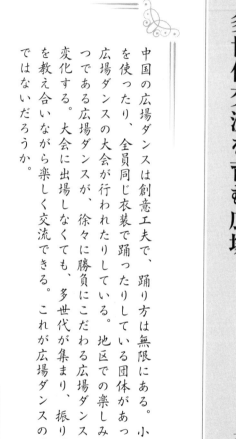

2022年の学校封鎖中、学生による広場ダンス

人もいたが、ダンス好きであることが暗黙の参加条件のようだった。誰かがスピーカーを持参し、音楽が流れ始めたらどこからともなく近隣住民が集まって来る。この「音楽が流れ始めたら」というのが、まるで目覚まし時計であるかのように、音楽が人々を行動へと移す合図であるかのように感じられた。人々に「朝が来た。動かなければ！」と思わせる音楽、それが広場ダンス特有の音楽だろう。大音量で音楽が流れる理由も、このことから何となく理解できる。輪に入って踊るだけという、誰でも参加しやすい形式。この参加の気軽さが人々に受け入れられているのかもしれない。

　ダンスと言えば「社交ダンス」、「ストリートダンス」などを思い浮かべるが、中国の広場ダンスは若者のダンスとはまったく異なり、独特な動作が多い。中高年の女性が参加しており、若者の姿は皆無に等しい。参加者は幼稚園や小学校に通う孫がいる五十～七十代の女性がほとんどであり、悪天候の日を除き、たいていいつも同じ場所、同じ時間帯に「広場で」ダンスが行われ、顔ぶれは日によってさまざまだ。中国の風物詩ともいえる広場ダンス、なぜ若者は参加しないのだろうか。若者は練習を他人に見られるのが好きではない。逆に、中高年の方々は肝が据わっており、他人の目を気にせず踊っている。また上手下手を問わず、「見せる・披露する」ことにあまり抵抗がないようだ。この点が若者と感覚が違うと思われる。

若者が参加したがらない理由が他にあるのだろうかという好奇心と、何事も体験あるのみという気持ちから、私は数年前、地区の広場ダンスに参加した。外国人が近隣住民の輪に入るのは勇気がいる。周りの目が気になっただけでなく、更に緊張も加わった。広場ダンス初体験である私は最後列で、最前列のリーダーの動作を見よう見まねで踊った。他の参加者は既にダンスに慣れていて、振り付けを覚えていた。私は常にワンテンポ遅れていたため、そのみっともなさと観衆の視線で、とにかく恥ずかしかった。しかし、小刻みのステップ、腕を上下左右へと動かしたり、腰を少し曲げたりするなど、動作は基本的に易しく、数回練習すれば形になりそうな覚えやすい動作が多かった。アップテンポの歌に合わせて踊る時もあれば、スローテンポの歌で人々に非常に優雅な印象を与える踊りもあった。参加初日、後ろを振り返ったダンス参加者が私を見て、目を丸くしていたのを今でもはっきりと覚えている。その方は私を見て「広場ダンスに参加するような年齢ではない」と感じたのだろう。私はそれを百も承知で敢えて参加したのだ。その方が私をダンス参加者に紹介してくれて、私は中高年の知り合いが非常に増えた。まさかこんな広場で大声で自己紹介をすることになるとは思いもしなかった。中高年の方々は自分の娘と同世代の私を見て、すいぶん可愛がってくれた。「ご飯は食べたのか」「中国で困っていることはないか」など、私の生活面まで心配してくれた。自分の周りにはこんなに気に掛けてくれる人がいるという安心感で満たされ、広場ダンスを通じていろいろな話ができる知り合いができたことが嬉しかった。

日本のラジオ体操の動作は全国共通。それに対して広場ダンスは創意工夫で、踊り方は無限にある。また、小道具を使ったり、全員同じ衣装で踊ったりしている団体があるのも魅力的である。また、広場ダンスの大会も行われている。テレビで各地区の代表団体が独自の踊り方で、独自の衣装を身に纏い大会に臨んでいるのを見た。地区での楽しみの一つである広場ダンスが、徐々に勝負にこだわる広場ダンスへと変化する。たとえ大会に出場しなくても、多世代が集まり、振り付けを教え合いながら楽しく交流できる、これが広場ダンスの魅力であるのではないだろうか。

近所付き合いの希薄化が問題になっている現在、「広場」はまさに絶好の社交場だと言える。広場ダンスへの参加がきっかけで、私は近所の八百屋や飲食店へ行くたびに「広場ダンスに参加する外国人」という名で声を掛けられるようになり、言葉の壁があっても世代が違っても楽しく交流できる広場ダンスの素晴らしさを実感した。交流の種は大小を問わず身の回りに多数存在している。それを一つずつ拾い集めれば、いつか自分にとって大きな収穫につながるに違いない。今後も多世代交流、異文化交流を楽しみ、自分の目に映った中国の魅力を多くの方に伝えていけたらと思う。

横山 明子（よこやま あきこ）
二〇一〇年、中国湖南省吉首大学外国語学院、二〇一一年、吉首大学張家界学院で日本語会話や作文、日本概況の授業を担当。二〇一四年より湖南外国語職業学院東方語言学院応用日本語科教員。

1等賞

『真実の中国』報道は上海支局スタッフのお陰

大学名誉教授　川村　範行

私は新聞社の支局長として上海に駐在し、様々な取材現場に足を運び、社会の変化や市民の暮らしぶりを皮膚感覚で知ることが出来た。毎回、新しい出会いがあり、新しいことを知ることが出来て、わくわくしながら取材をした。そして中国が経済大国へと向かう途中段階の姿を見聞することができた。「旧い上海（中国）」と「新しい上海（中国）」の両面を理解することができたことは、その後の私の活動に大いに役立った。

私は一九九五年六月から一九九八年六月まで、中日新聞・東京新聞の上海支局長として上海に駐在した。鄧小平氏の南巡講話により改革開放の加速が指示され、浦東開発が本格化して上海経済が上昇を始めた時期である。

当時の上海では、「一年変化 三年大変化」という言葉が使われた。上海の街を歩くと、毎日どこかで新しいビルの建設工事が始まっていた。一年どころか一カ月で街の姿が変貌を遂げていた。市民の生活や意識も大きく変化した。計画経済から市場経済へ

上海支局助手宅で助手家族と（左から２人目が私、右隣が妻）

の急速な変化に伴い、発生した格差問題なども顕著になった。

こうした中国・上海の実情をありのままに日本の読者に伝えようと取材に取り組んだ。支局の助手章さん、運転手孫さんが献身的に取材をバックアップしてくれた。現地スタッフのお陰で、三年間取材に専念し、「真実的中国」報道を実現することが出来た。

私の中国報道の代表例として、連載企画「流行語に見る 上海最新事情」を挙げる。当時、日本国内では、中国人はいまだに人民服を着ていて、社会も遅れているというイメージが残っていた。私は日々発展する上海を目の当たりにして、社会と市民生活の変貌ぶりを日本の人たちに知ってもらおうと考えた。

着任から二カ月後の一九九五年八月に六回連載記事を掲載した。各回のタイトルと要旨を紹介する。

㈠油水多？（もうかりまっか）「上海料理の味は脂っこい」の原意から、商売が順調かどうかの意味に使われるようになった。上海一の美食街（グルメ街）で羽振りのいい転職組に取材し、景気の良い街の実態を記事で伝えた。

㈡套牢了（行き詰まる）　外套をかぶって顔が出せない原意から、株や離婚などで行き詰まってどうしようもない意。証券会社を取材し、株価に一喜一憂する個人株主の声を聞いた。

㈢丁克（子供のない共働き夫婦）　ディンクスの発音の類似する漢字を当てた。若夫婦に取材し、仕事を続けるため子供が持てないという本音を紹介した。

㈣跳桶（転職する）　馬が飼い葉桶に飛び込むの意から。職を求める若者と求人企業の求職・求人の場として登場して間もない「上海人材市場」を取材。

㈤淘漿糊（あいまい模糊）　糊をかき回す意から。市場経済の推進に伴い競争やノルマがきつくなり、職場や家庭のストレスをユーモア込めて柔軟に表現する上海人の思考方法に焦点を当てた。

㈥休閑（レジャー）　暇でぶらぶらする意。週休二日制の導入で市民の間でレジャーブームが拡がり始めた様子を紹介した。

翌年も一九九六年八月に六回連載記事を掲載した。

㈠擦辺球（すれすれのやり方）

㈡球迷（サッカーファン）

㈢候鳥（留学Uターン組）

㈣包装（装う、美容等）

㈤快餐（ファストフード）

㈥搞大（スケールアップ）

三年目の一九九七年八月にも連載記事五回を掲載した。

㈠超市（スーパーマーケット）

㈡下崗（レイ・オフ）

㈢主題公園（テーマパーク）

㈣持卡族（カード族）

㈤接軌（国際社会との連結等）

以上の連載記事は先ず、支局助手の章さんに、市民がよく使う流行語をピックアップしてもらい、その流行語を具体的に紹介するのに適切な場所・場面を探して、取材アポの交渉をしてもらった。次に、取材現場では主に章さんが取材相手に上海語でやりとりして、あとで通訳してもらった。本音を聞き出すには、中国語の標準語ではなくて、上海語の人たちが日常生活で使っている上海語の方が、親近感をもってもらえるからである。

支局専用車の運転手孫さんは上海の細かい路地にまで精通しており、正確に取材現場へたどり着いてくれた。上海以外の無錫や蘇州までも安全運転で往復してくれた。孫さんとの車内の雑談から庶民の考え方を知り、中国理解の助けにもなった。

様々な取材現場に足を運び、社会の変化や市民の暮らしぶりを皮膚感覚で知ることが出来た。毎回、新しい出会いがあり、新しいことを知ることが出来て、わくわくしながら取材をした。

上海駐在中に広い中国の各地を精力的に取材して回り、中国が発展途上国から経済大国へと向かう途中段階の姿を見聞することができた。「旧い上海（中国）」と「新しい上海（中国）」の両面を理解することができたことは、その後の私の活動に大いに役立った。

帰国後、私は新聞社のデスクや論説委員として中国報道に携わった。その後、二〇一一年から十年間、名古屋外国語大学で現代中国論や日中関係論の研究・教育に取り組んだ。また、日中両国大学生の相互理解を目指し、企画・実行委員長として二〇一五年から二〇一九年まで毎年、日本と中国で交互に日中大学生討論会を開催した。二〇〇四年からはジャーナリスト訪中団団長としてほぼ毎年訪中し、社会科学院日本研究所や外交部などとの定期交流を二〇一九年まで続けた。

私がこのような活動を実践することができたのは、上海駐在中に中国の実情を幅広く取材し、深く理解したことが基礎となっている。支局スタッフや中国の友人に対し、深く感謝している。

川村 範行（かわむら のりゆき）

岐阜県出身。早稲田大学政治経済学部卒業後、中日新聞社入社。上海支局長として中国駐在（一九九五～一九九八年）、帰国後、論説委員等歴任。その後、名古屋外国語大学で十年間、日中関係論、現代中国論の研究・教育に従事。日中大学生討論会の企画委員長として二〇一五年から連続五年、日中両国で同討論会を交互に開催。日本ジャーナリスト訪中団団長として二〇〇四年から二〇一九年まで、ほぼ毎年訪中。中国の大学、シンクタンクなどと交流を続けてきた。

1等賞

中国で迎えた結婚式の日

大学院生　杉山 早紀

私は中国人の男性と結婚し、河南省のホテルで結婚式の日を迎えた。中国で迎えたこの一日は、きっと一生忘れられない記憶になる。中国の成語でいうところの「入郷随俗」の貴重な体験だった。この結婚式を通して得た収穫が二つある。一つ目は、中国の文化風俗に対する理解が一段と深まったこと。二つ目は、自分で考えた中国語で自分の思いを伝えられ、自信がついたこと。そして私は中国をもっと深く理解したいと思った。

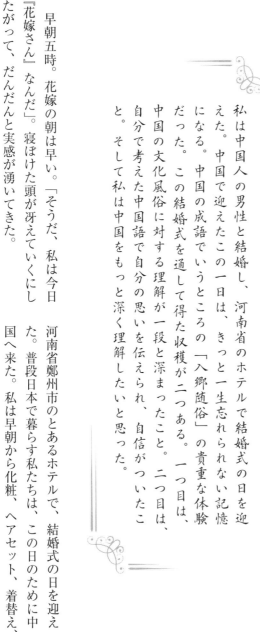

早朝五時。花嫁の朝は早い。「そうだ、私は今日『花嫁さん』なんだ」。寝ぼけた頭が冴えていくにしたがって、だんだんと実感が湧いてきた。

二〇一九年の国慶節、私は中国人の夫とともに、河南省鄭州市のとあるホテルで、結婚式の日を迎えた。普段日本で暮らす私たちは、この日のために中国へ来た。私は早朝から化粧、ヘアセット、着替え、撮影と大忙し。式は私の希望で中国式のものにした

中国語での１分間スピーチで夫への思いを伝える

ため、衣装も、会場も、どこを見ても赤色だ。キリスト教式や日本式の神聖で厳粛な結婚式とは一味違い、華やかでおめでたい雰囲気が私は好きだ。真っ赤な布地にきらびやかな金色の装飾が美しい中国の花嫁衣裳「秀禾服」はずっしりと重く、鳳凰の形をした金色の冠も首を痛めそうなほど大きく重たかった。異国で味わう非日常感に、私は終始どきどきしっぱなしだった。

　しかし、浮かれてばかりはいられない。結婚式自体が初めての経験で、ましてや中国の結婚式については全体の流れや細かな作法など知らないことだらけだ。例えば、新婦は入場から舞台に上がるまでの花道の途中で、燃えた火鉢をまたぐ。「新生活が火のように活気で溢れますように」という願いからだ。また、このように伝統的な結婚式では、司会者の言葉遣いも日常生活のそれとは異なる。司会者のどの言葉でどの動きをするのか、覚えるのに時間がかかった。前日に一通りリハーサルはしたものの、本番で間違えて恥をかくのではないかという不安が拭い切れない。

身支度を終え、まずはホテルから車で夫の実家に向かった。「早く子供に恵まれますように」という意味を込めて、棗、ピーナッツ、竜眼、蓮の実が入ったスープを口にするなど、いくつかの儀式を終え、再び車でホテルへ戻る。しかし式はまだ始まらない。部屋で待つ新婦を新郎が迎えにいくのだが、「大声で歌を歌う」「お金を渡す」など新婦側が出す様々な条件をクリアしなければ部屋に入れない。やっと部屋に入れたかと思うと、新婦の靴は部屋のどこかに隠されていて、新郎がそれを見つけ出さなければ新婦は出発できない。私はせっかくの化粧が崩れるほど笑い泣きしながら、「こんなにユニークで楽しい結婚式が他の国にあるだろうか？」とぼんやり考えた。

そんな賑やかな雰囲気から一転、お昼前から式が正式に始まった。入場の瞬間、会場を埋め尽くす来賓の多さとスポットライトの眩しさに、一瞬目がくらみそうになった。リハーサルの記憶を辿りながら、ミスなくこなすだけで精一杯だった。私にとって最大の難関は、新郎新婦がそれぞれ一分間相手への思いを述べるスピーチだ。大勢の前で、私にとっては第二外国語となる言語で、短いようで長い六十秒間、一人で話し続けなければならない。私は前日の夜、夫への感謝の気持ち、将来への期待などを前もって原稿にまとめ、実際に時間を計りながら読んで念入りに練習していた。それでも本番は緊張で声が震えた。何度も練習したはずのピンインや四声も、もしかしたらめちゃくちゃだったかもしれない。しかし、建前ではなく本音で話せた一分間だった。つたないながらも、言いたいことは全て伝えられた。気が付くと、私も夫も泣いていた。

式が終わり、今度は真っ赤なパーティードレスに着替え、「敬酒」に移った。新郎新婦がお酒を持って来賓の各テーブルを回る時間だ。式の最中は不安と緊張で気が回らなかったが、以前中国で会ったことのある夫の親戚や友人がたくさん来ていて、久しぶりに話すことができた。「結婚おめでとう！」「とっても綺麗だった！」「スピーチよかったよ！」などと口々に話しかけられるうちに、やっと緊張が解け、談笑を楽しむ余裕ができた。この日を迎えるまで、「日本人の花嫁なんて歓迎されるのだろうか？」という一抹の不安が心のどこかにあった。しかし笑顔と談笑の声に包まれた会場で、そんな不安は温かな幸福感に解かされていった。

　中国で迎えたこの一日は、きっと一生忘れられない記憶になる。中国の成語でいうところの「入郷随俗」の貴重な体験だった。この結婚式を通して得た収穫が二つある。一つ目は、中国の文化風俗に対する理解が一段と深まったこと。二つ目は、自分で考えた中国語で自分の思いを伝えられ、自信がついたこと。さらに結婚式から一年後、私は浙江大学の大学院に入学し、現在に至るまで「中国学」を専攻し勉強している。中国をもっと深く理解したい、中国語力を極限まで高めてみたい、という思いからだ。

　二〇二二年の今年、日中国交正常化からちょうど五十年を迎える。この意義ある一年を、私はやはり未来への期待感をもって迎えたい。たくさんの中国人と交流した今、私にとって中国は「隣国」であり「隣人」でもある。人と人との交流を通じて、海を隔てたこの「お隣さん」を正しく理解できる人が一人でも増えるよう願ってやまない。

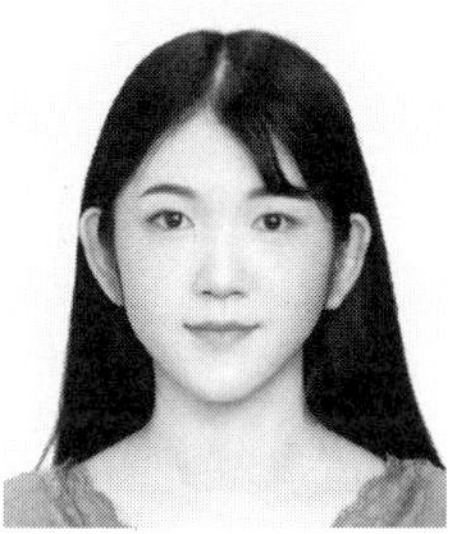

杉山 早紀（すぎやま さき）

一九九四年広島県生まれ、兵庫県神戸市育ち。同志社大学文学部在学中に中国語の美しさや中国文化に惹かれ、二〇一六年に「日中友好大学生訪中団」の一員として初の訪中。大学卒業後京都の老舗お茶屋へ入社、海外事業部に所属し、上海や台湾へ複数回出張。二〇一八年に河南省出身の中国人男性と入籍し、二〇一九年に中国にて挙式。二〇二〇年からは浙江大学大学院にて中国学を専攻し、中日文学を専門として研究に励んでいる。

1等賞

日中国交正常化五十周年

～思いよ届け青島へ～

会社員　木村 吉貴

中国語を勉強したい、中国へ留学したいという新しい目標を掲げた私は、東日本大震災と病気を克服して二〇一三年に中国に渡りました。当時の私にはいろいろな選択がありましたが、あの時の選択は私の誇りです。一つは皆の為、皆は一つの為。日中友好を心に掲げる私達若者世代が五十周年という節目の年に永世に渡った友好関係の構築、相互発展、相互理解、相互学習を続けるとこの場を借りて誓いたい。

偶然とは非常に面白いものだ。努力を続け、行動を起こせば、たとえ千キロメートル以上離れていたとしても、必ずその人たちと巡り合うことが出来る。かつて私はそんな体験をした。今回はそんな出来事を紹介したいと思う。

この出来事の発端は二〇一一年丁度東日本大震災の前に遡る。私は宮城県の石巻という街で生まれた。幼少時から柔道を始め、高校、大学、そして就職も

中国のオリンピックメダリストと学生の交流

柔道で進んでいった。大学は日本有数の強豪校である東海大学柔道部に所属していた。あの頃の私は順風満帆だった。二〇一一年二月、大学卒業を目前に控えた私はカナダで開催された国際大会で優勝し、就職先でも競技者生活を続け、ゆくゆくはオリンピックで金メダル、そんなことを思い描いていた。しかし突如発生した東日本大震災の影響と同時期に病を患ってしまった影響でその道を断念せざるを得ない状況に陥ってしまった。病室のベッドの上で変わり果てた故郷を眺めながら「自分の人生に輝きを取り戻したい」そんなことばかり考えていた。

　転機は突然訪れた。何となく見ていた外国映画の字幕を見て「かっこいい」と思い、退院後は外国語を真剣に勉強しよう。自分自身に外国語という武器を身に着けようと考えたのだ。中国語を選んだのは北京オリンピック後の発展を見てという理由だった。中国留学が必要だと考え、家族を説得し、自分で費用を払うことを条件に承諾を得た。一年間、住み込みのバイトで留学資金を貯め、中国へ旅立ったのだが、留学手続きを終えた頃、私の元に一本の電話が鳴った。母校、東海大学柔道部の関係者からだった。

話を聞くと、被災地との交流で宮城県に中国の少年柔道チームが来るので、顔を出さないか？という内容だった。私は即答し、その日を迎えた。会場に行ってみると私の恩師でもあるＪＯＣの山下泰裕先生が支援をしている「日中友好青島柔道館」が来ていた。青島の先生たちに来月から中国留学に行く旨を伝えると、留学先に行く前に一度青島に来てみないか？というお誘いを受けた。私は即答し、すぐに仙台発青島経由のチケットを手配した。

母に仙台空港で見送ってもらい青島に到着したのだが、私にとっては初めての中国。その街の規模に驚くだけだった。道場に着いてすぐ稽古に参加したのだが、ここで私は得意技の披露と簡単な技術指導をし、稽古後、館長先生から是非道場の指導を手伝ってほしいと言われたので、それから青島と留学先の延吉を往復するような生活が始まった。

時が過ぎるのはあっという間で卒業を目前に控えた頃、館長先生から「ここで一緒に働こう」と持ち掛けられた。私は嬉しくて即答をし、正式に日中友好青島柔道館の日本人コーチに就任した。後日談だが、私がコーチに就任するため、沢山の方の手助けがあったようだ。中でも中国で名のあるアナウンサー、崔永元さんが多大な協力をしてくれたようだ。いつか崔永元さんにも恩返しをしたいと思う。それからは毎日を目まぐるしく過ごした。夕方から柔道着を着て子供たちと向かい合い、在青島日本国総領事館と連携して日本文化の紹介として済南師範大学や青島ジャパンデーで柔道のデモンストレーションを行ったりした。そして日本との交流も積極的に行った。日本人大学生の短期柔道指導者の受け入れと被災地の交流で宮城県を訪れたりした。慣れない青島の生活の中、毎日を一生懸命過ごしていた。中でも一番印象に残っているのは日中友好青島柔道館が「日本国外務大臣賞」を受賞したことだ。自分の祖国から表彰を受け、その一員であることが嬉しくて、その日は道場関係者皆で青島ビールを飲んだ。

それから数年後、私は中国を離れることになったのだが、青島との関係は今でも続いている。現在私は仙台で会社員として毎日を過ごしている。勿論柔道も自身の母校である東海大学山形高校柔道部の外部コーチとして続けている。中国でコロナの感染状況が拡大した時、私は沢山の物資を青島柔道館へ送った。逆に日本で感染が拡大したころは青島から物資を送ってもらい、母校の柔道部へ寄付したりもした。コロナ終息後はもう一度青島へ行き、中国柔道協会の段位を取得するつもりだ。

　こうして始まった私と日中友好青島柔道館の関係。今でも何かできることはないかと日々模索している。先日縁があって中国大使館とのオンライン交流に参加し、青島柔道館を思い、心に秘めていたことを楊宇臨時大使に伝えた。以下発言した内容である。これを本作文の最後の締めくくりにしたい。

「中国語を勉強したい、中国へ留学したいという新しい目標を掲げた私は東日本大震災と病気を克服して二〇一三年に中国に渡りました。当時の私にはいろいろな選択がありましたが、あの時の選択は私の誇りです。一つは皆の為、皆は一つの為。日中友好を心に掲げる私達若者世代が五十周年という節目の年に永世に渡った友好関係の構築、相互発展、相互理解、相互学習を続けるとこの場を借りて誓いたい。」

木村 吉貴（きむら よしき）

一九八八年宮城県石巻市出身。二〇一一年三月、東海大学体育学部武道学科卒業。在学中は柔道部に所属。卒業後は一旦就職するが、同年、発生した東日本大震災の影響と病気により、退職。病気療養期間中に中国留学を志し、二〇一三年に延辺大学に語学留学。在学中は朝鮮語で教育を受ける。卒業後は山下泰裕JOC会長と崔永元元中国中央テレビのニュースキャスターが名誉館長を務める日中友好青島柔道館で指導員を務める。二〇一八年帰国。帰国後は母語である日本語と中国語と韓国語のトライリンガルであることを強みに仙台で旅行業と通訳翻訳業に従事。その他、宮城県日中友好協会理事、韓国文化体育観光部海外文化弘報院名誉記者を務め、日中韓の友好を図っている。

2等賞

勝負より友好

―囲碁交流、初訪中団記

九段棋士　清成　哲也

囲碁の歴史は古く、中国で生まれたのは三千年以上も前の事とか。また日中囲碁交流の歴史も古く、古くは遣唐使の時代から、近代に於いても国交回復前から交流は盛んで、国交回復時「ピンポン外交が実った」と多く言われましたが、囲碁外交も大きな役割を果たしました。

私が読売新聞社主催の囲碁訪中団に加わらせて頂いたのは一九八一年六月の事。当時十九歳、六段だった私は、大変大きな刺激を受けたし、後に十回程訪中の機会は有りましたが、この時の思い出は強く鮮明に残っています。

訪中団は橋本昌二九段を団長に棋士七名。私は最年少でした。読売新聞社の瀬尾さん、それに若い通訳の王さん、女性の通訳、葉さんの十名で三週間に渡って中国各地を転戦し、中国棋士と七局ずつの対戦を行います。

最初の訪問地は北京。夕食会の前に中国の棋士から中国ルールと日本ルールの違いについて、詳しい説明を受けました。私達もルールの細かい点で違いが有るのは知っていましたが、全く知らない話も有り、皆感心し感謝した事です。

また自らの負けを認める「投了」の作法にも違いが有り、座敷での対局が主流だった日本では投了の合図として頭を下げ「負けました」と声を掛けます。対して中国では対局は椅子席。投了の際には椅子から立ち上がり相手に握手を求めます。この事も友好ムードを盛り上げた気がします。

また、通訳以外にも大変お世話して頂いた王さんは、団員皆と沢山お話もしたし、大変奇麗な日本語と余りに博識な事に対して私に嫉妬心が芽生えた様で、ある時「王さん、立ちションという日本語をご存じですか？」「それは聞いた事有りませんね」「そうですか！」嬉々として解説した事、いくら半分子供だったとは言え、今思えば汗顔の至りです。

北京で二局の対戦を終え次の訪問地、安徽省合肥へ。

安徽省の体育協会会長から日程等の説明を受ける。因みに中国では囲碁は体育に分類され、北京オリンピックの際に囲碁の試合も行われました。

「明日は対局。我が安徽省には中国三名山の一つ黄山が有り皆さんをご案内します。明後日、麓に移動し翌日も対局。その翌日に黄山へ登り二泊します」

橋本昌二団長と私（黄山にて撮影）

この説明に瀬尾さんが青ざめる。私達は対局をしに来たんだ。観光に来た訳ではないと。

「麓まではバスで、たったの十三時間。山登りは四時間半程を階段で登りますが、私も一緒に参りますのでご安心を」

橋本団長より遥か年上の会長に、そう言われては、瀬尾さんも退散するしか有りません。団長始め仕方ないな、という声が多かったが、私は楽しみで仕方有りませんでした。「麓まで、たった十三時間」には、流石に広い国だけの事はあると、皆感心しきりでしたが。

対局の翌日、早朝からバスで移動。広大な景色の中をひた走る。途中、お手洗いを借りるのに民家の方と交渉する。パンなどの詰まったお弁当を一つ差し出すが、その座席の下の品は何だ？と言われビールも一本付ける事に。そうこうしている間に遠くから子供達が大勢集まって来て、物珍しそうに見ている。まるで宇宙人になった気分とは、ある団員の言葉。

最後の方は山を幾つも超えて夕刻、麓のホテルに到着。翌日の対局、皆に疲れた風は無く無事に終え、いよいよ翌日は登山。少し前に柔道の選手団が来たが日本人は二組目との事でした。対局を終えた中国選手も一緒ですが、皆さん黄山は初めて、との事。階段は真っ直ぐ登ると大変疲れるので、斜め斜めに登ると良い。その時教わった事で、今でも活用しています。十年後にはケーブルカーが出来る予定との事でしたが無事開通し、現在では楽に登る事が出来るそうです。

色々な物を運ぶ人達が居て、中には天秤に掛けた袋に生きた子豚を乗せ二人して運ぶ人も。

途中、重そうな荷物を背負った女性に話し掛けられる。困った様子の私に気付いた王さんが来てくれたので通訳をお願いすると年齢は十七歳。四十キロの荷物を毎日運んでいる、との事。化粧っ気の全く無い、明るい笑顔は、本当に美しかった。

絵に描いたような水墨画の世界、時に「奇石」と呼ばれる不思議な光景を目にしながら、無事に一泊目もホテルに到着。広々とした平地が有り、鶏が走り回っていたのが、何故か強く記憶に残っています。

翌日は半日掛けて黄山の中を縦走し、夕刻前に山小屋に到着。一泊目のホテルが立派過ぎたので、こちらの方が山の気分を味わえた気がします。

夜、皆で外に出ると中国選手団と一緒になりましたが、日本語が堪能な棋士も多く、会話には困りません。何故か当時は日中の棋士が集まると恒例の腕相撲大会。力自慢の棋士が登場し双方、応援も賑やかい事です。最近覚えたという「北国の春」を日本語で披露してくれた棋士もいて、楽しい夜は遅くまで続きました。

下山後、杭州、上海と転戦し帰国の途に就くまで、楽しい思い出も沢山出来ましたが、黄山での色々な経験は貴重ですし、今から経験出来るものでも無い事柄でしょうから尚更です。

成績はと言うと、全体では少し勝ち越しで橋本団長は中国のトップ棋士相手に貫録の全勝。私は三勝四敗の負け越しでしたが、当時の実力からすれば、妥当な所だったと思います。

因みに、この時の通訳の王さんは、現在の王毅外務大臣、その人です。

清成 哲也（きよなり てつや）

一九六一年宮崎県生まれ。小学校四年生の時に父から囲碁を教わる。一九七五年に上阪し倉橋正蔵八段に入門し内弟子に。一九七六年に入段（プロ入り）、一九八六年に九段昇段。タイトル獲得数二。一九九二年度NHK囲碁講座講師。

一九八一年の初訪中以来、訪中数は十回程。囲碁に於いて日本が秀でていた時代から中国また韓国が力を付け、追い付き、追い越して行く様をこの目で見て体感して来た。

2等賞

継往開来

―日中交流の『証』に誓った思い

公務員　荻野 大

「お待たせしました。やっと来ることができました」

二〇二一年秋、湖南省湘西州吉首市大興村という山村で、目の前にある立派な体躯の石碑を見上げ、深くお辞儀をした。滋賀県と湖南省との友好交流の「証」である。この石碑は、長年風雨に晒されたためか、全体的に変色し所々亀裂もある。しかし刻まれた碑文ははっきりと読める。

「この森は日本国滋賀県民と中国湖南省民の友好の証として造成を行ったものです……」

その一文字一文字には多くの人々の熱い思いが込められているのだ。その瞬間、先人の思いを現代に引き継ぐことができたという安堵感から胸が熱くなった。

滋賀県と湖南省は、琵琶湖と洞庭湖という両国を代表する湖を有することが縁となり、一九八三年に友好提携した。文化交流や青少年交流でお互いを知ることから始まり、その後環境保全、経済、観光など幅広い分野での交流へと深化、発展している。

私にとっての湖南省は第二の故郷。

二〇一〇年、仕事で初めて省都長沙市を訪れた時に開放的な湖南人と妙に気が合い、街の熱気や風景の美しさ、辣椒の効いた湖南料理の美味さに魅了された。その経験をきっかけに中国語を習い始め、二〇一九年には念願が叶い滋賀県の事務所立ち上げの命を受け、湖南省駐在となった。

駐在して丸二年が過ぎた二〇二一年夏のこと。資料では見かけるが実物を見たことがない石碑の写真が頭から離れなくなった。その石碑は風格があり、見るからに両県省の交流上重要なものに思えたからだ。湖南省内の主な場所は行き尽くしているはずなのに、その石碑の話を誰からも聞かないというのはどうもおかしい。皆この石碑のことを忘れているのではないか。

過去の記録を遡っても手掛かりはなく前任者も知らな

いと言う。「今何とかしないと永遠に忘れ去られるかもしれない！」と直感的に思った。

幸い、滋賀県国際協会と湖南省人民対外友好協会の御協力により次のことが分かった。

植林事業の「生き証人」である石碑との対面を果たした瞬間

この石碑は二〇〇三年に大興村で始まった植林事業を記念して建てられたもので、今も現地にあること。その事業は日中双方が資金を出し合ったプロジェクトであったこと。六年に及ぶ工期中、滋賀県民のべ二百人以上が訪湘し、地元民のべ八万人と手を携えて四百四十八ヘクタールの山に約百五十万株の苗木を植えたこと。現地は石灰地質で樹木が根付きにくい上に、乱伐により荒廃していたため、滋賀県庁の林業職員が十回以上も訪れて技術指導を行ったこと――初めて知る事実だった。やはりこの石碑は両県省友好交流の象徴だったのだ！

ただ、残念なことに二〇〇九年の事業完了後は滋賀県からの訪問はなく、交流が途切れていることも分かった。事業に携わった人々が知ったらきっと残念に思うだろう。私は使命感にかられ、居ても立ってもいられず現地に向かった。

長沙市から大興村へ行くには、今は高速鉄道や高速道路を使って半日弱の行程だが、当時は丸一日以上も悪路を進んでたどり着ける「陸の孤島」であった。そのような大変な思いをして多くの滋賀県民がはるばるやって来ていたのだ。

現地に着くと地元政府の王さんが出迎えてくれてくれた。何と、王さんは当時の担当者で、久々の滋賀県からの訪問者を大歓迎してくれた。

冒頭で紹介した石碑との対面を終え周囲を見渡すと、湘西らしい緑水青山の美しい風景が広がっていることに気付いた。かつて辺り一帯荒廃していたと言われても全く信じられない。

王さんによると、植林前は山からの土砂で川の水は水源として利用できなかったそうだ。植林後は森林が土砂流出防止や水源涵養の役割を果たすことで水質が劇的に改善し、下流の吉首市民約三十万人も恩恵を受けているという。

「滋賀県民の環境に対する意識と湖南省に対する思いの深さ、友情は忘れない。地元では今でも『滋賀県のおかげで湘西の禿山は緑の服を着ることができた』と語り継がれている」と王さんは朴訥と語った。

湘西の大地に両県省民の手で植えた苗木が根を張り、森に成長して地元民の役に立っていることを知り、また胸が熱くなった。

「Ｉさんは元気か？　彼は何度も来てくれてよく杯を酌み交わしたなぁ」と王さんは目を細めた。知っている県庁の先輩の名だった。往時はこの地で国境や言葉の壁を越えた人間ドラマが繰り広げられていたのだ。静かに佇んでいる友好交流の「証」を前に、「継往開来（先人の業績を受継ぎ将来の発展に道を開く）」という言葉を思い起こした。

帰り際、現地の方が森や石碑を守っていてくれることに感謝するとともに、交流が途切れてしまっていることを詫びた。王さんには再訪を約束し固く握手を交わした。その時の彼の手の温もりは今も忘れられない。

植林を通じた人間ドラマに再び光を当てて今の世に伝えたい。

二〇二二年は日中国交正常化五十周年、二〇二三年には両県省友好提携四十周年を迎える。重要な節目の年に湖南省に駐在させていただけることに感謝するとともに、現代の新しい日中地方間交流モデルを作り上げることを誓ったのだ。

荻野 大（おぎの すぐる）

日中国交正常化の記念の年である一九七二年生まれ。大学卒業後滋賀県庁に入庁。一九九七年に近畿青年洋上大学の一員として初めて訪中し青少年交流活動に参加。二〇一一年に初めて湖南省を訪問したのを機に中国語学習を始め、湖南省との交流活動にも参加するようになる。二〇一九年に滋賀県の現地事務所立ち上げの命を受け、初代所長として湖南省長沙市に赴任する。現在も日々両県省の友好交流発展のために活動している。

2等賞

温かくて優しい教え

俳優　加山　到

一九七二年（昭和四十七年）六月。外務省職員だった父は、数か月後の日中国交回復の兆しがある中で本省よりその命を受け、家族と共に北京に移り住みました。当時私は小学三年生。北京語など全くわかりません。もちろん日本人学校はまだなく、夏休みの時期を終えた頃に、中国人児童が通う現地小学校に編入する事になりました。

その学校は我が家が住む外交公寓（外国人用アパート）からほど近い場所にありました。二階建てのセメント塗りの質素ともいえる校舎。風が吹けば土煙が舞うでこぼこしたただの更地である校庭。日本には必ずある鉄棒や雲梯などの遊具、プールや体育館など施設はありません。校名が書かれた看板がなければ、何に使われているかわからないような建物でした。

学校側から指定された八月末のある日。私は両親と、一緒に編入する浜口兄弟一家と共に学校を訪れました。校門を入ると、左右に分かれて立ち並んでいた数十名の生徒たちが、カラフルな紙で作った花を振りかざしながら、「歓迎（huan ying）！歓迎！」と迎えてくれました。驚きと恥ずかしさを感じながら校舎の玄関に向かうと、校長以下数名の教師が待っていました。同行していた父の職場の通訳を介して簡単に挨拶を済ませたあと、案内されるままにとある教室前まで来ると、先ほどと同じように花を持った女子生徒たちが「歓迎！歓迎！」と笑顔。教室の中には更に別の生徒たちが、ここでもまた大きな拍手で私たちを迎え入れてくれました。まるでレッドカーペットを歩くアカデミー俳優のようですが、その時は自分に何が起きてるのか理解できず、ただただ「歓迎！歓迎！」の声と多くの拍手に圧倒されていました。

教室の正面に貼られた毛沢東主席の肖像画の下にある黒板には、赤や白のチョークで「熱烈歓迎日本小朋友」

編入式での私。歌や踊りを披露してくださり、黒板にある文字通り熱烈歓迎でした

と大きく書かれており、用意された椅子に私たちは座らされました。間もなく校長先生の挨拶が始まり、促されて父親達も必死に勉強したであろう北京語で挨拶。そして私は覚えたてのハーモニカで「春の小川」を吹き、浜口兄弟は「手のひらを太陽に」を歌いました。その後は中国人生徒による歌や踊り、武術の演武まで披露してくれました。一足先に入学していた先輩格の日本人女子・稲田さんも歌を披露。数日後に国交回復する友好ムードの中で行われた、文字通り熱烈な編入式でした。

翌日から通学が始まります。朝、外交公寓の門前には私たちそれぞれの同学（級友）がなんと！迎えに来てくれていました。学校側の計らいだったのでしょう。私には張山くんという同学が、その日以降雨の日も雪の日も毎日欠かさず迎えに来てくれ、下校時も必ず送り届けてくれました。進級してもクラス替えがなかったので、張くんは卒業するまで毎日私を見守ってくれたのです。

授業はもちろん北京語です。全くわかりません。でも、新しい漢字を学んだり短い文章を覚えるために皆で声を出す時には、教師や学生が手振りで「声を出して」と教えてくれます。音楽の授業でもとにかく皆で一緒に歌いました（革命の歌ばかりでしたが）。時には手の空いてる教師が私を別室に連れて行き、絵札などを使って北京語を教えてくれました。休み時間になると同学たちはノートを指しては「本子（ben zi）」、教科書を持っては「課本（ke ben）」。少し慣れて来ると今度は私が「のおと」「きょうかしょ」と日本語読みを教えたり……。誰もが常に笑顔で接してくれ、私は嫌な思いひとつすることなく、学校生活に溶け込んでいきました。

日本では漢字の勉強を始めたばかりの年頃の私にとって、漢字ばかりの教科書は当然読めませんでしたが、その中に何度も出て来る「日本」の二文字に、私は赤ペンで線を引いていきました。純粋に嬉しかったのだと思います。ただ、「日本」の後には必ず「鬼子」「帝国主義」の文字が付いていました。

ある日、そんな私の教科書を見た担任教師がこう話し始めました。

「皆さん、教科書を置いて下さい。……かつて我が国と日本は戦争をしていました。良くない時代がありました。でも今は、私たちの国は仲良くなりました。そしてこのクラスには日本人同学もいます。皆と一緒に勉強をして、一緒に遊んでいます。これから両国はもっともっと仲良くなっていくでしょう。」

この日の出来事は、親と教師との間でやり取りされていた連絡ノートに書かれており、教師が言った内容を私は親から聞きました。小学校低学年には戦争がどういうものなのかまだわかりませんでしたが、教師の言葉は、目の前に座っている生徒たちが、今後両国の懸け橋になるのを望んだ上での教えだったのでしょう。どんなに温かくて優しかったか。五十年を経た今でも、思い出すと胸が熱くなります。

加山 到（かやま いたる）

一九六三年横浜市生まれ。父親の仕事により少年期を北京・上海で過ごし現地校に通う。国際基督教大学高等学校、桜美林大学文学部中国語中国文学科を経て全日本空輸に入社。羽田及び成田で旅客業務や中国出張に従事。一九八八年俳優活動開始。ドラマ「大地の子」「さよなら李香蘭」「流転の王妃」「ホーム＆アウェイ」「レッドクロス」「Game Of Spy」映画「落陽」「SPEC～結～」朝ドラ・大河・月9他多数。

2等賞

唐の時代へタイムスリップ

音声配信者　清水 絵里子

「雲には衣裳を想い　花には容を想う」。唐の時代の詩人、李白が詠んだ歌『清平調』の一節である。今もなお「世界三大美人」に数えられる楊貴妃の美しさが表現されている。詩を現代語訳すると「うららかな春の日、空を流れる雲を見ると楊貴妃の衣装が目に浮かぶ。牡丹の花を見ると楊貴妃の艶やかな姿が目に浮かぶ」となる。令和の時代に生きる日本の若者でさえ「春のぽかぽか陽気に包まれ思い浮かべる推しのファッションＹＹＤＳ（永遠的神）！　桜の花を見て思ったけどやっぱり君しか勝たん！」とまで言うことはそうそうないだろう。しかし、私は時代と国境を越え、二十一世紀に、中国で体感することができたのだ。唐の時代に思わずうっとりとするような言葉でしたためられた優美な世界観を。

　新型コロナウイルスの感染拡大により、日中の往来が容易ではなかった二〇二〇年、私は念願叶って広州に渡航した。現地での生活を思いっきり楽しもうと街に繰り出すと、漢服を身にまとい堂々と歩く人々の姿が目に留まった。漢服とは、漢民族の伝統衣装の一つで、七夕伝説の織姫と彦星のイラストに描かれるような長い裾や袖が特徴的だ。当時、漢服ファッションは中国のＺ世代と呼ばれる若者の間で大流行し、公園や観光地だけではなく、レストランやショッピングモールなど街の至る所でよく見かけた。中国版Instagramと呼ばれるＳＮＳ「小紅書」で検索してみると、トレンドに敏感な女性たちが麗しい写真をたくさんアップしていた。動画の投稿もあり、漢服を着用しながら踊っている人もいた。中国の古典舞踊だった。伝統的な音楽に合わせ舞うたびに、長い裾や袖がひらひらと揺れる姿は非常に優雅で、一瞬で心を奪われた。

　私はすぐさま中国古典舞踊を習える教室を探した。体

中国古典舞踊『清平調』の発表会の様子（最前列、向かって左が筆者）

験レッスンに足を運ぶと、「你好」に続けて「Hello」と声を掛けられた。名前から外国人だと察した受付スタッフが気を利かして挨拶してくれたのだ。在籍していた先生たちは、中国で有名な芸術大学を卒業した人ばかりで、姿勢や所作、一つひとつが美しかった。独特な動きに戸惑う私に、身振り手振りを交えて丁寧に教えてくれた。生徒には英語が得意な人もいて、先生の説明をわざわざ通訳してくれた。踊りはもちろん、踊る人たちの心の美しさにも感動し、こうして私は日本人どころか外国人が一人もいないローカルなダンス教室に通い始めた。

　練習を重ねれば重ねるほど、魅力にどっぷりとはまっていった。一口で中国古典舞踊と言っても、時代や民族によって特色が大きく異なる。長い歴史を持ち、五十六の民族が存在する中国の文化は奥深い。先生から「漢や唐の時代が古代文明史上で最も文化が栄え、踊りも優美で豊富だった」と教えてもらった。これは俗に「漢唐舞」と呼ばれ、私が一番好きな踊りになった。

　「『清平調』という作品を踊りたい人募集中！」ある日、教室から新クラス開講の知らせが入った。「漢唐舞」を代表する作品の一つだと知り、迷わず申し込んだ。柔軟性や難度の高い技に挑戦することや、今にも踏みそうなほど長い袖で雲の流れを表現することは難しかった。それでも、絶世の美女、楊貴妃を彷彿とさせる華麗な音楽や振り付け、衣装がたまらなく好みだった。

一カ月半ほど通い詰め、迎えた最終レッスンの日、先生の言葉に衝撃が走った。「発表会では皆で唐の時代のヘアメイクをしましょう！」憧れていた容姿に近づけることに胸が高鳴ると同時に困惑した。唐の時代の化粧をしたこともなければ、どういうものなのか想像もつかなかったからだ。「日本人なのでどうしたらいいか分かりません…。」こう呟いた私に、一緒に踊ってきた仲間たちから笑いながらツッコミが入った。「私たちだって分からないよ！」そうだった。ここにいる全員、生きているのは現代だ。そこに国籍は関係ない。言われてみれば私だって、平安時代に流行したヘアメイクなんて全然知らないじゃないか。先生の指導のもと、柳のように細く長く眉毛を描き、赤色を基調とした目元や頬に仕上げ、眉間には花の絵柄を入れた。髪はまるで『サザエさん』のように結い上げ、牡丹や雲の形をした髪飾りを付けた。踊りはもちろんのこと、音楽や衣装、メイク、ヘアセットにいたるまで、作品にあわせて唐の時代を再現することにこだわった。仲間とともに時代を越えた体験は、一生忘れられない思い出になった。

自国どころか他国のトレンドに触れる機会はなかなか多くないはずだ。ましてや、現代のみならず古の文化に思いを馳せる経験は少ないことだろう。それでも、最後まで私の声を聴いてくださったあなたとは、世代や国籍に関係なく、しばしの「唐の時代へタイムスリップ」、ご一緒に楽しむことができていましたら幸いです。

清水 絵里子（しみず えりこ）

東京都出身。慶應義塾大学法学部政治学科中国語インテンシブコース卒業。同大学メディア・コミュニケーション研究所修了。日本貿易振興機構（JETRO）にて中国経済調査を担当、セミナー講演や記事の編集・執筆に従事。現在は、中国広東省広州市に在住し、中国トレンドやカルチャーについて音声を中心に配信している。YouTube、Podcastなどで「ホッとチャイナ」運営、本作品で登場した流行語解説やダンスを公開している。Voicy「毎日新聞ニュース」第五期パーソナリティ。

2等賞

国境を越えたサンフラワー

高校教諭　後藤　里奈

ある日渋谷駅内を歩いていた時のこと。フロア内に置かれたピアノを弾いている若い男性の演奏に、私は思わず立ち止まって聞き入った。それは間違いなく、子供の頃に上海で聞いた中国民謡「サンフラワー」だったのだ。

小学生の頃、私は父の仕事の関係で一年間上海に滞在していたことがある。当初私は中国人に対して勝手にマイナスのイメージを持ち、現地の学校や地域になかなか馴染めずにいた。日本を恋しく思う気持ちは日に日に強くなり、元気をなくしていく私を見かね、両親は私に、好きだったピアノを習わせてくれた。引っ込み思案な性格の私にとって、唯一自分を表現できる手段がピアノだったのだ。だが、先生はもちろん中国人。当時から中国のスパルタ教育は有名だったため、異国の地でレッスンを継続できるか不安だった。想像通り、先生はとても厳しかった。練習に手を抜いたり、他のことを考えていたりするとすぐに見抜かれる。しかし、先生は私が中国語の分からない日本人であることにはお構いなく、毎回真剣にレッスンをしてくれた。またピアノの技術だけではなく、「言葉の壁や能力は関係ない。大切なのは強い気持ちと、諦めずに努力し続けることだ。」と言い、いつも間違いを怖れていた私に、「たいていのミスはあとでいくらでも修正できる。大事なのは間違いを恐れずに挑戦することと、間違いをどう次に生かすかだ。」と教えてくれた。そのおかげで、始めはレッスンに行くのが憂鬱だった私も、次第に練習にのめり込んでいき、「先生の言っていることをもっと理解したい。」という一心で、徐々に中国語も習得していった。そしてある日のレッスン後、「先生の好きな曲を弾いて欲しい。」と勇気を出して頼んだところ、「サンフラワー」を私の目の前で弾い

中国・江西省にある中学校とのオンライン交流会

てくれたのだ。それは中国民謡をピアノにアレンジしたものだった。中国の雄大な自然が目に浮かぶような魅惑的なメロディー。始めて聞いたのにどこか懐かしさを感じるようで、郷愁をそそられた。鍵盤上を疾風のように駆け巡る先生の指に見とれながら、聞いているうちに自然と涙が溢れた。中国にこんなにも美しい曲があったなんて——。素晴らしい音楽には、国境を越えて人を感動させる力がある。それまで周りとの間に壁を作っていたのは私の方だったのだと気づかされた。私の心はまさに向日葵のように明るくなっていったのだ。

　その後まもなくして、私は日本へ帰国することになったが、先生の教えは今も私の糧となり、挫けそうになる度いつも私を鼓舞してくれる。見知らぬ男性が弾いていたピアノを聞いて、そんな中国での思い出が甦り、温かい気持ちになった。今、あの先生はどうしているだろうか——。

　現在、私は都内の女子校で英語を教えている。中国籍の生徒も数多く在籍しているが、彼女達は言葉や文化の壁を乗り越え、仲間と助け合いながら一生懸命勉学に励んでいる。中国人の同僚の研究熱心な姿勢にも日々刺激を受けており、私の中国人に対する印象はますます魅力的なものになっている。

今年の一月、日中国交正常化五十周年を記念して、私の勤務校では「新時代の教育のための国際協働プログラム」に参加した。そこで「初等中等教職員国際交流事業」の一環として、中国・江西省の中高一貫校に勤める英語の先生方と、オンラインで交流する機会に恵まれた。お互いの学校の授業紹介や質疑応答などの相互交流を行った後、教職員同士の交流会も実施した。数年前から先進的な英語教育を行っている中国の教育事情について直に話を聞くことができ、学ぶことが多かったが、中国の先生方にも日本の学校生活について興味を持っていただけたのは嬉しかった。特に交流会の最後で中国の先生が話してくださった、「国や文化、民族の違いに関わらず、若者は私たちにとっての財産です。未来ある子供達のために尽力することは、私たち教育者の使命です」という言葉には深く共感し、感銘を受けた。先生方の高い英語力や熱心な指導は、単に受験戦争を乗り切るためだけではなく、未来を担う子供達を立派に育てるという使命に基づいているのだ。きっと二五年前、私にピアノを教えてくれた先生も、そんな熱い想いで私に接してくれたのだろう。

長江流域に位置する江西省は豊かな自然に恵まれ、中国有数の野鳥の飛来地にもなっている。何羽もの渡り鳥が一斉に飛び立つ写真を見せていただき、日中関係の明るい希望が見えるようだった。

「近くて遠い国」などと呼ばれることもある中国だが、実際に現地の人々と交流してみなければ分からないことはたくさんある。国際平和の実現は、多様な文化を尊重し、希望の象徴である子供達の教育に力を入れることから始まるのだろう。これからの日中関係も、向日葵のように明るいものであり続けるよう、私も真の教育者として努めていきたい。

後藤　里奈（ごとう　りな）

一九八八年岩手県生まれ。東京女子大学現代文化学部言語文化学科卒業後、英語教師として東京・神奈川の中学校、高校に勤務する。小学校時代に一年間上海の日本人学校に通い、中国人の先生にピアノを習う。現在は都内の私立高校に勤め、中国人の生徒とも日々接しながら日中友好のためにできることを考えている。

2等賞

人生は中国とのつながりと共に

公務員　西村 文彦

私は今年で四十九歳となるが、自身と中国のつながりを考えると本当に長い付き合いになったと感じる。初めて中国を訪れたのは、一九八七年で中学二年生十四歳であった。当時、兵庫県が主催していた「兵庫県民の船」という行事に伯父が連れて行ってくれ、約一週間、上海、蘇州、無錫、杭州を訪問するという旅であった。当時船で玄界灘を通り国境を越え、長江に入った時の、その大きさに驚いたことは、今でもよく覚えている。ちょうど瀬戸内海を通る航路だったので、これが「川」だということが俄かに信じられなかった。今思えば、これが中国の雄大さに直に触れた初めての経験だったと言える。更に、それぞれの地域を鉄道で訪れた時に、駅で小さな子どもたちが声高に「熱烈歓迎」をしてくれたこともよく覚えている。これが、私と中国との付き合いの始まりである。

次に中国を訪れたのは、大学三回生の時、吉林省長春市の東北師範大学への約三週間の語学短期留学である。真夏というのに冷涼な気候が心地よかったことやホームステイで餃子を御馳走になりながら、餃子包みはお父さんの重要な役割だと教えられたことを懐かしく思い出す。また、一人、昭和初期から走っていたという古い路面電車に揺られながら町を散策した時、この地がかつて、両国の歴史において非常に重大な地であったことに思いを馳せたことが、思い出される。

その後も、北京や上海を数日間旅行したことはあったが、二〇〇八年に仕事で湖南省に経済交流駐在員として二年間派遣されたことは、私の人生にとって大きな転機となった。大学卒業後、民間企業に約三年ほど勤めた後、滋賀県庁に転職したのだが、まさか中国で生活する機会が来るとは思わなかった。滋賀県と湖南省は、琵琶湖と

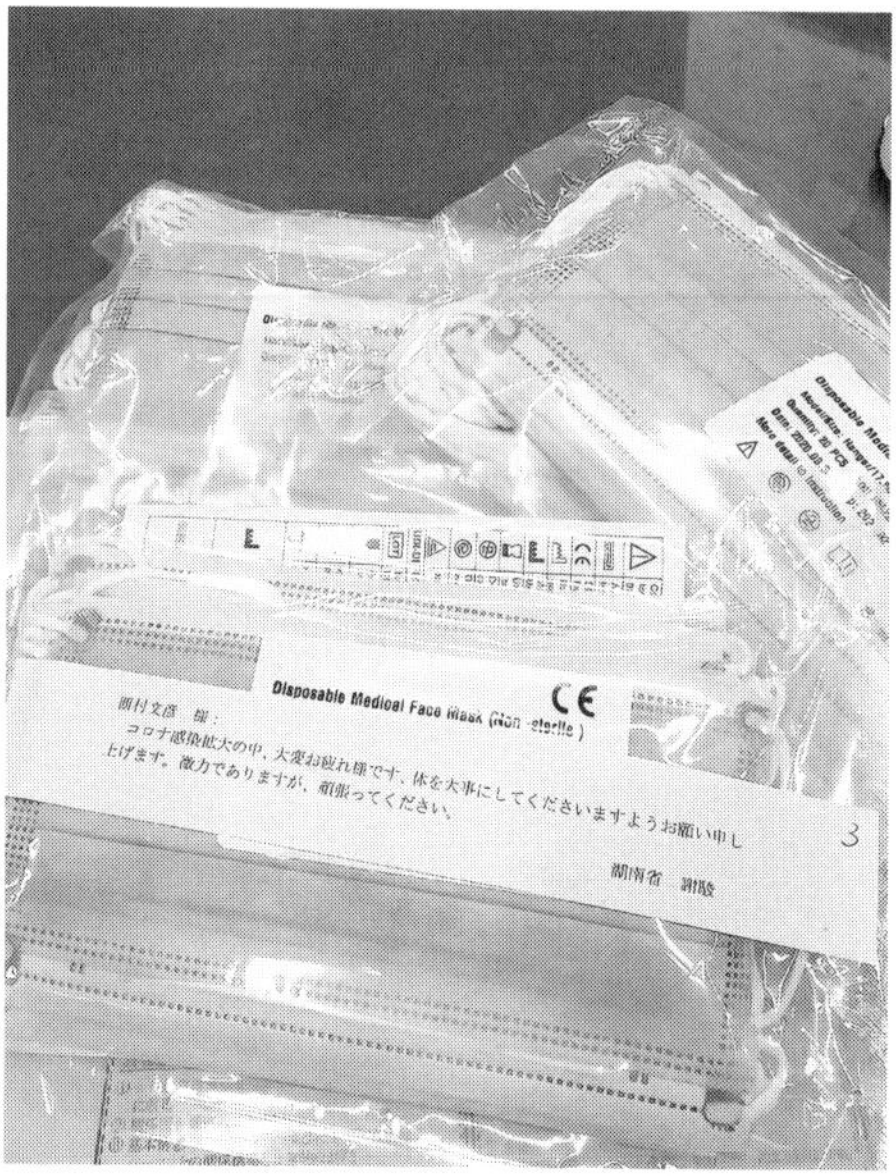

送っていただいたマスク

洞庭湖という湖が取り持つ縁で、一九八三年に友好提携を結んだ。その後、文化や経済、環境など様々な分野において交流が行われ、深化してきたのだが、その中でも、人的交流は、両県省のつながりを更に強くすることにおいて大きく貢献してきた。具体的には、湖南省からは技術研修生として毎年数人を受け入れ、滋賀県からは職員を派遣するという人と人との交流である。なお、技術研修生は約二百名に上っている。

県庁に入ってからも中国語の勉強を続けていたことを知っていた上司から応募を勧められ、当初、語学などの面で戸惑いもあったのだが、せっかくの機会であるし、中国はとても関心のある国であったので、応募することにした。

初めての海外での長期生活、それも湖南省長沙市という中国の地方都市での生活は、やはり不安があったが、幸い、辛い物が大好きで、お酒も少々嗜むことができた私は、辛いことで有名な湘菜や非常に度数の高い白酒「酒鬼」の生産地として有名な湖南省では、当初から多くの方から歓迎していただくことができた。しかし、駐在員というのは、滋賀県の経済発展などに向け、湖南省における開発区の情報の提供や、環境や観光など様々な分野でのつながりを開拓、醸成していくという大変重要な仕事があり、この大きなミッションを果たしていくためには、第二外国語程度の語学力では到底太刀打ちできず、また能力、経験も全く不十分であり、さらには言葉が通じず、日常生活もままならない状況で、湖南省への着任当初は引きこもりがちにならざるを得なかった。

このような不安を徐々に解消して、駐在員の業務を遂行できたのは、先に述べた技術研修生として以前滋賀県で研修をしていたお二人の方の大きなサポートがあったことが欠かせない。お一人は、省政府に勤務されている方で、もう一人は、現地で会社経営をされている方であった。お二人とも、豊富な人脈を駆使して、私の公私に亘る活動を支えてくださり、おかげで二年間に亘る駐在員としての業務を何とか全うすることができた。まさに両県省の人のつながりに助けられたのである。

そして、二年前に忘れられない出来事が起きた。当時私は、滋賀県の東京の事務所に勤務していたのだが、まさに新型コロナ感染症による緊急事態宣言の真っただ中で、マスクの調達もままならなかった。このような中、上述のお一人の方が、マスクを送ってくださったのだ。私はとっさに、駐在員の期間が終わり長沙を離れる時に「あなたのような永遠の友と出会えたことに感謝している」という内容のメッセージを中国語で送ってくれたことを思い出した。

そして、今年の四月から、再び中国湖南省との交流の仕事を担当することとなった。これからまた両県省の新たなつながりづくりに向けて仕事ができることに本当に感謝している。

中国とのつながりは私の人生を本当に豊かにしてくれている。これも、両国のつながりづくりに向けた先人たちのご尽力のおかげであり、日中国交正常化五十周年を迎え、改めて心から感謝の意を表したい。

西村 文彦（にしむら ふみひこ）

滋賀県総合企画部国際課勤務。一九七三年兵庫県神戸市生まれ。同志社大学経済学部卒業後、株式会社高島屋を経て、二〇〇二年に滋賀県に入庁。中学二年生の時初めて中国を訪問。大学三回生の時に吉林省長春市で語学短期留学。二〇〇八年から二〇一〇年まで滋賀県庁から友好都市である湖南省に経済交流駐在員として派遣。現在、県庁において滋賀県と湖南省の交流を担当している。

2等賞

日本人の九割が「中国嫌い」って本当？

大学教員　久川　充雄

二〇二一年の「日中共同世論調査」によると、九十・九％の日本人が中国の印象を「良くない」「どちらかといえば良くない」とした。また、六十六・一％の中国人が日本に対する印象を「良くない」「どちらかといえば良くない」とした。

　ここ数年日本人の中国へ対する悪い印象は高止まりしている。しかし、私の実感とは大きく異なっている。私は中国に来て十年になる。二〇一二年八月末に中国の天津に語学留学し、今では西安交通大学で日本語教員をしている。そのため、中国人と日本人が交流する場面も多く見てきたし、日本人の中国人に対する印象を聞く機会も多かった。そこからみると、中国在住の日本人の中国人に対する印象は決して悪いものではない。

　日本人で中国人と接したことがある人はかなり少ないのではないか。接したことがあっても、一言二言話しただけであったり、仕事上での表面上のつきあいだけなのではないか。私も日本にいたときは、ほとんど接したことがなかった。大学にも職場にも中国人はいたが、簡単な会話をするだけで友達になったり、一緒にご飯に行くことはなかった。そういった状況では「中国人」ではなく全体的なイメージで印象を判断してしまうだろう。主には、テレビ、新聞、インターネットで得たニュースだ。歴史、地政学的問題や国家間の価値観の違いなどによって印象が決まってしまう。そこには、実際に生活している相手の国の人々の姿はない。

　また、表面的な習慣やコミュニケーション方法に目がいきすぎな気もする。確かに中国人ならではの特徴がある。自己主張が強く、思ったことはすぐ口にする。中国では自分の言いたいことをぶつけあい、その上で解決するのが中国の方法だ。日本人のように空気を読んで相手

2017年10月の晴れた日、天津日本語コーナーで行ったサイクリング

に配慮するようなコミュニケーション方法はとらない。これは、コミュニケーションの方法にすぎず、決して相手のことを考えていないというわけではない。困ったことがあれば積極的に助けてくれるし、一緒に食事をしたり遊びに行ったりすると出来るだけ楽しませようとしてくれる。この点は日本人と決して違いはないだろう。

　そして、日本での習慣に馴染むのは大変だということだ。私たち日本人は強く意識していないが、外から見ると気づきにくい暗黙のルールもある。その習慣に馴染むためには一定の時間が必要となる。

　私はコロナが流行する前の二〇一九年の夏に日本に帰り、日本にいる中国人の友人と会った。そのとき、一緒に地下鉄に乗ったが私の話す声が大きく、地下鉄では小さい声で話すようにと中国人の友人に叱られてしまった。大変恥ずかしかったが、私はいつの間にか中国の地下鉄での声量が習慣になっており、中国人の友人は日本の地下鉄での声量が習慣になっていたのだ。

　そして、接することが少ないと表面的な部分ばかりに目がいき、中国人を一括りにしてしまい個々の中国人に意識がいかないように思う。中国人も日本人と同様に様々な性格の人がいる。明るい性格の人も、おとなしい性格の人も、派手好きな人も、素朴な人もいる。趣味も様々だ。スポーツが好きな人も、音楽が好きな人も、アニメが好きな人もいる。よく話してみると、中国人も日本人も大差がないように思う。

日本人以上に日本のことが詳しい中国人もたくさんいる。中国人から日本のアニメの話をされることがよくあるが、ほとんどの場合詳しすぎてついていけなくなる。日本の旅行先に詳しい友人も多く、改めて日本の美しい景色に気づかせられることもある。

現在、在日中国人は約八十万人いる。街の中を歩けばすぐに出会うことができる人数だろう。特に東京や大阪では、もっと簡単に中国人と接することができる。日本人同士で集まるのも悪くはないが、中国人と接するのは自分の視野を広げてくれるのではないか。三国志の話をしてみるのもいいし、本場の中華料理の店を教えてもらうのもいいし、中国人の視点から見た日本について聞いてみるのも面白いと思う。そうすると、中国人にも多くの個性があることに気づき友人もできるだろう。そうして、多くの人が接してみるようになるとお互いの印象はすぐによくなるだろう。

二〇二一年の中国人の日本に対する印象は二〇二〇年から約十三%悪化している。これは、コロナによって訪日中国人の人数が激減したことによるものだろう。中国人の人々も日本人と接する機会が少なくなり、実際の「日本人」ではなく、ニュースによって知る日本の全体的なイメージだけで判断してしまうようになった結果だろう。

学校にいる中国人や職場にいる中国人に積極的に話しかけてほしい。多くの中国人は日本人と交流することを望んでいると思う。また、各種日中交流会に参加してみるのもいいと思う。物は試しの軽い気持ちで交流してみてほしい。決して後悔はしないと思う。五十年後の日中国交正常化百周年のときには、印象が逆転し両国九十%以上の好感になっていることを願っている。

久川 充雄（くがわ みちたけ）

二〇〇四年三月筑波大学卒業。同年四月食材専門商社に就職。二〇一二年八月天津商業大学に語学留学。二〇一五年三月天津日系企業に就職。二〇一九年三月から二〇二二年一月まで安徽省准北師範大学で日本語教員。二〇二二年二月から現在まで陝西省西安交通大学で日本語教員。趣味は、スポーツ・グルメ・旅行。留学中や長期休暇には中国各地を旅行し、現在まで三十五都市を訪問。

2等賞

青島のバス停

高校生
高橋　未來

あの日バス停で誓った約束は今も尚続いている。

私が中国の青島に来たばかりのこと。当時私は小学校一年生。中国語も英語も話せない私にとって初めての海外在住。私の目に映る青島は異世界で、不思議で魅力的で宝を探す冒険のようだった。

忘れもしないあのバス停。毎日私たちと共に孫の幼稚園の送迎バスを待つ、同じマンションに住むおばあちゃんがいた。当時青島では外国人が珍しかった。興味本位で日本人である私たちに話しかけてくれたおばあちゃんとの出会いが、一生忘れられない出会いになったのだった。

これをきっかけにバスを待つ間、会話をするのが日課になっていた。私、私の母と弟。同じ幼稚園に通う弟の友達とそのおばあちゃん。いつもバス停には五人が仲良く会話をする光景が広がっていた。初めは英語が話せる弟の友達を頼りに、身振り手振りで何とか意思疎通していた。しかし日を重ねるにつれ、伝わらないことも増えていた。そこで私の母は紙とペンを持ち、慣れない手つきで中国語を書いた。事前に調べて伝えたい内容をメモするという案だった。私たちにはおばあちゃんと話したいという熱い感情が芽生えていた。

翌日、おばあちゃんに中国語が書かれた紙を渡した。会話の幅が広がり、自分の伝えたいことが伝わることに私の心は晴れ晴れとしていた。しかし私の心とは裏腹におばあちゃんの顔色は曇っていった。いつも元気で明るいおばあちゃんの暗い表情を見るのは初めてだった。車が走る騒音だけがバス停に鳴り響いた。周りは騒がしいはずなのにとても静かだった。そしてようやくおばあちゃんが悲しい顔で、ごめんねと手を合わせた。そして弟の友達が口を開いた。

おばあちゃんたちとのお別れの日にバス停で撮った唯一の写真

「僕のおばあちゃんは文字が読めないんだ」

この言葉を母を介して聞いた時、私はショックを受けた。なぜ自分がショックを受けているのか、小学生の私には分からなかった。同情なのか悲しみなのか。さっきまで降っていた雪は雨へと変わっていた。

おばあちゃんが文字を読めないことを知った翌日、私はおばあちゃんと会話するのが怖くなっていた。おばあちゃんもきっとそうだろうとため息をついた。自分達の当たり前が引き起こした悲劇を恥じた。雪だるまも退屈にバスを待つ頃。いつもの見慣れたふたつの人影が遠くの方に見えた。おばあちゃん達だ。おばあちゃんの手にはなんと紙とペンがあった。そして中国語が書かれた紙を私たちに渡した。漢字で何となく読み取った言葉は「文字読めないけど頑張って勉強する」だった。嫌われたと思い込んでいた私は、意外な展開に驚きを隠せなかった。そして、とても嬉しかった。私の勝手な憶測だが、文字が読めないことはおばあちゃんにとってコンプレックスであったと思う。それを外国人である私たち日本人に知られては、中国人としてのプライドが傷ついたであろう。もし私なら恥ずかしさと悲しさに負け、その人とは距離を置くと思う。しかしおばあちゃんは違った。距離を置くどころか、私たちと会話をするために文字を勉強するというのだ。バス停で出会った私たち日本人に、それまでして何故会話をしたいのか。それはおそらく、彼女にとって初めての日本人だったからであろう。そして私たちにとって初めての中国人は、おばあちゃん達だったのだ。私たち日本人が中国人のおばあちゃん達と話したいという強い想いは、おばあちゃんも同じであった。

それから私たちは、中国語の勉強を一生懸命にした。新しい単語を覚えては紙に書き、寒い雪の中バス停でおばあちゃん達と会話する日々が続いていた。だが、そんな幸せな毎日は思っていたよりも早く終止符を打つことになった。私たちは上海に引っ越すことになったのだ。

バス停へ向かう最後の日。私は家を出る前に髪を束ねた紐をキュッと結び直した。そして、バス停への雪道を歩いた。歩く度に聞こえる雪の音は、おばあちゃん達との思い出を回想させた。バス停に着くと、おばあちゃんは何かを手にしていた。なんと私たちに手紙を書いてくれたのだった。手紙を渡されたときのおばあちゃんの笑顔は一生忘れない。手紙には「私は文字の勉強を続ける。だからあなた達も中国語の勉強を続けてね。がんばれ。」と書かれていた。これが青島生活最後の日に誓ったおばあちゃんと私たちの約束だった。そして手紙の最後に書かれた「謝謝」の二文字。少し震えた字がおばあちゃんの一生懸命さを物語っていた。私が青島での冒険の中で、探していたものは出会いという名の宝だったのかもしれない。

高校生になった私は今も尚、中国語の勉強をしている。私が中国語を話せるようになったと知ったらどんな反応をするだろう。そしておばあちゃんは文字の勉強を続けているだろうか。バス停で出会った奇跡は、私の運命を変えることになった。中国語を勉強し続けることであの日の約束は守られ続ける。だから私は中国語を学び続ける。これからも、ずっと。

高橋 未來（たかはし みら）

小学校の約五年間を中国（青島と上海）で過ごす。中国での人々との出会いをきっかけに、中国語の勉強を始める。中国の良さや温かさを知る。中国で生活をするなかで、第二の故郷となる。日本への帰国後、中国への愛が募る。中国への愛は加速するばかりで、中国への留学を決意する。しかし、コロナの影響でオンライン留学に。中国に行ける日を夢にみて、今も中国語を勉強し続けている。好きな食べ物は麻辣湯と豫园のトウモロコシ。

2等賞

緑色のホームベース

農業　森　英昌

二〇〇九年二月、南開中学と巴県中学で始まった重慶の棒球（野球）、その立上げに関わった私は二〇一〇年四月にＪＩＣＡ（日本国際協力機構）派遣シニアボランティアとして南開中学に赴任した。

ここで使用している野球道具は私が日本で調達したもの、最初にコーチとして就任した四川省攀枝花のＺ教練が持ち込んだものだ。今回重慶に来て道具を確認したら、「本塁包（ホームベース）」が増えていた。ただ、この本塁包は手作りで何故か「緑」色、正規より一回り小さい。日本では「白」以外のベースは考えられないが、これは中国人の大らかさから来る発想かもしれない。

南開中学のグラウンドはアンツーカーと人工芝で出来ていて、トラックとサッカーができる線が引いてある。その緑の人工芝に本塁包を置いて練習をするのだが、緑と緑で保護色になり少し離れるとよく見えない。自分としては緑の本塁包ではテンションが上がらない。何かいい材料を見つけて本塁包を作ることを考えた。

四月二十一日、この四日後には重慶で初めての対外試合「南開中学vs巴県中学」が決まり、その時には正規サイズの「白い本塁包」がほしい。

午前十時、本塁包の材料探しに出かけた。商店街で数店に入ってみたが適当な物はなかった。次に二年前留学した四川外語学院（川外）近くに行き雑貨店などを覗いてみたが、ここにも使える材料はなかった。

私一人で探すのは難しく、留学時代に知りあった川外日本語部三年のＷくんに連絡した。彼との待ち合わせまで時間があるので、留学生部の指導教諭を訪ねたり昼食を済ませたりした。

午後一時、Ｗくんと会い一緒に材料探しに行くことにした。二人は近くの商店街を探したが、ここにも使える材料はなかった。そこでＷくんが友達に電話し、近くに「建築材料」を扱う商店街があるとの情報をもらいそこ

重慶史上初の対外試合で真白く輝くホームベース（右端が筆者）

に向かった。

　この一帯は建築材料や家具など住居に関する大小の店が、これでもかと並んでいた。あるビルに入り手当たりしだいに見て回っていたら、「地板」という床材を扱う店に行きあたった。置いてあった片側が白い正方形の品物を触ってみると、ツルツルしてなく適当な弾力がある。やっと「これだ！」と感じるものを見つけた。女性店員に大きさを測ってもうと、本塁包より一回り大きい思いどおりの材料に出会うことができた。

　店員に「これが欲しい」と言ったら、「これはサンプルで売れない」との返事であった。しかたなく、周りの同じような店を見て回ったが同様の品物はなく、また元の店に戻った。どうしてもこの地板がほしい。この店員に「このサンプルを売るか、至急同じ品物を取り寄せてほしい」と頼むと、自分は経営者ではないので「老板（社長）に連絡してみる」と電話してくれたが老板は出なかった。Wくんの電話番号を店員に教え、老板と連絡が付いたら電話してもらうことにし、一度引き上げることにした。

　三時過ぎまで珈琲店で時間を潰したが、地板店からの電話はなかった。Wくんは四時過ぎから授業がありここで別れた。

南開中学に戻るとすぐにWくんから電話が入った。「同じ品物はなく、取り寄せることもできない。サンプルも売ることはできない」と地板店から連絡が入ったとのことだ。

四日後には重慶の歴史上初めての対外試合がある。その時には正規サイズの白いホームベースがどうしても必要だ。同じ品物がないのなら、サンプルも必要ないだろう。「どうしてもあの地板がほしい」私の心に火が点いた。

こんな時は南開中学のX教務主任を頼ろう！

教務弁公室に行きX主任に地板のことを話すと、すぐに学校の備品などを調達する仕事をしているDさんを呼び出してくれた。彼に事情を説明すると、すぐに学校の車を準備し一緒にその店に行ってくれることになった。

店に着くと、店員は私に「また変な外国人が来た」という愛想のない視線をくれたが、Dさんはお構いなしに「その地板を買う！ いくらか？」と尋ねた。店員は「売れない」と面倒くさそうな態度で返答した。

この瞬間、Dさんにスイッチが入ったようだ。私にこの重慶弁は殆ど理解できなかったが、Dさんは抑揚のある激しい言葉でまくしたてた。Dさんはこの店員では「埒が明かない」と判断し、店員から老板に電話をさせ直接交渉を始めた。Dさんは老板に「南開中学」を強調していた。老板も根負けしたのか交渉は成立した。「百元」ということのようだ。自分の感覚で百元は高い。Dさんにそう話したが、彼は値段については「没問題（大丈夫）」と、百元札を渡し「南開中学」あての領収書を書かせた。

翌日、X主任に現物の「地板」を見せ報告とお礼を言い、本塁包に加工するためのカッターナイフと長い物差しを借りた。部屋に戻り本塁包を作り始めると、一時間ほどで出来上がった。我ながらこの「白い本塁包」の出来栄えには大満足であった。

二〇一〇年四月二十五日(日)、重慶史上初の対外試合、この本塁包は真白く輝いていた。

森 英昌（もり ひであき）

一九五四年広島県熊野町生まれ、広島修道大学卒業後、熊野町役場に就職。一九八四年日中青年交流（三千人交流）で中国を訪問したのをきっかけに、中国語学習を始める。一九九一年熊野町日中交流協会設立時、事務局長に就任。二〇〇八年熊野町役場を早期退職、天津・重慶で語学留学。重慶での留学中、棒球（野球）を始めることに関わり、二〇一〇年JICA派遣シニアボランティアを含め、延べ約二年間南開中学棒球隊コーチとして指導した。現在は広島県熊野町で農業に従事している。

2等賞

人と人の間に国境は無い

大学生　大橋 遼太郎

「日本と中国は戦争をしていたのに、日本人の自分を育ててくれた中国人がいたんだよ。人と人の間に国境は無いんだよ」。私が物心ついた頃から、口癖のように祖父は言っている。たどたどしい日本語で……。

八十二歳の祖父は、満蒙開拓移民として中国の東北に渡った曾祖父母の元に生まれ、五歳の時、中国残留孤児となった。その祖父を引き取り、大事に育ててくれた中国人の養父がいたのだという。

私が、祖父のこの境遇と口癖の意味を理解できるようになったのは、ある出来事がきっかけだった。

小学生の時、母の中国留学に伴い、私も北京で三年間暮らすことになった。北京の現地校へ通っていた私は、初めのうちは中国語に苦しんだが、多くの先生に支えられ、すぐに仲良しの友人ができ、充実した日々を過ごしていた。

中国での滞在生活が一年を過ぎた頃のある日の国語の授業のことだった。授業が始まり、教科書のページをめくると、「小英雄」というタイトルと共に、奇妙な挿絵が目に飛び込んできた。赤いチョッキを着た少年が、右手に槍を持ち、大きな岩の上に立っている。そして、その岩の少し下の方には、緑の帽子と服を身につけた兵隊らしき大人が五人。みな少年の方に槍を向けている。少年に一番近い人の槍の先には、白い旗のような物がぶら下がっている。その旗の真ん中に、赤い丸が岩に隠れて半分だけ見えている。挿絵が何を表そうとしているのか、この時の私にはまだわからなかった。国語の賈先生はいつものように、しっかり聞くように、と指示を出してから、ゆっくりと朗読を始めた。

「九月十六日の朝、山に沿って攻めていた日本軍が、村に迫っていました。十三歳の少年が村への案内を頼まれましたが、危険を察し、軍を袋小路へと誘導しました

中国の仲間たちと共に（左から２人目が筆者）

……」。いつもは優しい賈先生の朗読の声が、暗くくぐもった。「……少年は殺されました。寒い山の中、村人を守った少年の血は滴り、青い空を紅に染めました……」

教室の中はいつもより静まり返っていた。

私は、頭を鈍器で殴られたような衝撃を受けた。そして、中国に来てから理解できなかった奇妙な断片的なシーンが、スライドショーのように、次から次へと頭の中を駆け巡った。

「手心手背（手の平・手の甲）、狼心狗肺（狼の心・犬の肺）！　日本投降、中国万歳！」のチーム分け（日本でいう「グー」と「パー」によるチーム分け）の掛け声は、単なる語呂合わせではなかったのか。テレビで偶然見た抗日ドラマは、フィクションではなかったということなのか……。

点と点が繋がって線となっていくように、今まで理解できなかった数々のシーンが繋がって、一本の大きな矢となって私の心に深く突き刺さる。急に怖くなった。日本人である自分が、責められているような気がした。

「戦争の話なんて嫌だ。早く終わってくれ！」

早くその場から逃げ出したかった。教室を飛び出して、誰もいない所へ行きたかった。

「早く終わってくれ！　早く終わってくれ！」

必死に祈った。中国に来てから、四十分間の授業がこんなに長く感じたことは、初めてだった。

ようやく授業の終わりのチャイムが鳴った。しかし、私は動けなかった。あんなに教室から逃げ出したかったのに、動けなかった。

「もう誰も、一緒に遊んでくれないかもしれない……」

しばらくして、「卓球やりに行こう！」という、仲良しの李君の声が聞こえた。おそるおそる顔を上げると、そこには、いつもと変わらない笑顔があった。その横には、付君もいた。ふたりの後ろには、馬ちゃんや王ちゃんや、他にも大勢のクラスメイトがいた。

「人と人の間に国境は無い」

この時、ふと祖父の口癖が浮かんだ。そして、戦争について何も知らなかった自分が恥ずかしくなり、腹が立った。

私は、私が生まれる前にあった戦争が憎い。中国の仲間たちとの仲を邪魔しようとする戦争が憎い。中国の多くの人々の命を奪った戦争が憎い。祖父を酷い目に合わせた戦争が憎い。憎くて、憎くて仕方がない。でも、その憎い戦争を無かったことにすることもできない。「じゃあ、どうすればいい？」「じゃあ、私は何をすべきなのか？」と、この出来事以来ずっと考え、もがいている自分がいる。

中国の親友たちとは、今も電話やメールで頻繁にやり取りをしている。李君は大学に合格してから、日本に遊びに来てくれた。これからも、私に大切なことを教えてくれた友との絆を大事にしていきたい。

今、私の通う大学のキャンパスには、多くの留学生がいる。私は、自分が中国に留学していた時にしてもらったように、積極的に彼らの生活や学習のサポートをしている。彼らを通して、中国で関わった先生や級友に恩返しができたらと思う。

いつしか、「日本と中国」が私の人生のテーマとなっている。自分の一生をかけて、日中両国の平和に貢献したい。そして、次の世代に、自分の体験と共に祖父の口癖を伝えていきたい。

大橋 遼太郎（おおはし りょうたろう）

一九九九年、長野県生まれ。東京理科大学工学部機械工学科四年生。二〇〇七～二〇一〇年、中国・北京に滞在し、現地の小学校で学ぶ。中国での滞在を機に、中国残留孤児であった祖父の境遇や自らのルーツを知る。これまで、主に中国滞在中の出来事を「毎日小学生新聞」に連載し、日中両国の相互理解に努めてきた。現在は、同じキャンパスに通う留学生との交流会の企画や、生活・学習のサポートに尽力している。

3等賞

中国人の機微に触れて

主婦　亀崎　瞳

二〇一八年当時、湖南省長沙市という中国の地方都市で数年間勤務する打診が主人に来た時、この話を受けようと主人を説得したのは、金融アナリストとしてのキャリアを楽しんでいた私だった。二歳の娘と厳しい業務環境に不安そうな主人を連れて二〇一九年に現地へ乗り込んだ。途中、コロナで一年間の帰国も強いられたが、通算三年の現地生活、専業主婦として子供たちの様子や現地のママたちとの交流を通じて理解した「中国人の考え方や動き方」というものは、大国中国の動向を理解するための根幹だと感じる。半年後の本帰国後に、キャリアを再開する際に必ず役立つだろう。

　滞在日本人約百人の都市だが、幸いにもインターナショナルスクール（インター）があり、幼稚園部に通えた。さらに、米国資本で国際展開し、中国語と英語の両方で指導するバイリンガル幼稚園がマンションに併設されていた。渡航直後は、インターの入学年齢に娘が達しておらず、マンション併設の幼稚園で預かってもらった。現地の幼稚園とインターとを体験し、その両方への通園生活と現地での交流から二つの知見を得ることができた。

　まず一つ目は、ＩｏＴの活用が進んでいること。日本で通わせていた保育園は、毎日手書きの連絡帳、欠席や緊急呼び出しの連絡は電話のみ、セキュリティの甘い園庭、など保育の質とは異なる部分に時代に取り残された不便さを感じてきた。しかしマンション併設の幼稚園では最新のＩｏＴが導入されていた。所定のアプリで毎日細かに報告される教育プログラム、メニューや食事量、トイレの回数、行事の案内や出欠確認、欠席連絡、さらに教室に設置された監視カメラを通じて、アプリで二十四時間子供の様子を確認できる。その上で、「教えることよりもまずは抱きしめること」という方針にそって、

日本の謝恩会を基に先生を招いて企画開催した卒業パーティー

中国人の先生たちは皆、温かく娘を迎え入れてくれた。この国では導入のコストが安い。新しいことを始めるときに、収支計画の検討より先に「試しにやってみよう」ということがよくある。最終的にどうやってその費用を捻出するの？という不安は気づくとどこかで調整されていて、なるようになっている。「とにかくやってみよう」が先立つ国なのだ。また、市場規模が大きいため、業者側も利益率が多少低くても、数量を優先することがある。収支に対して、買う側も売る側もおおらかで、新しい技術はどんどん製品やサービスに搭載され、一瞬で汎用化する。このスピード感は日本には絶対にないものだ。

　そして二つ目は、現地の子供たちは皆驚くほどの積極性にあふれ、自己主張がはっきりしている、ということである。内気でシャイ、何事も石橋を叩いてたたいて渡らない娘を持った母親として、現地の子供たちの勢いには最初驚いた。初めてのことにも積極的に挑戦し、自身の「やりたい！」という気持ちに素直で、その機会を得るために駆け寄り飛びつくといった姿勢がある。やりたくない、ということに対しても同じだ。興味が無ければやらない、嫌になったらもう参加しない。やるもやらないも、本人の強い意志や希望に基づいてふるまい、お互いにその行動を受け入れているので、他人がどうふるまおうと気にしない、さっぱりとした付き合いやすさがある。これは、現地のママとの交流を通じても強く感じた。日本では計画的に「機会を等しくすること」が責任と考えられがちである。ある日、商品やサービスが開始し、知っている人から早々に申し込み、先着順で定員に達したら締め切られる。日本では考えられないがそれが当たり前なのだ。その前提で、子供たちもママもはっきりと主張するし、機会に貪欲に飛びつく。最初はその様に圧倒されたが、慣れてくると、リスク許容度が高く、外向的な彼らの姿勢に感心するようになった。そういった姿勢とは別の次元で、思いやりや気遣いを当たり前に実践する、快活で親しみやすい現地の人々との交流を通じて多くの友人を得ることができた。気づけば娘も「どっちでもいい」という回答が減ったように感じる。「チャンスは何度もやってこない、目の前にきたらしっかり掴みとりなさい」とこの国にきてから何度も娘に伝えてきた。現地の子たちと同じように振る舞える程にはならなかったが、娘が自己主張するようになったことをとても嬉しく思う。

このように、湖南省長沙での滞在を経て、現地の人々の考え方や動き方に触れ、理解することができた。相手を知ればこそ、相手の良さを生かし、自身はどう価値を提供できるのか、という協業の在り方を考えることができる。滞在中にも大国中国は国際社会における存在感を増し続けてきた。国を構成する人々の機微に触れたこの経験は、帰国後にビジネスの現場へ復帰した際、必ず生かせると確信している。私や家族を友人として受け入れ、様々なことに一緒に取り組む機会を与えてくれた現地の人々に感謝の気持ちでいっぱいである。

亀崎 瞳（かめさき ひとみ）

一九八六年東京生まれ、東京育ち。青山学院大学卒業後、都市銀行、投資顧問会社、格付機関にて企業アナリスト業務に従事。夫の中国赴任に帯同し、中国湖南省では湖南農業大学の留学生向け中国語学習講座を受講。インターナショナルスクールのＰＴＡ等、子育てを通じて長沙市内での交流を広げる。人民経済大学での社会人向け講座をオンライン受講中。二〇二三年春に東京へ本帰国予定、ビジネス業界へ復帰し、中国関連の事業に携わりたい。

3等賞

上海魯迅公園日語角にみる当時の中国世相

元会社員　玉置 博計

私が以前、滞在していた中国の上海には、文豪魯迅の名を冠した魯迅公園があります。そこには日語角と言われた中国人の集まりがありました。毎週日曜日の午前に行われる青空教室です。日本語会話の機会を持ち、同時に会話能力の向上を目指していました。参加者の年齢層が子供から年配の人まで幅広いことから、日本への関心の多様さが感じられました。

参加者の中心は、当時、「哈日族」と呼ばれた若者達でした。彼らの学習意欲は半端なものではなく、片道二時間以上もかけて参加する者や、勤め先を辞めて日本語学校に入学した後に寝食を忘れて語学漬けの生活する若者が数多くいました。私が十年間もの間、ボランティア活動を続けてこられたのは、そのような向上心溢れる若者達に出会ったからでした。

この集まりは、戦後、残留日本人が始めたと聞いています。私の居た二〇〇〇年頃は、中国人男性が世話役でした。彼は太っていたので、中国語で「胖老師（デブ先生）」と呼ばれていました。しかし、彼の日本語の会話能力は独学ゆえに高くなく、参加者の中には揶揄する人もいましたが、初めての参加者にとって彼の存在は不可欠でした。

彼との出会いは、私が早朝の太極拳練習を終えて、ベンチで一休みしていた時間が、その場所で、日語角の始まる時間で、日本人先生として誘われたことででした。それがきっかけで、その後、定年退職で帰国するまでの十年間を、日語角で中国の若者達と時間を共にすることになったのです。

当時の中国は、二〇〇一年のＷＴＯ加盟後、二〇〇八年の北京五輪、二〇一〇年の上海万博を迎える国力発展期でした。中国政府は国際化を旗印に、外国語学習を奨励しており、日本語学習熱も盛り上がっていました。

しかしながら、専門家には、〝この時期、日中関係は

2006年当時の日語角風景。この写真の中の３名とは現在も交流が続いている

激動の渦の中にあった〟と言う人もいました。不安定と緊張の中にあったからこそ、この集まりは、現地コミュニティ紙や日本の新聞社からも注目されて、私自身も取材を受けました。

活動を始めて暫く経った頃、公園での私の活動が、彼らのネットで話題になっていたことを後日になって、参加者から聞かされました。明らかに私を目当てにやって来る参加者が何人もいました。その後、年配参加者の一人が、私の活動を中日友好の貢献事例として作文コンクールに応募したり、ある語学学校でのマナー講習会を依頼されたこともありました。北京五輪や上海万博を間近に控え、中国が更に国際化するには、公衆マナーの向上が求められていた時期でもありました。

日語角で、午前中の二時間余りの間、太陽の下、立ったままで話し続けるのは、体力的に辛いものがあります。そのような時に、外国人の立場から、中国社会では他人に話しづらい話題を敢えて取り上げると緊張感が変わります。例えば、若者の恋愛や男女関係を取り上げると彼らの表情が変わります。当時、日本で話題になった「草食系男子」、「肉食系女子」、更に「婚活」における日中の違い等に話題を繋げていけば自然と盛り上がりました。当時の一人っ子政策の結果、子供の「結婚」は、その両親たち自身の老後にかかわる最大の関心事になっていました。この問題は、彼らの家庭内の、悩みの種であるにも拘らず、表立って話題にしづらい、いわば〝双方立ちすくみ〟の状態だったのです。

日語角では、私の周りに集まる参加者（十名前後）の顔ぶれは毎回変わる為、彼らの会話能力や関心度合いにより、その都度、話題を臨機応変に変える必要がありました。二時間余りの間、終わりまで彼らの関心を引っ張っていくことができた時は、達成感と満足感を感じます。時に、彼らの中で突然、化学反応が起きて、予期しなかった方向に話題が飛んでも、即座に対応できる引出しの中の話題の多さ、力量が試されます。前日の日本のホットなニュースの意見を求められることもしばしばあり、時事問題の事前勉強は不可欠となりました。筋書きのないドラマは、私自身も鍛えてくれました。

この集まりは二〇一二年の私の帰国後、主役の若者達の参加者が減少して、現在は存続していますが、年配の人々の気楽な世間話の集まりになっています。少し寂しい思いがしますが、これも時代の流れです。帰国後、何度か訪れましたが、懐かしい年配の常連たちが温かく出迎えてくれました。ありがたい限りです。

日語角で出会った若者達とはその後、ネット等で、現在まで十～二十年近く交流が続いております。彼らは、一人っ子政策の第一世代であり、現在は三十歳代から四十歳前半となっています。改革開放の恩恵を最初に受けた世代と言われ、高等教育を受け、生活にゆとりがあることから、彼らを「新中流階級」と呼ぶ人もいます。彼らは、現在、コロナ禍の為に活動を小休止していますが、その多くからは今後も何らかの形で日本と関りを持ち続けようとする強い意志を感じます。日中友好の懸け橋となって欲しいと言う当初の願いは今、彼らが着実に実現しつつあります。

玉置 博計（たまき ひろかず）

一九五一年和歌山県生まれ。名古屋工業大学大学院建築学終了後、大手建設会社に就職し、作業所勤務の後、主に海外工事の入札見積業務に従事。バンコク駐在四年、ジャカルタ駐在四年の後、中国現地法人設立に伴い、上海駐在十年。その間、二〇一〇年上海万博日本館建設工事に関わる。二〇一二年定年退職による帰国後、コロナ期間を除き、毎年数回、上海を訪れるなど、現在も多くの友人と交流を続けている。

3等賞

心のバリアフリー

医師　秋谷 進

児童精神科医という仕事をしていると、日本の子どもだけではなく、在日の子どもたちと話す機会も多い。その中でいつも思うことは、日本と中国の関係性だ。

国交正常化五十年。四十九歳になる私には、歴史的背景があって、お互いにあまりいい感情を抱いていないのはわかる。だがそれは、今の時代の子どもたちには関係のないことだ。いや、もう子どもだけではなく、大人もそうだろう。確かに政治レベルでは、色々な問題が山積みになったままになっているため仕方がないと思うが、国民レベルではそんな問題はどこにもないはずだ。それなのに、政治レベルの話を国民レベルの話と同じように感じ、お互いにいい感情を持たないようにしているとしか見えない。この風潮をなくすためにも、政治家自身に「政治と人の交流は違う」とはっきりと明言してほしい。だが、少なくとも私はそんなことを言っている政治家を知らない。

小学校や中学校の中には、在日中国人の子どももいるが、彼ら彼女らは、そのことを公にしない。両親から言わないように言われていることがほとんどだ。本来、在日中国人の子どもには何の罪もないし、差別されるいわれもない。日本人の子どもと、何ら変わらない存在。だが、人の感情というのは、そうもいかない。在日中国人だとわかった瞬間に、人はその人のことを見下したり、嫌悪したり、差別をするからだ。

「私はそんなの気にしないよ」と口で言っていても、態度でそれが本人に伝わるものだ。というよりも、「そんなの気にしないよ」という言葉もすでに偏見のあるものだし、上から目線の言葉になっていることに気づいているだろうか？　例えば、東京の小学校で、「私、出身は群馬県なの」と言った時に、「私はそんなの気にしな

筆者の診療風景

いよ」と言うだろうか？「へーそうなんだ」とか「群馬って行ったことないけど、どんな場所なの？」とか、そういう言葉が続くはずである。都内の小学生が「群馬出身」ということを告げる時は、おそらく自分が田舎者だからという気持ちがあって、恐る恐る言っている場合があるが、基本誰も田舎者扱いはしない。だが、中国だったらどうだろうか？　子どもも親も違う反応をしていないだろうか？

　また子ども同士では何も偏見がなかったとしても、在日中国人の子どもが、日本人の子どもの家に遊びに行ったときに、日本人の親が他の子とは違う目でその子を見てしまうということもある。

　子どもというのは、周りの大人が思っている以上に敏感だ。ちょっとした感情の機微で、この人に嫌われていると、すぐにわかるのである。そしてその理由が、自分の性格ではなく自分が「在日中国人」だからだ、ということも理解している。そうすると、幼心に「在日中国人」であることが、いけないことなんだと刷り込まれて行ってしまうのだ。

　日本人の多くは、中国人に対して反日感情を持っている人たちだという認識を持っているが、自分たちが中国人を侮蔑している意識が少ない。だから自分は悪くないのに、あいつらは……という思考になるのである。向こうが反日なら、こっちだってという感情もおかしなものだが、まずは何が「偏見の目」なのかを理解しない限り、この無意味な感情が取り払われることはないだろう。

私は偏見の目を取っ払って、一人の人間として彼ら彼女らと向き合ってほしいと切に思う。私は医師という立場ではあるが、彼ら彼女らと向き合って話をしている。それでわかることは、お国柄なのだと思うが、彼ら彼女らは非常に義理に厚いということ。

中国に帰った後も、私のようなおじさんに対して、「マイフレンド」や「ベストフレンド」と言って、日本にいる私に会いに来てくれるのだ。こんなに嬉しいことはない。中日の子ども友好の講演会を、教育委員会を通して主催者として迎えてくれたこともある。

子どもの発達には自尊感情が何よりも大事だ。それなのに、子ども時代に偏見の目で見られた子どもは、心の負担となる。正常な発達に支障をきたしているという理解も持ってほしい。

「きらい」と言葉にしていなくても、それは相手に伝わっている。こちらの何気ない一言が、一生の傷になることだってある。自分が知らず知らずのうちに、深い傷を相手に与えているかもしれないのだ。

中国は日本の、まさにそばにある国。飛行機を使えば、気軽に行ける海外でもある。

もうそろそろ、国民レベル、一般レベルで、国を理由に偏見を持つのをやめてみてはどうだろうか。国に対しての差別、区別はもう必要ない。人と人との付き合いを、相手が日本人でも日本人ではなくても、ちょっとした気持ちの切り替えでできるはずだ。まさに心のバリアフリーである。

私は一人でも多くの人に、そうなってほしいと切に願っている。そして私はこの発信を、何があってもやめるつもりはない。

秋谷 進（あきたに すすむ）

一九七三年東京都生まれ、神奈川県横浜市育ち。桐蔭学園高等学校、金沢医科大学医学部医学科卒業後、国立小児病院小児神経科、獨協医科大学越谷病院小児科、三愛会総合病院小児科をへて、東京西徳洲会病院小児医療センター勤務。専門は小児神経学、児童精神科学、小児救急。子どもの心に寄り添った診療、「ベイビーファースト」を信条とし、日中友好を始め、多文化共生社会の形成を図っている。

3等賞

困る船員と焦った僕の話

医療事務　鈴木 大輔

僕はその時、二十代前半。大学の春休みを利用し、香港から広州へ渡る船の中にいた。せっかくだからと景色の見える席を確保して、僕はドカッと腰かけた。しばらくすると、僕の乗っていた船が動き出す。

「動き出したか」

僕の胸が高まっていく。

「広州へは何時に着くんだったっけ」

僕は腕時計を見た。そして、驚いた。チケットの時間よりも十五分も早く船が出発しているではないか。

焦った僕はリュックを抱え、看板に飛び出していく。そして、船員にチケットを見せた。チケットを覗き込んだ船員は僕を指さし、その後手を左右に振った。「これは違う船だよ」と。

僕は「何とかならないか」と片言の英語とジェスチャーで伝える。だが、すでに船は動き出している。船員も困っていた。そうこうしているうちに、岸が離れていく。

見知らぬ土地での失敗に僕はパニックに陥っていた。僕は離れていく香港に向かって飛び込もうとしたのだった。三人の船員に僕の愚かな行動は止められ、そしてフェリーは岸へ戻り、僕を香港へ戻してくれた。皆さんの好意のお陰で、僕は予定していた船に乗ることができたのだった。

これは二十五年も前の話。僕にとって初めての海外一人旅だった。

大学時代の僕は長期休みに入ると一人旅をした。北は北海道から南は沖縄まで、ある時は鈍行列車で、そしてある時は愛車のスクーターに乗って出かけたものだ。

日本各地を巡った僕は、今度は海外まで足を延ばそうと考えた。行先をどこにするか迷っていた矢先に、大学の講義で好奇心をくすぐる話を聞いた。「来年の七月に、香港がイギリスから中華人民共和国へ返還される。返還によって香港も変わっていくだろう」

香港……輝く夜景、雑多な商店街、美味しい食事という印象があった。それと同時に整備されていない地域もある危険なところというイメージも併せ持つ不思議な街だった。

鹿児島県串木野市にある冠嶽園（かんがくえん）にて。冠嶽園は、薬草の宝庫でもある山岳仏教の名山「冠岳」の縮景と、その名の由来である「方士徐福」の伝承を顕現するために設けられた中国風庭園である

大学教授の話を聞き、僕は香港に興味を持つ。まだ、インターネットも流通していない時代、情報の根源は本だった。僕は図書館から本を借りて調べてみる。知れば知るほど香港に興味がわいた。そして、その隣にある中国にも行きたいと思うようになった。

香港と内陸では、隣同士であるにも関わらず、全く異なる文化を持つ。西洋の文化に色濃く染まった街が、異なる文化の国と一つになっていく。香港が返還される前に二つの文化を見たい……それがこの旅のきっかけだった。


大失態から始まった中国一人旅。広州へたどり着き、まずは街を歩く。僕は一目で広州に興味を持った。

建物は古く、歴史が止まっているかのよう。整備されていない場所も多々見かける。当時の映画で見る中国そのものだった。人も多く、喧噪としている街で生活する人達の服装は質素だった。飲食店の前で材料を洗っている調理師さんの姿には驚いた。

広州から第一に感じたのはエネルギーだ。僕の知っている日本では目にすることのない、人々や街のエネルギーだった。

僕は片言の英語しか話せない。中国語で知っているのは「シェイシェイ」と「ニーハオ」くらい。街では英語を見かけることはなく、全て中国語表記だった。どこに行って良いかも分からない僕は、ガイドブックを片手に街の人に中国の文字や建物の写真を見せて行先を教えてもらった。

言語が分からなくてもなんとかなるものだなと思っていたが、人生はそんなに甘くない。食は広州にあり……広州を調べると必ず出てきた言葉。そんな広州には、様々な材料を使った料理があるという。その中でも、ヘビ料理で有名な店を僕は訪ねた。

歴史を感じさせる色褪せた建物の入口にはヘビが並ぶ。席についた僕はメニューを見る。中国語の読めない僕は、その料理の想像もできない。メニュー表を適当に指さし三品頼む。注文した時に、女性店員が笑ったような気がした。なぜ笑われたんだろうかと考えた僕は、出てきた料理を見てその理由を理解した。運ばれてきたのはヘビを焼いたお肉と、ヘビを焼いたらしいお肉、ヘビ肉のチャーハンだった。なんと、同じような料理しか頼んでいなかったのだった。

その上、一品ごとの量が多い。とても一人で完食できる量ではなかった。皿に多くの食材を残し、少し気恥ずかしい思いをしながらその店を後にした。

二日間の広州旅も終わりが近づく。その日のお昼には広九直通列車に乗って香港に帰ることになっていた。

帰路は往路のような失敗はしないと、朝から乗車駅を確認する。広州駅周辺には多くの人が集まって、混雑していた。後で調べると、働き口を見つけるために地方から出てきた人たちだということを知る。広州のエネルギーの源を見た気がした。

あれから僕は中国へ行く機会はない。現在の広州の画像を見ると、以前とは比べ物にならないほど、都会的な街に様変わりしていた。

見た目は変化したが、広州のエネルギーは変わっていないだろうと思う。僕が一目ぼれした広州という街。また、いつか出会えることを楽しみにしている。

鈴木 大輔（すずき だいすけ）
一九七五年鹿児島県奄美大島生まれ。鹿児島経済大学（現鹿児島国際大学）社会学部卒業後、埼玉県草加市の精神科クリニックへ精神保健福祉士として入職。三十歳の時に、鹿児島へUターンし、医療機関の事務職員として勤務。大学時代は、長期休みになると国内外問わずに旅へ出ることが好きで、大学三年時の香港と内陸への一人旅を綴ったものが本稿である。

3等賞

ゴビ砂漠のオアシス「額済納」の草原にて

大学名誉教授　塩見　正衛

　夜が明けると、車窓からは一面の広漠たる砂原が見渡せた。夜行寝台列車は心地よく砂漠の鉄路を走っていた。そのとき、突然十頭あまりの駱駝が砂漠を駆けていくのが見えた。私たちは、「この駱駝はきっと野生の駱駝だよ」と話し合い、私は子供のころから憧れていたゴビ砂漠に来られた、と感慨に浸った。午後二時ごろ、列車は終着の額済納駅に到着した。閑散とした大きな駅舎の中を、私たちは明日から草原で調査に使う道具類や、植物学辞典、それに衣類と若干のお土産を入れたキャリアー・バッグを引いて駅舎を出た。駅には地元の草原の管理責任者Ｌ女史と、運転手の丁さんが私たちを出迎えてくれた。

　私たち一行は、私と同じ茨城大学で、植物生態学を教えている同僚Ｈ先生とＹ先生、私たちの研究室で植物生態学を学び博士号をとって、今は陝西省の大学で草原科学を教えているＣＪ女史、大学を卒業したばかりのＣＪ女史の長女Ｙさん、それにＣＪ女史が指導する二人の女子学生である。私たちは、気候変動や人口増加、過度な環境破壊が中国北部の草原に与える影響について、十年あまり研究をつづけてきた。この一連の研究の最終年次に、中国で最も厳しい乾燥環境におかれているゴビ砂漠南部の草原を調査すると決めていた。私たち日本人は中国語がほとんどできないので、これから先はすべてＣＪ女史の通訳に頼ることになる。

　ゴビ砂漠南部は内蒙古自治区に含まれていて、祁連山脈を水源とする大河・黒河が砂漠の中央を北に向かって流れ、やがて砂に吸い取られるように、二つの湖・嘎順諾爾と索果諾爾で終わっている。一九八〇年ごろから、河川沿岸では無計画な農地や都市の開発が進み、これら二つの湖は干上がってしまった。また、黒河畔には胡

川のほとりで植物の調査開始（50mのラインに沿って50㎝四方の田の字型の枠を次々移動して測定していく。草地の土が白く見えるのは塩の集積）

楊の大きな森林が存在し、重要な建築材を提供していたけれども、乾燥で枯れたり、燃料として乱伐され、現在は胡楊の森林面積はごく限られている。

草原は樹木が生きられない乾燥地でも生存でき、現在も黒河河畔や地下水の豊富なオアシスで見られる。草原は、気候変動に対する緩衝能力をもち、また放牧で生計を立てている農民にとっては重要な飼料資源である。私たちの調査は、この草原資源の量や分布の把握を目的にしていた。

ホテルに荷物をおくと、L女史は、近くのレストランで、私たちを遅い昼食に招待してくれた。料理には駱駝の焼き肉が出た。初めて食べた駱駝の肉は、赤身のあっさりした味だった。この地方では駱駝の肉は山羊や綿羊の肉と同じように重要な食料だそうだ。そして、私たちが朝、車窓から見た砂漠を走る駱駝の群れは、野生ではなく放牧されている駱駝であることが分かった。

翌日は、私たちは丁さんが運転するジープで、先ずスーパーに寄って二リットル入りの水を十本と、おやつの西瓜を仕入れた。そして、調査目的に恰好の草原を探して、黒河支流の河畔や、季節的に沼地化している支流をいくつも見て回った。

三つ目に行ったところで、初めてみるオアシスと周辺の植物群に、私はとても興奮していた。沼地化した河川の湿地を歩きまわって調査に適切かどうか調べているうちに、表面は乾燥して見えるけれども、その下は泥濘な葦原の泥に踏みこんでしまった。左足が泥から抜けなくなり、あわてて強く踏みこんだ右足も泥に三十センチもめり込んでしまった。右足に力を込めてやっと左足を泥から抜くと、右足はもっと深くのめり込んでしまい、尻もちをつきそうになる。子供のころ読んだ底なし沼の恐怖が頭をよぎった。こんなところで転んだら、ひとりでは這い上がれない。私は、思考停止状態になった。

その後、私たちは、運転手の丁さんの知人の農家で軽い昼食をいただくことになっていた。その農家は、夫婦二人で大きな山羊牧場を経営している。行ってみると、私たちが予想していた簡単な昼食とは違って、先ず四十度の白酒と鍋いっぱいの羊の蒸し肉が出た。中国の田舎では、酒を断るのは失礼だと聞いていたので、注がれた酒は覚悟を決めて何杯も飲んだ。茨城大学の同僚も、CJ女史も、学生たちもみんな酒を注いだり乾杯の音頭をとったりして、すっかり酔っぱらってしまった。もう午後の仕事はできそうにない。宴会の後、河畔の草原にもう一度立ち寄って、翌日からの調査地を決めた。

翌日からの一週間で、私たちはやっと調査を終えることができた。調査の内容はごく短い要約だけを書くことにする。私たちの調査地では、河畔から二十メートルくらいまでの土は湿潤で塩濃度は低く、菅類が密集していた。しかし、二十メートルを超えると、土は急に強く乾燥していて、塩濃度は非常に高く、植物は疎らにしか生えていない。調査した草原は、すでに長い間放牧が禁止されていたけれども、湿潤な河や沼に近い草原では、放牧利用が可能と、私たちは結論づけた。詳しい研究成果は国際誌に公表されるはずである。

塩見 正衞（しおみ まさえ）

一九三八年京都府生まれ。茨城県水戸市在住。一九六一年東京大学農学部卒業後、農林水産省の研究所に就職し、一九九三年茨城大学教授。統計学と植物生態学の研究に従事。一九九〇年以降、主に中国北部の乾燥地帯と亜熱帯の草原で、同僚や元留学生（現中国で大学教員）と植物の調査・実験にかかわる。農学博士・理学博士。二〇〇〇年ごろから中国語教室や放送大学で、苦手の中国語を学習中である。

3等賞

こんなに親切なんだ

元会社員　神谷 東弥

「それではお願いします。」社内会議の席上、国内単身赴任者である私に対する役員の一言で中国駐在が決まりました。私が推薦した中国の都市に現地責任者として新会社を立ち上げる仕事です。現地政府との面会日程を踏まえると、赴任まで二週間しかありません。これからアパートを引き揚げ、行政の手続きを行い、中国行の片道航空券などを手配し、宿泊先を決めます。私は中国語の勉強をしたことはありませんが、それまでに何回か中国出張を経験していましたので、なんとかなるだろうと思っていました。

　予約したホテルの部屋では湯を沸かすことしかできませんが、ホテルならば朝食も夕食もホテルに併設のレストランを利用することが出来ます。ホテル生活は出費が多くなるものの、食料品の買い出しは無く、食後の片付けから解放されるので快適に過ごすつもりでした。

　現地赴任し、早速問題発生です。ホテルでは喫食者ひとりでは夕食の対応をしてもらえないのです。夜のホテルのレストランは宴会場の様にとても賑わっていました。十人ほど座れる円卓に私ひとりではホテルの売り上げが少ないから困るのだと察しました。

　仕事を終え街の中心部のホテルから、毎日ひとりで入れそうなレストランの探索を始めました。ネクタイを締めた中国語の通じない日本人がたったひとりで店に入るのは勇気が必要です。

　ここで、外国滞在中の私の基本方針である「三つの必要なこと」を思い出し覚悟をしました。ひとつ目は常に「旅券」を携行する、そしてある程度の「現金やクレジットカード」が必要です。最後の三つめは「勇気」です。何事も気後れせずに勇気を出して店に入ることです。中には日本ではなじみの薄いアラビア文字の看板を掲げた

「冰花煎餃」とは何だろうと試しにオーダー。これは大正解！「羽付き餃子」でした

レストランもありました。アラビア文字の店はポークが無いだけで他の店と変わる事はありませんでした。メモには「中山西路、英語ダメ、アラブ、二重丸」となります。店の名前がわからない、通りの名前はあやふや、気に入った食事であってもメニューの何を食べたのかわからないことも多くありました。

餃子屋に入れば種類が多くあり、毎日餃子を食しても異なる味が楽しめます。ここも二重丸の店ですが、日本では中々お目にかかれない餃子の中身があるとわかったのは三回ほど食事をしてからです。メニューは、白菜、何種類もあるキノコ、豆腐、パクチ等々あり、中でも「玉子とトマト」これは日本にいてはお目にかかれない餃子でした。私にとって初めての味でしたが絶品です。餃子の種類は多分四十種類以上ありました。ピーマンかセロリかよくわからない野菜、肉は豚肉だけではなく、ロバ肉もあり、中身が違うので毎日餃子が続いても飽きることはありません。栄養的にも、「脂肪」「蛋白」「澱粉」と三種の栄養素が揃った餃子を食べるのですから健康面からも良く、満足感も得られました。

日本のラーメン屋では餃子は一種類だけです。水餃子があったとしても、中身を選ぶことはまずありません。

そして日本の水餃子は一般にスープ餃子ですが、ここは茹餃子です。醤油と思ったのは黒酢で、ラー油は味噌状で、ニンニクのかけらがいくつもテーブルにありました。餃子にはニンニクを入れない代わりに、かじりつくものだと知ったのもこの店です。

前日の夕食の内容を会社設立準備で雇用した社員と運転手に、毎日話をしました。暫くすると、ホテルから徒歩圏内で男一人、中国語を理解しない外国人である私が食事をすることができる店の地図を作ってくれたのです。百近いレストランが手書きの地図に書いてありました。

その中のいくつかは行った事のある店でしたが、ひとりで食事ができるホテルのレストラン、大きな屋敷の様に見えた建物は気軽に食事が出来るレストランでもありました。商店街に怪しい階段があることは知っていましたが、階段を上がればそこは町のフードコートだったのです。しかし、見かけの面から躊躇する店も多くありました。そんな店には運転手が店に何か一言声を掛けてくれます。入ってみれば外国人のオッサンである私が一人でも食事が出来る店である事は確かでした。

この地図は駐在中の私の宝物となり、日本からの出張者が二週間滞在しても毎日違うレストランに案内することが出来ました。出張者は駐在員の行動力を高く評価しますので、仕事も私の考え通り進めていくことができました。

中国の考え方は欧米に近く、ビジネスライクだと言われていますが、私と縁のあった人たちはなんて親切なのだろうと感じました。日本から数年間派遣され、その後は新しい日本人に交代します。数年間仕事だけして帰国する日本人に対して仕事だけではなく、こんなに親切にしてくれ、プライベートなことにも尽くしてくれた現地社員達にはとても感謝しています。

神谷 東弥（かみや　とうや）

一九五一年東京生まれ、東京育ち。育英高専卒業後、自動車製造メーカーに採用され、研究開発部門に配属。技術認証駐在員として欧州二か国（オランダとドイツ）に派遣され型式認定取得および技術調査業務に従事。帰国後は、異動先の海外企画部門から中国を含む多くの国に出張。自動車部品メーカーに転職後も海外関連業務に従事し、主に海外拠点管理を担当。新規製造拠点設立の命を受け、中国駐在員として製造拠点二社を設立。これらの会社の稼働後黒字化の目処がついたところで雇用延長期間満了となり退職。駐在当時の社員や取引先だけでなく、役所の職員とも現在まで交流が続いている。

3等賞

長沙で入院！ 忘れられない長沙的熱情の人々

大学教員 矢野 眞澄

長沙の町は、夜、いろいろ屋台がでていて楽しい。いつものように晩御飯をマンションの近所の屋台でたべた。帰り道に歩道に鉄パイプが置いてあるのに気が付かず、手をつかずに膝から転倒した。

少し痛かったけれど、家に帰ってシャワーで傷口を流して、ベッドで横になりスマホをみていた。そろそろ寝ようと夜の十時過ぎ起きてトイレに行こうとベッドから足を下すと左足に力がはいらない。変な鈍痛を感じた。

「あれ、どうしたのだろう」もう夜も遅いし痛いのを我慢して、明日の朝職場の方に連絡しようと思った。

丁度その時、長沙の中国人の友人Ｌさんからチャットがきた。同世代で話が合うＬさんは長沙の日本語サロンで出会った日本語の専門家の中国人女性だ。「矢野先生、少しお時間あったら」

えいっ、Ｌさんに相談しようと、Ｌさんにチャットで、「すみません膝が痛いです。転倒時大丈夫だったのですが」と伝えた。

Ｌさんはすぐに電話で「今から病院へ行きましょう」と力強く言ってくれた。

かばんにスマホとパスポートを入れた。中国では現金を使わない。すべてスマホ決済だ。すぐにＬさんが来てくれた。「私につかまって歩いてください。こういう時は外国人に慣れているＷ病院がいいと思います」タクシーを呼んでＬさんは私を支えながら歩き始めた。「ありがとうございます。こんな遅くに来ていただいて」「困ったときはお互い様ですよ」

病院で車椅子を借り乗せてもらい、押して頂いた。救急診療の場所に到着すると夜中に関わらず人でいっぱいだった。工事現場から来た人達、泣いている赤ちゃん、まさにカオスで、自分も痛いのだが周りの患者さんたちの姿に驚いた。看護師の姿はなく、医師が一人で診察し病状説明をし、注射や包帯を巻いていた。「いつも看護

日本語指導中。信男教育学園長沙校にて

師さんがいっぱいいる病院だけど、いないですね」とＬさん。「コロナで他に派遣されているのかもしれませんね」と私。診察の番が回ってきた。私が日本語で話すとＬさんが通訳してくださった。医師は事情を聴いてレントゲン室へ行くように言った。結果をみると、膝にヒビがはいっている骨折と診断された。家に帰るように言われた。

　Ｌさんが夜一人でいるのは危険だからと、心配して私の家に泊まって頂くことになった。心強かった。Ｌさんにはソファーで寝てもらった。次の日の朝、職場に連絡をいれた。それから又病院へ行きＣＴ、ＭＲＩ診察を受けた。医師から「今から入院してください」と説明があり、装具を着用し、徐々に直していく方法を採用すると医師は言った。入院の準備に家に帰り、同僚の中国人Ｃ先生が入院手続きのサポートに来て下さった。それから日本の保険会社にＬＩＮＥで連絡をいれた。すぐに代理店の中国人から電話がかかり、「大丈夫ですか。サポートしますのでご安心ください」というやさしい言葉に安堵した。ＬさんとＣ先生と私の三人でタクシーに乗って再びＷ病院へ向かった。

　入院手続きをして病室に向かうと看護師さんが介護士を雇うかどうか聞いてきた。中国では自分で介護士を雇うか家族が二十四時間つききりで看病するのが通例のようだ。状況からみて私は不要だと伝えた。

看護師は「用事があったらブザーで知らせてくださいね」入院してからは昼間四つ点滴、夜も四つ点滴をした。

夜に装具を作る技師が病室に来て、足のサイズを測ってくれた。この装具ができたら退院と言われた。技師の方が来た時に同時に日本人校長が果物をもってお見舞いに来て下さった。「すみません。ご迷惑をおかけして」「いえいえ、今は健康を一番に考えてください」と暖かい言葉を頂いた。

次の日またC先生がサポートに来てくださった。三日間入院して退院した。入院中はお隣に入院されていた助産婦さんと仲良くなりいろいろおしゃべりをした。彼女も道で転倒し腰を強打したようだ。

病室には無料でテレビを見ることができた。そして広くて清潔なシャワーとトイレの設備があった。これは助かった。シャワーを毎日浴びてさっぱりできた。食事は日本と違って自分の好きなものをスマホで選んで決済したら、ベッドまで配達してくれるシステムだった。さすが美食の街長沙だなと思った。美味しかった。

退院時にまた学校のC先生に手伝って頂きタクシーで帰った。足を真直ぐに固定されているので、車の後部座席に足を延ばして乗った。

家に帰ってからも同僚の中国人先生や長沙在住の日本人の方々に本当に、暖かく手助けして頂いた。周りの長沙の中国の方がさりげなくサポートしてくださって、松葉杖でしか歩けない状況でも困らないように手伝ってくださった。

急遽この事故で日本に帰国する運びとなった。残念でたまらない。しかし長沙でこんな素晴らしい友人に会うことができて、幸せなことと心から思う。お世話になったLさんをはじめ長沙で出会った友人には心からの感謝を伝えたいと思う。

「ありがとうございました。非常感謝您」

矢野 眞澄（やの ますみ）

一九六二年十月兵庫県伊丹市。一九八三年武庫川女子短期大学文学科卒業後、旭硝子に就職し七年OL。一九九〇～一九九三年北京語言大学に留学飛び級して卒業学位取得。HSK八級取得。フリー通訳をする。二〇一七年大手前大学に編入学。二〇一九年卒業学位取得、四百二十時間日本語教師の資格取得。二〇一九年信男教育学園に採用され、日本語教師として上海に赴任するもコロナで二〇二〇年退職。信男教育学園の長沙校に二〇二一年赴任二〇二二年帰国。現在大阪観光大学伊丹サテライト校日本語教師。

3等賞

八十五回の二胡レッスン

フリーライター　尾澤 結花

マンションの十一階でエレベーターをおりると、百メートル競走ができそうなほど長い廊下がある。薄暗いが、突き当りにある大きな窓から明るい光が差し込んでいる。トンネルの出口のような光を目指して、ずんずん歩いていくと、奥の右端に二胡の先生宅がある。レッスン日、先生はいつもドアを開けて待っていた。

中国楽器の二胡を知ったのは、夫の仕事の関係で香港に住んでいたときだった。時は流れ、ふたたび夫に帯同して成都に行くことになった数カ月前、三味線の演奏を聞いて二胡を思い出した。そうだ、成都に行ったら、二胡を習おう。友達が一人もいない中国へ、そして、多忙な夫……、練習する時間はたくさんあるだろう。動画サイトで二胡の演奏を聞き、繊細で美しい音色にも惹かれた。

成都に移ってからネットで中国楽器店を調べ訪ねた。五軒目、小さな工房で二胡を購入し、店主に先生を紹介してもらった。その先生は音楽学院の校長をしていた方で人柄も申し分ないという。先生宅での一対一のレッスンが始まった。六十代と思われる先生は１ＤＫで男一人暮らし。必要最小限のものでシンプルに暮らす生活もいいなと思った。

いきなり中国語で二胡を習うのはハードルが高いので、まず日本で二カ月、二胡を習っていた。でも、私の弾き方は一からなおされた。日本でのレッスンは楽しく弾ければＯＫだが、中国では二胡に限らず、どんな習い事も基礎からきちんと学ぶ。五十五歳を過ぎての手習いは苦戦の連続で、音楽センスのなさも痛感させられた。

レッスンは週一回一時間。でも、先生のレッスンはだいたい一時間十五分、ときには一時間半、最長記録は一時間四十五分。ある日、私のできが悪いからレッスンが長くなるのだと気づいた。先生に弾き方を直されると、左手と右手に気を配って言われた通りに弾くことができ

陽気のいい日はたまに近所の柳瀬川へ。川辺で二胡の練習をする

なくなる。うまく弾けず、先生が頭を抱えることもあった。そんなときは家に帰って練習したいと思うが、ある程度できるまで帰らせてくれなかった。「今日のレッスンはここまで」と告げられたときが、一週間で一番ほっとする瞬間だった。

先生には、毎日二時間、最低でも一時間、家で練習するように、と言われた。最初のころはあまり練習時間がとれなかった。でも、コロナ禍で日本に一時帰国し、その後、成都に戻ってからは一日一時間練習するようにした。内容も少しずつ難しくなり、練習してもレッスンでなかなかスムーズに弾けなかった。「今日もぜんぜんダメだった」と気落ちして帰宅した日、先生に「微信」で「家で練習してもレッスンでうまく弾けない」と言い訳のようにメッセージを送った。先生から一言「功夫不負有心人的」（努力は報われる）と返事がきた。思わずスマホを抱きしめた。

D調に続いて習ったG調の練習曲でも壁にぶつかった。慣れないG調なのに、音符が内弦と外弦を行き来するので私には難しかった。

「弾けないのは家で練習していないからだろう」

先生に指摘され、一時間練習していると必死で反論した。先生は「二胡を極めるには、先生について学び、家で一万時間の練習をする必要がある。一日一時間の練習では三十年近くかかる」と話し出した。そのころ私はよぼよぼのおばあちゃんだと思った。先生は「私は八歳のときから二胡を弾いているので問題がないが」とにやり。このとき、なぜ同じ練習曲を弾いても先生の音色は美しく、私にはその音が出せないのか、理由がわかった気がした。

テキストには各国の楽曲も入っていた。先生は「お酒を飲んで踊るときの民族曲」「大みそかに一年を振り返るときに演奏する曲」など、曲の背景も教えてくれた。勇壮な行進曲は「抗日戦争のときの軍歌」と説明し「だけど、ずっと昔のことだ」と笑顔で付け加えた。

先生の家は、夏は暑く冬は寒かった。中高年層の中国人はあまりエアコンを使わない。夏場の汗拭きタオル、冬場のホッカイロは必需品だった。冬、レッスン前にコートを脱いだら「風邪をひくよ」と止められたが、着たままではさらにうまく弾けない。春節など、悩んで果物やお菓子を選び「二胡を教えてくれてありがとう」と渡すと、「謝謝」と破顔した。言葉の壁もあり、先生とプライベートな話をすることは少なかったが、約二年、八十五回のレッスンに通ううちに少しずつ先生の生活が見えてきた。健康のため水泳をしていること、娘さんが成都に住んでいること……。レッスン中に娘さんと一緒に訪ねてきた男の子を見た途端、先生の表情は一変し優しい祖父の顔になった。

日本に本帰国すると告げると、

「まだ習っていないことも多いけれど、たくさんのことを勉強したね。帰国後、友達の前で演奏ができるよ」と言ってくれた。まだ人の心に響く音が出せないこともわかっていたけれど、うれしかった。

数日後、街中で漢服を着て琵琶を弾く若い女性を見かけた。日本で二胡の演奏をするとき、チャイナドレスを着ようと思った。チャイナドレスを買って帰らないと……。

尾澤 結花（おざわ ゆか）

一九六二年東京都生まれ。筑波大学卒業後、百貨店に就職、商事部で法人営業に携わる。結婚して出産後、退職。仕事を再開後、ライターとして活動しながら、NPO法人、職業訓練校などのスタッフとして勤務する。夫の駐在に帯同し、二〇一一年五月から二〇一五年十月まで香港で、二〇一九年七月から二〇二二年三月まで（うち九カ月はコロナ禍で日本に一時帰国）成都で暮らす。帰国後も中国語学習と二胡レッスンを続けている。

3等賞

六十九歳　単身中国留学

元図書館事務職員　関口　政恵

「関口さん　いつ留学してきますか?」

中国海洋大学日本語科の魏先生からメールが届いた日。六十九歳だった私は、独断即決で単身中国留学することを夫に伝えた。なんと、気持ちよく快諾してくれた。まさかの展開は年齢制限に引っ掛かり受け入れてくれる大学は皆無だった。しかし、魏先生のご尽力のお陰で中国海洋大学での語学留学半年間の許可が下りた。高齢である為、万が一病気や怪我発症の場合は即帰国する旨の念書と無逮捕歴証明書の提出を要求された。警察署ではそれを証明するのには半年以上は掛かると言われ、外務省に問い合わせると短期留学にそのような証明書は必要なしとの回答だったので、大学にその事を伝えると提出しなくてよいということで解決した。半世紀前の短大卒業証明書、成績証明書の再交付手続きにも時間を要した。書類作成だけで気持ちが萎えそうになったが、それ以上に六十九歳という年齢を強く意識させられた。

青島到着二日目。出かけようと玄関を出た時、用心の為に鍵穴に鍵を挿していたのを忘れてドアを閉めてしまった。ややあって、紫電一閃。大学の門衛さんに相談することにした。筆談で窮状を伝えるとすぐに鍵屋を呼んでくれた。錠前交換をしたので六百元もかかったがこの六百元はこれからの生活に喝を入れる戒めとした。気を取り直して街に買物に出た。フードコートのレジで現金を出すと冷たくあしらわれた。日本のカードも拒否された。中国がスマホ決済最先端の国だと初めて知った。呼び込みをしていた日系のうどん屋さんが「現金でいいよ」と言うので食べたくもないうどんとおにぎりを食べた。

翌日、スマホ決済が出来る銀行口座開設に赴いた。四行の銀行に断られた。どこの銀行でも「六十九歳で

A班の仲間と

留学？　なぜ？」と訝しがった。五行目の銀行でも同じ質問をされた。それでもへこたれず五行目の銀行にあらゆる証明書を持参して三日間お願い詣でをした。私の切迫した悲愴な思いを聞き入れてくれたのか四日目に待望のwechat 決済を取得することが出来た。自力で手に入れた嬉しさも相まってその日はスキップをしながら帰りたいような衝動にかられた。この日まで日本から持参した食料で凌いでいたがこれで食べる心配からは解放された。

いよいよ待望の授業が始まった。この留学で私は無遅刻無欠席、最前列で受講することを自分に課した。このことは完遂出来た。

中国語の発音が下手な私は入門A班に入った。この班はヨーロッパ、韓国、アフリカ、ロシアからの留学生達で皆との会話は英語だった。授業が易しすぎたのでB班に変更した。この班もA班と同様の国々からの留学生達だった。日本人は私と鈴木君の二人。彼は私をよく気遣って助けてくれた。班の人気者でもあった。嬉しかったのは、彼らと私は孫ほどの年齢差があるにも関わらず違和感なく仲間として扱ってくれた。私も自分の年齢をすっかり忘れていた。

当然、中間、期末試験があった。この半世紀ぶりの試験前の落ち込み様は何とも形容し難く苦痛であった。全学生の成績結果を壁に掲示し上位者には奨学金が授与されると聞いた。年齢オーバーの私は対象外であった。最下位になることを恐れたが意外と易しい試験であった。

英語圏の友達は沢山出来たが、中国に留学したからには中国人の友達が欲しいと魏先生にお願いして日本語科の学生を紹介して貰った。早速、寧夏自治区出身の崔雪さんが来てくれた。卒業後は日本に留学を希望していた。私達は毎週テーマを決めて相互学習するつもりだったが、私は専ら日本の習慣や作法を日本語で教えた。その後、黒龍江省出身の焦傑さんも加わり、私にとっては有難い友達が増えた。二人は毎週休まず通ってくれた。ある時は勉強がてら海岸を散歩しながら中国語の表現を教わったり、中山公園の菊祭りを見に行ったり、中国の戸籍のことや二人の故郷の話を興味深く聞いた。

私の帰国後、崔さんはイオン杯日本語スピーチコンテストで入賞し、訪日研修ツアーに参加した。スピーチの内容は、私との相互学習を通して将来は日中交流の懸け橋になりたいと発表したようだ。そして今、北海道大学修士課程に留学中である。焦さんは黒龍江省黒河市役所で公務員として頑張っている。

四カ月間の滞在中、かけがえのない経験を得たこと、健康で過ごせたことに、まずは、魏先生と夫、そして共に学んだ留学生達、先生方に感謝の念でいっぱいである。

魏先生のメールが私の背中を押してくれたからこそ、やらないで後悔するよりやって後悔する方がいいということを体現出来た。あの時決断していなかったら今頃は後悔しながら過ごしているのだろう。今では中国語が私の生涯学習となった。

コロナが収束したら青島を訪れ、留学当時より少しマシになった中国語で魏先生と会話が出来る日を待ち望んでいる。

関口 政恵（せきぐち まさえ）

一九四九年徳島県生まれ、帝塚山短大卒業。結婚後カナダカルガリー市に三年、帰国後は熊本市に九年在住。一九八五年から長野県に在住。二十四年間図書館事務職員として勤務。夫の退職を機に熊本市に在住。二〇一八年中国海洋大学に四か月間語学留学。帰国後も中国語の学習を継続し、留学中から相互学習をしていた学生と現在も継続中。また熊本大学の中国人留学生とも交流を図っている。

3等賞

一九八三年北京、始まりの夏

大学教員　大谷 美登里

一九八三年の夏、私は北京にいた。暑い暑い夏だった。一カ月の北京語言学院短期留学、ここから私と中国の長きに亘る付き合いは始まった。

学校の授業が始まって初めての土曜日のことだった。私は学校のバスに乗せられて「故宮」の見学に出かけた。私はここで置き去りにされた。故宮での見学の後半は自由見学だったが、集合時間と言われた二時半になってもその集合場所に、先生もクラスメイトも現れなかったのだ。故宮、天安門広場、王府井まで彷徨った挙句、やっとの思いで宿舎にたどり着いた時、時計は午後七時を回っていた。

迷子の最中のこと、まず「北京語言学院のバスはどこですか」と言いたかったが、「語言学院」の発音は初心者には難し過ぎることを知った。王府井にたどり着いた私は公衆電話を見つけ、学校に電話した。世話係の方から「北京飯店怎么走」と言って道を聞き、北京飯店からタクシーに乗って帰って来るように言われた。ここで、「北京飯店怎么走」というフレーズを覚えた。次の日の授業で、担当の謝先生はいきなり黒板に大きな字で「大谷同学丢了」と書いた。私は生きた教材となって皆に貢献するとともに、「丢了」という単語を知った。中国との出会いは、衝撃的で強烈だった。

それから私は「丢了の大谷さん」として皆に認知され、親しい友人もでき、楽しい毎日を過ごした。有吉佐和子の書いた本に載っていたというカスタード味のお菓子、まるでショーのように登場する北京ダック、これが肉でないなんてと驚かされた精進料理、皆友人たちが調べ予約してくれたのだが、珍しい料理を堪能することができた。夜の勉強会は、いつの間にか尽きないおしゃべりとなっていた。同じ階にいたフランス人の高校生たちとの

北京語言学院のクラスメートとの集合写真。学校の近くの写真館で撮影。当時は人民服（中山服）を来ている人が多かったので、各自購入して撮影に臨んだ（中段一番左が筆者）

交流も思い出深い。学校の近くの五道口市場の写真館で撮った記念写真の私たちは、全員中山服を着て、赤い星のバッジのついた帽子をかぶっている。万里の長城、明の十三陵、頤和園、人民公社見学、承徳への週末一泊旅行、内モンゴルへの三泊四日の終了旅行、学校で企画してくれた行事は盛りだくさんだった。中でも内モンゴルへの旅は忘れがたいものとなった。

　呼和浩特一泊、草原のパオに一泊、大同一泊という日程の旅。三段ベッドの寝台列車、呼和浩特のラマ寺院、大同の雲崗石窟、王昭君の墓など、見るものはたくさんあったが、なんといっても印象深かったのは草原の景色だった。その草原に、小高い丘に作られたオボと呼ばれるラマ教の祈りの場所があった。そこに登ってガイドさんの説明を聞いていると、急に空が暗くなって、稲妻が光った。幸い雨は降らなかったが、夢でも見ているような光景だった。そこで仲間の一人が言った。「こんなふうに、何もない所でキリスト教のような一神教が生まれるんだよね」と。日本のように山は木々に覆われ、川が流れ、海も近くあるというような風土では神様はたくさんいて当然だろう。しかし、草しか生えていない大地と空しか見えないこんな場所にいたら、神様はただ一人という気持ちになるのだろう。その場所に立って見ると、一神教の生まれた意味が分かるような気がした。そして私は「中国は広い」ということを肌で感じた。

この旅行でもそうだったが、行く先々で私たちが立ち止まっておしゃべりをしていると、周りには人だかりができた。人だかりの数は田舎に行けば行くほど多かった。何を話しかけて来るでもなく、彼らはただ私たちを眺めているのだった。当時は、外国人は相当珍しかったらしいが、私は、そんなふうに素直な好奇心をむき出しにして、私たちを眺めていられる彼らのことが、気になり、なぜか羨ましかった。そんな彼らと中国という国に興味を持った。そして、もっと中国のことが知りたくなった。

三十九年の歳月を経て、中国は大きく変わった。あの夏の日、思い出深い故宮を景山公園の丘の上から眺めると、そこから見えるのは、故宮のオレンジ色の屋根の連なりと真っ青な空だけだった。今、故宮は高層ビルに囲まれてきっと窮屈そうにしていることだろう。あの時お世話になった謝先生、宋先生、そしてクラスメイトのみんな、今どこで何をされているのだろう。私は高校の教員として三十八年間勤め、二〇一九年に退職した。二〇一二年の冬に海南大学で短期留学したことが縁となって、私は今、海南師範大学で日本語を教えている。心優しい日本語科の先生たちに支えられ、なんとか頑張っている。素直で前向きな学生たちは、私の授業を一緒懸命に聞いてくれて、確実に力をつけてくれている。私は教師として、進歩していく学生を見られることの幸せをかみしめている。人生最後の職場として、こんな素晴らしい環境を与えられたことを誰に感謝すればよいのだろう。ここで暮らす最後の一年、悔いのない時を過ごしたい。そして帰国後も、何かしらで中国と繋がっていたいと思う今日この頃である。

大谷 美登里（おおたに みどり）

一九五九年埼玉県生まれ、駒沢大学文学部国文学科卒業後、埼玉県の県立高校国語科教諭として三十八年間勤務。二〇一九年三月定年退職、同年九月より中国海南省海南師範大学日本語教師として勤務、現在に至る。大学時代中国語を学び、県立高校在職中、北京語言学院、海南大学、厦門大学等で短期留学、旅行も含め約二十回の訪中経験。

3等賞

あの時助けてもらったから

高校生　若林　実里

父の仕事の関係で中国への渡航が決まり、中国の現地校国際部で高校生活を送ることに決めた私は今年の四月、ついに中国に入国できることになりました。しかし当時はコロナウイルスの関係で入国ができず、一年間現地校の授業をオンラインで受けることになりました。

全く中国語が話せなかったのは、学年で私一人だけ。本来なら隣の友達に質問できる場面でも、オンラインではそれができません。休み時間は中国に渡れず日本から授業を受けている同じ境遇の友達とメッセージアプリを通して会話をしていました。画面越しに見える、友達がいろいろな言語を使って先生やクラスメートと話している姿。早く中国に渡りたいな、教室で友達と一緒に授業を受けたいな、友達と話せるようになりたいな。

そう思いながら、一年間を過ごしました。

そして二年生の春、私はついに中国へ渡航できるようになりました。待ちに待った渡航日、飛行機を降りると全身防護服に包まれたスタッフの方がＰＣＲ検査場まで連れて行ってくれました。検査場では、一年間オンライン授業で学んだたどたどしい中国語を使いながら何とか自分の伝えたいことを伝えることができました。

一年間中国語で授業を受けていたとはいえ、学校の先生以外の中国語を聞くのは、この時が初めて。「ここに荷物を置いてください」「一人ずつ部屋に入ってください」指示を聞き逃さないよう、今まで学校で習った単語を一つ一つ思い出しながら頭をフル回転させました。自分でスタッフさんからの指示が聞き取れたこと、最後に謝謝！と伝えたらスタッフさんが「ありがとう」と日本語で返してくれたこと。初めて交わす中国の方とのコミュニケーションはどれもその時の私にとってはとても新鮮な出来事でした。

中国語の先生と。今では「一緒に写真撮りませんか」を緊張も調べもせずに言えるようになった

しかし、税関検査の前の書類記入で分からなかった所を聞こうとスタッフの方に近づいた時に、「近づくな！ディスタンスを保て！」と長い棒を振りながら怒られてしまいました。たしかにこのコロナ禍で外国から入国してきたばかりの人を避けたいという気持ちは分かります。しかしそんなにはっきりとばい菌扱いをしなくてもいいのにな、と少し悲しくなりました。そして隔離ホテルに到着し、バスを降りるとスタッフの方に「荷物を消毒するからすべての荷物をあそこに置いて！」「置き終わったらあなた達はあっちで手や靴などを消毒してきて！」とすごい剣幕で言われました。もしかしたら本当はただ大声で指示を出していただけかもしれません。しかしその時の私にはすべての中国語が怒っているように聞こえていました。

部屋に入って数時間が経ったとき、部屋に一本の電話がかかってきました。中国語で話されるのが怖くなっていた私は、「中国語が話せないので、英語か日本語で話してもらえませんか」と事前に調べた中国語を頭の中で唱えながら電話に出ました。しかし電話に出ると、「私は日本語が話せるこのホテルで隔離中の者です」とまさかの日本語が聞こえてきました。その日本語の話せるお姉さんは、私にこの後の流れや隔離中のルールなどを説明してくれました。後で分かったことなのですが、その方はホテルのスタッフさんからホテルに泊まっている日本人全員に電話を回すよう言われていたらしく、数十部屋に電話をかけていたらしいです。

隔離開始から数日後、またお姉さんから電話がかかってきました。私はお姉さんに、「どうして数十部屋に電話を回すという大変な仕事を引き受けたのですか」と質問しました。答えは、お姉さんが中国から日本に留学した時に、たくさんの日本人が優しくお姉さんにいろいろなことを教えてくれたから、だそうです。あの時助けてもらったから。きっとお姉さんは助けてもらった恩返しとして中国で困っている日本人を助けてくれたのだと思います。でも、お姉さんは「日本人だから」助けてくれたのではないと私は思います。困っているときに誰かが手を差し伸べてくれることがどれだけ安心するのかをきっとお姉さんは理解していたから仕事を引き受けたのでしょう。そんな名前も連絡先も知らないあのお姉さんには、感謝の気持ちでいっぱいです。

三週間の隔離生活を終え、私は今中国で新しい生活を始めています。まだコミュニケーションが取れるほどの語学は身につけられていないため、お店の店員さんなどとは簡単な中国語とジェスチャーを使ってコミュニケーションをとっています。そんな私にも、よく行くスーパーの店員さんはセルフレジのやり方を教えてくれたり、お店の中に忘れ物をしていたら教えてくれたりします。学校はコロナウイルス流行の関係でまだ行けていませんが、いつかコロナウイルスが収まり普通の日常が戻ってくるその日を楽しみに、今は中国での生活を満喫しています。

私もこれから中国語と英語を勉強し、困っている方を助けられるような、素敵な人になりたいです。

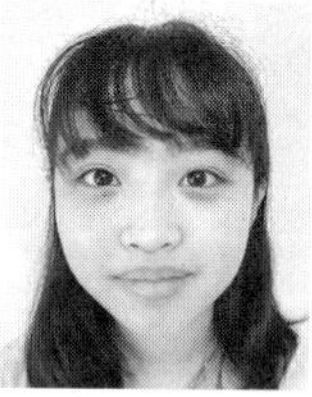

若林　実里（わかばやし みさと）

二〇〇五年に福岡県で生まれ、三歳の時に東京都に引っ越す。小学四年生の夏休みに父の仕事の関係でマレーシア・クアラルンプールに引っ越し、日本人学校に通う。中学三年の夏、現在父が勤務している中国の高校に通うことを決める。日本で一年間の待機期間を経て、現在中国深圳で中国生活満喫中。最近のブームは語学学校からの帰りに近所の市場でおいしい野菜を買うこと。

3等賞

祖母が日本に帰国して二十九年、日中の関係を次の五十年へと繋げていくために

会社員　岡宗 慧麗

私は祖母が中国残留孤児で中国に所縁がある家庭に生まれました。しかし、日本で生まれ育った私はニュースで目にする情報から中国に対して怖い国というイメージを抱いていました。また、地元に住む多くの残留孤児の方々が人目も気にせず大声で中国語を使い会話する姿やゴミ収集場を漁って使えそうな物を持ち帰る姿を見て、近寄りがたい人たちだなと思っていました。そのせいか私の中で中国人だと思われたくないという感情が芽生え、また、同級生から私が中国人だから仲良くするなと親に言われていると避けられた事をきっかけに、聞き取れないとわかっていても祖母に対して日本語を使うようになり、「外で中国語話さんとって」と両親に言うようになりました。

しかし、小学校六年生の夏休み、祖母との中国旅行をきっかけにその意識が変わっていきました。旅行では祖母が暮らした街に行き、祖母が歩んだ人生について話を聞きました。中国では周りから小鬼といじめられ、また長年中国で生活し言葉も習慣も中国に染まった状態で帰国したため周りから日本人じゃないと弾かれ悲しんだと語っていました。話を聞いて私は今までの言動を恥ずかしく思いました。「日本語変やから大きい声で話さんとって！」と言うたびに言葉を詰まらせていた祖母の顔が思い浮かび、自分の孫にまで拒絶された祖母の気持ちを考えると胸が締め付けられました。これ以降、私は家族のルーツである中国で生活してみたい、避けてきた中国語を習得し祖母ともっと話せるようになりたいと思い中国の大学に進学することにしました。

中国留学では見る物全てが新しく、野暮ったく田舎くさいという印象は一瞬にして消え去り、電子決済やデリバリーなどの便利さを享受していきました。けれど、大

2018年、留学生弁論大会で優勝した北京外国語大学のメンバー（右端が筆者）

学一年生の頃の学校生活は順調とは言えず授業が終わり教室を出ると日本人学生で集まる事が多く、長年中国語を拒絶してきた私は食堂の注文もスーパーでの買い物も緊張するほどでどうしても慣れ親しんだ日本語が聞こえる輪から抜け出せませんでした。

そんな自分への苛立ちと焦りを感じたまま二年生に上がった時、先生から留学生弁論大会のメンバー募集の話を聞きました。私は自分を変えるきっかけを探していたため迷わず参加しました。留学生弁論大会は中国の文化や風習がテーマに選ばれる事が多く、中国について多方面の理解が必要となります。練習には多くの留学生が参加し流暢な中国語でテーマについて話しており、ついていけない私は「どう思う？」と意見を求められても笑顔で返す事しかできなかったり、考えている間に違う話題に移っていたりと全く発言ができませんでした。もどかしさで練習に嫌気がさしていた時、追い打ちをかけるように留学生の一人に「やっぱり日本人は静かだね」と言われました。私はその時、祖母が帰国して言葉が通じず悔しい経験をしたと語っていた話に心から共感することができました。「〇〇人」と一括りにされ、この国の人はこういう特徴があるからと、私のこのもどかしい状況をただその特徴に当てはめ決めつけた発言に私は腹が立ち、たまらなく悔しさがこみ上げました。

この言葉をきっかけに、私は今まで以上に先生や中国人学生にアドバイスを仰ぎ練習に力を入れました。そして、テーマである中国文化の歴史的背景や意味、現代での変容を知っていくにつれその奥深さに感心し、自分の言葉で多くの人に伝えたいと思うようになりました。そこで、私は試合に出たいと先生に相談し大会に出るチャンスを頂きました。初試合では緊張しながらも何とか発表を終え、その後試合を重ねるにつれて私の中国語は少しずつ上達し、拙い中国語ながら自分の意見を伝えられるようになり、最終的に大会優勝を成し遂げました。この経験で私の語学力は大幅に伸び大きな自信を得ると共に、街の人々が大声で話す言葉の意味が分かるようになり、中国人の家族や友人に対する愛情深さや本音で意見をぶつけ合う様子がいつの間にか心地いいと思えてくるのでした。

留学後、私は家族との会話にも中国語を使おうと心掛けるようになり、中国の習慣に抵抗を示さないようになりました。この変化は留学を通して、中国へのイメージを自分の目で見て体験した事柄で修正していく事ができたからだと感じます。

日本と中国は「一衣帯水」と言われるほど近い関係であるため偏見や決めつけが生まれ、まっさらな頭でその国の人を見れなくなっていると思います。ですからニュースを見てすぐに自国の考え方に当てはめその尺度で良い・悪いと判断するのは危険なことです。その国の政治的背景や文化・風習などを踏まえた上で理解しなければなりません。そして、自分の体験やその国の人たちとの交流から何度も修正をかけていく必要があるでしょう。日中の関係を次の五十年へと繋げていくために多くの人が中国に対して持つ色眼鏡を修正していく機会や交流が増えていく事を願います。

岡宗 慧麗（おかむね えり）

一九九八年高知県出身。県内の高校を卒業後、北京外国語大学に入学。留学生活では、ボランティア活動や弁論大会参加を通じて、語学の習得や現地の人々との交流に力を入れる。卒業後は地元高知県の企業に就職し、海外とのやり取りに従事するという夢に向かって、中国語学習を継続的に行っている。

3等賞

私と中国をつないだ一冊の本

パート職員　木村　隆

いま、私の手の中には一冊の赤い本があります。この本は一時期の中国をあらわし、社会を大きく揺れ動かした本でした。そしてこの本は小さいけれども日中友好の為に使われ、日中国交正常化五十年を経て、再び私と中国をつなぐ役割を果たしてくれた本なのです。

その本の名前は、毛主席語録と言います。かつては日本から見た中国のイメージは、中国の人民はみなこの本を持ち、人民服を着ていたものでした。毛主席語録と言っても、いろいろな種類の毛主席語録がありますが、この本は日中国交正常化と同じ年の一九七二年に北京の外文出版社と中国国際書店によって出版販売された日本語の毛主席語録です。しかし、出版の年と国交正常化が同じ年であるという、それだけで五十年を経て私と中国をつないだ本というわけではありません。その理由は、この本に挟まっていた手紙にあるのです。

実は私は、この本を買った時に、この本の中に手紙が入っているとは気づきませんでした。前の持ち主である松岡さんという方が、この本のプラスチックカバーの中に手紙をはさんでいたため、その手紙が入っているということに気づかなかったのです。なのでどうして見つけることが出来たかというと、前の持ち主がこの本を学習によく使っていた事と経年劣化の為に本が崩れてしまい、本の中から偶然手紙が出てきたのです。たとえるならまるで井戸の中から伝国の玉璽が出て来たようでした。

毛主席語録から出てきた手紙は二つあります。一つは趙弥という人が書写した毛主席の詩、『沁園春・長沙』いう名詩で、もう一つは中国から帰国する松岡さんの健康と活躍を祈ったもので、書かれたのは元北京大学教授で周総理の通訳を務め、日中友好協会などでも活躍された賈蕙萱先生です。この二つの手紙は上海の錦江飯店で、

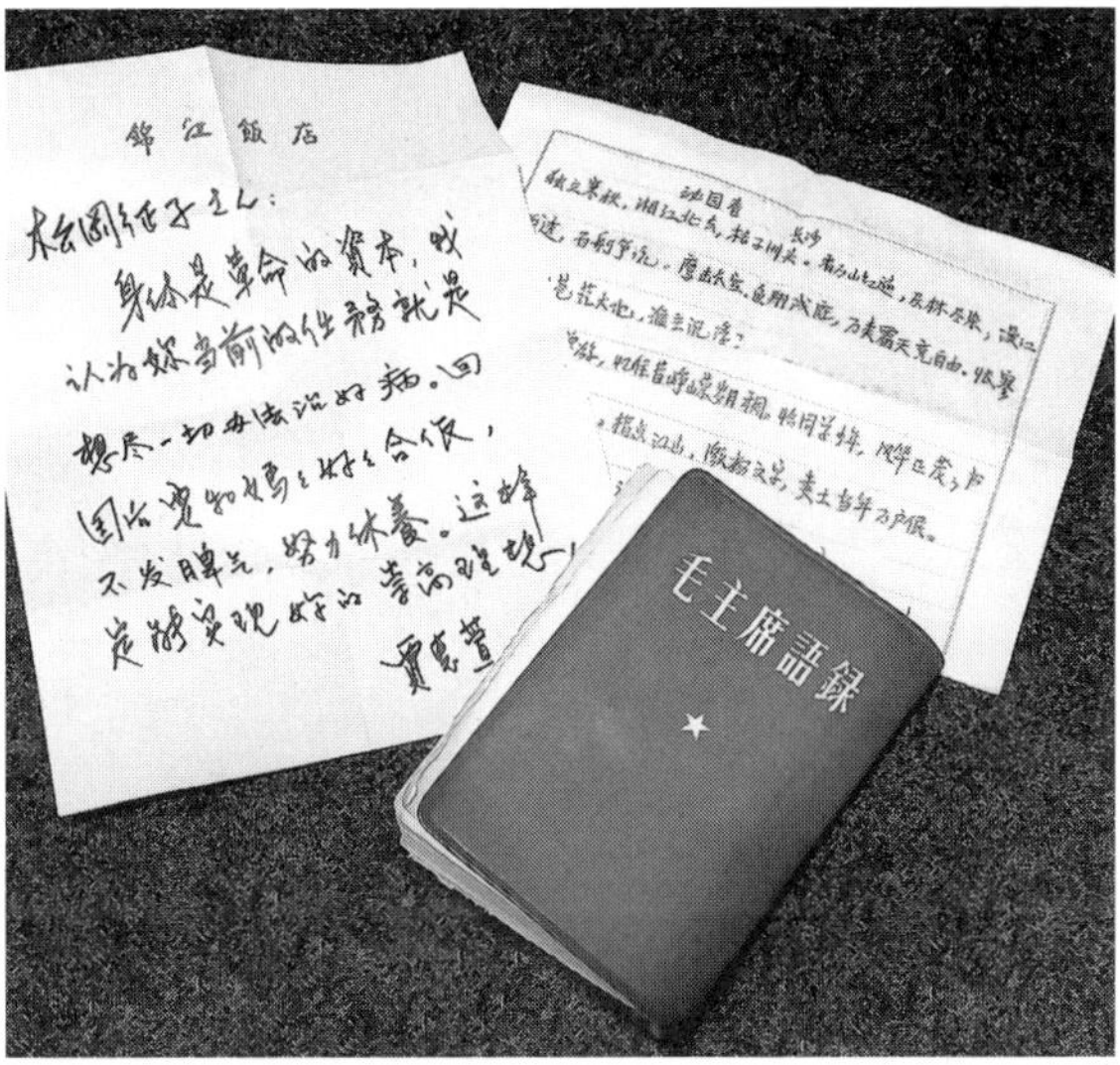

毛主席語録と手紙。賈蕙萱先生による松岡征子さんへの手紙と『沁園春・長沙』の書写

一九七四年の六月六日にかかれたもので、なんと日中国交正常化から一年半ほどという重要な時期に書かれた手紙を偶然に見つけたのでした。私は面白いことがあった思い、ウィーチャットのタイムラインに、中国語での説明文と共に二つの手紙の写真を上げてみました。そうすると、その夜に、とても意外な人物からメッセージが来ました。その人物とは、私が二〇一八年に中国農業大学に短期留学へ行ったとき語学の先生としてお世話になった普先生でした。私が留学していた時にその先生の下で中国語を学び、ウィーチャットを交換していたのですが、私の中国語の水準があまりにもお粗末なために質問などもできずに話すこともありませんでした。しかし、何とも不思議な縁で何年かぶりにお話をすることになったのでした。たったに二週間の付き合いで、しかも何年も話していなかったのに不出来な生徒を変わらず見てくださっていたことに胸が熱くなりました。

　その普先生からなんとメッセージが来たかというとまず、「世界というのはとても狭いものですね。この写真にある賈蕙萱先生とは元北京大学の先生で私の知り合いです」ということでした。そのうえで「あなたは日中友好・平和の使者としてこの手紙を大事に保管してください。あなたが次に北京に来た時にこの手紙を持って私と賈蕙萱先生に会いに行きましょう」と北京に私が行くときにこの先生とお会いすることになりました。賈蕙萱先生は、大学を退任した後にも、日中の民間交流の活動をされているそうで、日中国交正常化以来半世紀も活動されている方と会うことができるということに私は感動しました。日中国交正常化五十年という節目に一冊の赤い本、毛主席語録が半世紀を経て再び両国の人をつないでくれたのです。

また、私はもう一人日中国交正常化の立役者に思いを起こしていました。その方は人民総理として有名な、日本でも今でも尊敬されている周恩来総理です。賈蕙萱先生は、日中友好協会で勤務されていた時に周総理の通訳官を務めていたと先に書きましたが、その時の細やかな総理の心遣いに感動して、『向周総理学習，全心全意為人民服務』という言葉を胸に刻んだそうです。周総理は、政治のみではなくピンポンなどスポーツを含め様々な分野でもおろそかにせず細やかに気を配ることで、日中国交正常化に大きな役割を果たした偉人です。日本人の大好きな中国古典の三国志演義では、天下大勢、分久必合、合久必分。とあります。日中人民の間には様々な困難の歴史があり、日中国交正常化以降も様々な対立や動乱もありました。また毛主席はかつて詩の中で人間正道是滄桑と言ったようにこの五十年間で日中の関係も両国国内も大きく変化しました。しかし『向周総理学習，全心全意為人民服務』という言葉を胸に刻み、周総理を見習い心から人民の為に服務して、日中友好のために働くことが、新型コロナ流行初期に日中両国の人民が助け合ったように、一冊の赤い本が、日中国交正常化五十年を経て再び日本と中国の人を結び付けたように、日中友好にとって一番大切なことである。私はそう思っています。

木村 隆（きむら たかし）

一九九七年生、大分育ち。東京農業大学在学中中国に興味を持ち短期留学を行い中国にほれ込む。在学中に北京に三回、南京・上海に各一回旅行をし、ネットで知り合った現地の友人らと交流。大学卒業後中国に留学を志していたがコロナ禍で断念。地方の資料館に就職し、中国語の音声ガイドやポスターの監修などで経験を生かす。現在はＨＳＫ試験など中国語を学習しつつ留学を目標にして、ネットで中国の友人との交流も行っている。

3等賞

旅で出会ったひとつのヒント

高校生　田村 心咲

中国に来て一年半、普段の生活にも慣れ、中国語も段々と話せるようになってきたものの、まだ自分から他人に積極的に話すことは出来ない日々が続いていました。

そんな中、まだ少し肌寒さを感じる四月に家族五人で張家界へ旅行に行った時のことです。張家界は、有名な映画の撮影地であり、快晴であったり、霧がかかっていたり、様々な雰囲気を感じられて、景色を見るだけでなぜか不思議に感じてしまう、まるで別世界にいるような、そんな場所でした。

そこで行った観光地はとても広いことに加え、私たち家族はツアーガイドの方をお願いしていなかったので、行きたい場所がどこにあるのかわからなくなってしまいました。地図を見ながらなんとか解決しようと日本語で喋っていると、一人の人が近づいてきました。全くの初対面の方で、見たところ何か特別なものがあるわけでもない様子でした。家族みんなが「なんだろう?」と思いながらいると、突然その人は「何かお困りですか?」と言いました。いきなり流暢な日本語が耳に入り、私たちが驚いて顔を見合わせていると、「日本語をすこし喋れます」と言ってくれました。他のお客さんのツアーガイドをしている中国の方でした。私たちが日本語を喋っているのを聞いて話しかけてくれたのです。私たちが困っている趣旨を伝えてみると、彼は私たちの行きたい場所を快く教えてくれました。いきなり話しかけられたのですこし戸惑っていましたが、慣れない日本語ながらも、敬語をも使いながら説明してくれているのを聞いてとても感謝しました。日本語を喋って説明してもらえるだけでも十分安心することが出来ることに気が付きました。するとと彼は、日本語を喋れる人がいるのなら、と思った

武陵源にて、幻想的な景色を望む

のでしょうか、自分がどんなことをこれからしようとしているのかを一生懸命伝えてくれました。彼は二か月ほど後に、日本に留学しに行くとのことでした。彼の日本語を聞く限り、相当努力して日本語を勉強してきているのだなと思いました。私は中国では日本人学校に通っていたため、中国の現地の方とはかかわりも少なく、初めてそんな風に考えている人に会いました。めったにない機会だと思い、せっかくならもう少し喋ってみようと、勇気を振り絞ってなぜ日本に留学しようと思ったのかを聞いてみました。彼は「もともと日本が好きで、日本語を勉強するのと、日本で仕事をするためです」とほほ笑みながらいいました。そんな風に話してくれている姿を見て、何だかうれしくなりました。彼のほほ笑みからは、本当に日本が好きだということが伝わってきたからです。それでも、中国の方が全員、日本にいいイメージを持っているというわけではありません。それは日本もそうであり、お互いに言えることだと思います。そのような偏見やイメージに流されずに、自分の目標を日本にわたってまで貫き、達成しようとしているところがとてもいいことだなと思いました。国を超えて自分の目標のために挑戦するのも大事なことなのだとその時実感できました。

そして、自分とは違う国の人に話しかけることも簡単なことではないと思います。実際、中国の街中で日本語を喋っていると周りの人から見られることが多々あります。会ったこともない、ましてや外国人。そんな人に話しかけるのは難しいと感じてしまいます。でも、それができれば相手を安心させられるし、自分も相手もなんだかうれしい気持ちになると気づきました。躊躇せずに、積極的に自分から人を助けようと思う心を持てるようにしたいです。

私は両親の仕事の都合で中国に来ました。始めは何となくついてきただけで、乗り気な訳でもなく、自分にも日本にいたいという気持ちがありました。でもそれはただの自分の願望であり、どうすることもできないことに気づきました。私がもっと考えるべきことは、自分の置かれた状況下でいかにうまく生活していくかだと思いました。彼には自分の目標が明確にあり、実現しようと努力していました。私ならきっと実際に行動に移すことが難しく、失敗に終わってしまうかもと恐れていたかもしれませんが、彼を見て頑張ってみようと思えました。今現在、上海はロックダウンという形になっていて、私たちはとても大変な状況に置かれています。私のこの状況下での目標は出来る限りのことを最大限の力でやることです。そのために、オンラインで一生懸命授業を受けたり、家で続けられることを新しく始めたりして時間を少しでも有効に使い、目標を胸に置きながら励むことが出来ていると感じます。この経験をふまえながら、これから新しく始まる高校生活も、目標を明確にし、充実したものにしていきたいです。

田村 心咲（たむら みさき）

父の転勤に伴い、二〇一九年七月に上海へ渡航。上海日本人学校浦東校中学部に編入するも、翌年一月、コロナウイルス流行により日本に一時帰国。弾力的編入にて日本で十カ月間の中学校生活を送る。二〇二一年一月、中国に戻ったのち、二〇二二年三月、上海日本人学校浦東校中学部を卒業。同月、上海外国語大学附属外国語学校国際部に入学、在学中。

3等賞

忘れ難きあの中国語の一言

大学教員　興津　正信

一九九三年冬のある日。当時大学四年生で、大連に留学中だった私は、中国人の友人Ｆさんから、「おじいちゃんの誕生日パーティーがあるから、うちに来ない？」と誘われた。中国の一般的な家庭料理を味わえるのはめったにないことだし、留学中であっても意外と中国人と親密に交流する機会が少なかったので、喜んで伺うことにした。授業で学んだ中国語を、教室の決まった流れじゃなく、実践的に試せる！という高揚感もあった。

Ｆさんとは、寒さ対策にコートか帽子を買おうと思って、服装市場に行った時に知り合った。その服装市場は、個人経営のようなお店が所狭しと集まっているところで、その中で、靴だけが置いてある店があったので少し覗いていると、歳は自分と同じぐらいの若い女性店員が急に英語で話しかけてきた。一緒にいた日本人と日本語で話していたから、すぐ外国人とわかっての英語での話しかけだったと思うが、なんか頭にきてしまい、私は中国語で〝只有看一看（ただ見てるだけ！）〟と無愛想に言い返したら、〝哦！你説漢語説得不錯！（あら、中国語上手ですね）〟と微笑んでくれた。その店員がＦさん。これがきっかけで、Ｆさんと親しくなった。一年間だけの私費留学で大連に来ている私は、いずれ日本へ帰国するので、Ｆさんと付き合うとかはあり得ないなぁと思っていた。それでも、Ｆさんやその友達と公園でバドミントンしたり、時にはＦさんと二人きりでボートデートしたり、カフェでお茶したり、美術館に行ったり、ＣＤショップで買い物したりと、私の留学生活に潤いを与えてくれて、楽しい思い出となった。また私は少なからずＦさんに好意を抱いていたので、授業で学んだ中国語をＦさんに試したり、Ｆさんに気に入ってもらおうと一所懸命話したりしたので、私の中国語はこれでグーンと伸びた

大連留学中に親しくなった中国友人のＦさんと。彼女のお爺さんの一言が忘れられない

と思っている。

　そして、一九九三年冬のある日。

　Ｆさんから「今度うちでご飯を食べない？おじいちゃんの誕生日パーティーをするのよ」と、初めてご自宅へ招待された。Ｆさんからの誘いは単純にうれしかったので、当然受けた。

　Ｆさんのお父さん、お母さん、そして、お兄さんも北京での出稼ぎから帰ってきたところで、お爺さんを囲んで、にぎやかな宴となった。その頃までは私はあまりお酒を飲むことがなかったが、お爺さんがずっと隣で、ビールを片手にいろいろと語ってくれていたので、なんか私も釣られて飲むようになった。

　しばらくして、何で急にそんな重い話になったのか覚えていないが、日中戦争の話、つまり、歴史問題の話になった。

　当然、私が日本人であることはその場にいる全員がわかっていることであるが、お爺さんの口調がだんだんと厳しく、重く、ある意味、私を責めている感じになってきた。Ｆさんが耐えかねて、お爺さんをなだめながら、そういう話はやめましょうみたいに言っていたが、お爺さんの話は止まらなかった。そして、そのお爺さんが私の目を見て言った一言。

〝我哥被你們殺了！（私の兄はお前たちに殺されたんだ！）〟

私はこの大連留学以前より、大学の中国研究会という学生サークルに所属していたこともあって、語学学習だけではなく、日中戦争のことなど、日本がした中国への侵略行為についても、友人とディスカッションしたり、関連の本を読んだりしていた。だから、私は、日中両国の間にある歴史問題についても知っているし、問題意識は高く持っていると自負していた。

しかし、この時のお爺さんの一言、この中国語の一言は、自分が今まで座学でやっていたことをすべて無にするかのような破壊力があった。

同情、謝罪、悔しさ、怒り、虚しさ、遣り切れなさ、憐れみ、恨み……そのすべてが圧縮された感情がその場で自分に迫ってきたという感覚をいまも覚えている。

歴史問題をとことん追究していけば、さまざまな仮説が生まれ、解釈が生まれ、カラクリが暴かれていくだろう。日中双方にとっても認めたくないような事実がつきつけられるかもしれない。

市井の人であれば、留学生であれば、政治家であれば、研究者であれば、教育者であれば、といろいろな立場を想定して、考えたこともある。しかし、やはり、それ以上に、このお爺さんの一言をどう胸に刻み、意識の中に留めておくか。これこそが、私自身が中国と関わってきた今まで、そして、今後も関わり続けていくなら、永遠に問いかけ続けていかなければならない最重要課題だと思っている。

私の中国滞在歴は、大連の遼寧師範大学留学で一年、天津の南開大学留学で一年、そして、天津で日本語教師として働いた六年半で、合わせて九年弱あり、その間、多くの中国人と出会い、たくさんのすてきな中国語のことばを教わった。その中でも、このお爺さんのこの中国語の一言だけは一字一句違わず覚えているのである。

興津 正信（おきつ まさのぶ）
一九七一年埼玉県生まれ。創価大学文学部卒業、一旦は不動会社に勤めたが、杏林大学大学院修士課程、大東文化大学大学院博士課程と在籍（二〇〇九年単位取得退学）。中国の環境問題を研究していたが、二〇〇八年から約七年間、天津で日本語教師をしてから、日本語教育に従事。現在、埼玉県在住の中国帰国者（中国残留日本人等）及び都内の日本語学校の留学生に日本語を教えている。

3等賞

先生にしてくれた中国

大学教員　大本 啓典

二〇一九年二月末、大きな期待と少しの不安を抱えながら上海の浦東空港に降り立った。二度目の中国生活の始まりだ。三月から江蘇省の大学で日本語教師として働く。一度目は二〇一〇年からの三年間、前職の食品メーカーでの駐在員生活。しかし不運なことに、日本で発生した口蹄疫の問題、次に二〇一一年の東日本大震災による原発放射能問題、そして二〇一二年に起きた日中間の政治的懸念など、大変な時期と重なった。課された新規ミッションをほとんど進めることも出来ず、悔しさと心残りを抱えて帰任となった。心の片隅に中国で何も成し得なかったという後悔を引きずっていた。またいつか中国に戻って、次はしっかりと形あるものを作り上げたいという気持ちが日増しに大きくなり、新たな道に進むべく、二〇一八年に退社した。

退社後、次の道を具体的に考えている時に、ふと子ども頃に抱いた夢を思い出した。将来なりたい仕事を初めて意識したのは小学校の低学年だった。当時の担任先生に幼いながらも憧れと尊敬の気持ちを持ち、自分もその先生みたいになりたいなと思った。しかし成長するにつれ、次第に先生という仕事への興味は薄れていき、結果、普通に会社員の道を選んでいた。そうだ、中国で日本語教師をしよう。これなら、子どもの頃の夢と中国での再挑戦の両方を叶えることが可能だと思い、その資格を取得し、今いる大学への赴任となった。

教壇デビューは三年生クラスの授業。三年生だから日本語のレベルもそれなりに高いことは安心だったが、それでも初授業の緊張と学生たちからの新しい日本人教師に対する興味津々の視線を集めながら行った授業のことは今でも忘れられない。次は日本語初心者である一年生クラスへの授業であった。私の話す日本語は伝わるのか

学内のアフレコンテスト時の総評をしている様子。隣の女子学生が通訳をしてくれた

と一層の不安に駆られながら授業に臨んだ。学生たちの方も初めて見る日本人教師に対し緊張を隠せない。互いの緊張感に包まれた教室ではあったが、何とか授業を終えた。すると数人の学生が私を取り囲み、「先生、ＱＱを教えてください」と拙いながらも日本語で話しかけてきた。後から思えばどうって事もない学生の行動だったのだが、初日での出来事に、私は勘違いのちょっとしたアイドル気分になった。この数人の中に、学習委員の王さんもいた。学習委員は頻繁に教師と連絡を取ることも多く、ＱＱは必須であった。また学習委員を務めるだけあって、日本語の勉強にも熱心で、中国語の不慣れな私には大変心強く、何かと助かる学生となった。こうして私の教師生活は始まり、どうにか最初の学期を終えることが出来た。

　次の学期になり、大学での生活にも、そして肝心の日本語教師という仕事にも徐々に慣れてきた。大学では数少ない日本人という理由からか、授業外でも交流をしてくれる学生も現れだして、食事や時にはカラオケやビリヤードなどにも誘ってくれた。私が全く中国語を使えないことも学生からすれば日本語の勉強になるのであろう。そんな頃に、学習委員の王さんがある日本語のスピーチコンテストに出場することになった。しかし彼女は原稿を何度書いても指導先生からOKが貰えず、日に日に落ち込むようになっていた。そこで彼女を励まそうと思い、もう一人の学習委員の学生と共に日本料理屋へ食事に行った。初めての日本料理に王さんは驚いたり、美味しいと笑顔を見せたり、少し元気を取り戻した様子だった。そこでスピーチの原稿はどうと聞いたら、途端に暗い顔になり、上手く書けないと口にした。「大丈夫、王さんが頑張っていることはみんな分かっているし、スピーチは自分の言いたいこと、伝えたいことをしっかり話せばそれで十分だよ」と声を掛けた。すると、彼女の目からぽたぽたと落ちてきたので、慌てて、「泣いたらせっかくの可愛い顔が可愛くなくなるよ」とフォローしたが、学生を泣かしてしまったことは私にとってかなり後ろめたい気持ちとなった。しかし、コンテスト本番で、彼女はこの一連のことをスピーチに取り入れ、見事に入賞したので、結果的には良かったと安堵した。本人からの後日談として、あの時泣いたのは悲しいからではなく、自分のことを理解してくれる人がいたから嬉しくて泣いたという言葉を聞いた時、安心すると同時に私も嬉しくなった。中国で先生になれたという実感を強く感じた出来事であった。

　こうして今も大学での日本語教師を続けている。授業が一番大切なことだが、授業以外でも可能な限り学生との交流を深め、学生の日本語能力の向上に少しでもつながればいいなと思っている。せっかく交流を深めた学生も卒業を迎える。そして新入生が入学してくる。学生にとって私は一教師であることは間違いないが、日本語を学ぶ学生から見れば、こんな私でも貴重な日本人である。私を先生にしてくれたこの中国で、少しでも彼らにとって、貴重ながらもそれ以上に身近な日本人で、先生でいたいと思う。

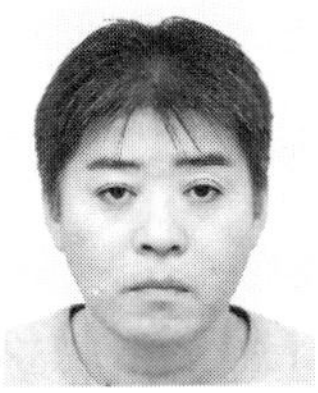

大本 啓典（おおもと よしのり）

岡山県生まれ、広島県育ち。前職の食品メーカー時代に中国での駐在を経験し、この経験と抱いた夢の実現を目指して中国で日本語教師に就く。大学で先生という立場になったが、学生に日本語の授業を行うだけではなく、授業以外でも交流を深めていく中で、学生たちにとって、少しでも身近で存在価値のある先生であり、日本人でいたいと思っている。

3等賞

若者たちから学んだ日中関係

会社員　五十嵐 武

二〇一六年晩秋、広東外語外貿大学の門をくぐるとあちらこちらから日本語が聞こえてきた。

「こんにちは、わたしはリュウです」

「さくねん、ニホンに二かいいきました」

乾季に入り、緑美しい爽やかな中庭に脈略のない日本語が飛び交っている。

「もしかして日本語弁論大会の練習？」

二カ月前に広州に赴任、広州日本商工会事務局長として華南地区日本語弁論大会の審査員として来校した私は、日本語が飛び交う光景に、その日一回目の驚きを覚えた。弁論大会の練習にしては人数が多すぎるし、学生によりレベルに大きな差がある。周囲を見渡すと「日本語検定試験」の案内が目についた。

「弁論大会と検定試験が重なったのか」

状況を理解して弁論大会の会場へ急いだ。

会場は既に大学生でいっぱいになっており、アウェイ感を感じながら最前列の審査員席に辿り着いた。暫くすると男女の大学生が緊張した面持ちで登壇した。司会者らしい。

「ふむふむ、日本語の司会のお手並み拝見しようじゃないか」

年甲斐もなく、心の中で上から目線で呟いた。

「皆さん、こんにちは。これより二〇一六年華南地区日本語弁論大会を開催いたします。本日は三十二校の大学から予選を勝ち抜いた選手が参加いたします」

「むむ、本当に中国人か？　言葉使いもイントネーションも日本人と変わらないぞ。それに華南地区だけで三十二の大学に日本語学科があるのか？」

この日二回目の驚きが走ったが、この驚きはほんの始まりに過ぎなかった。競技が始まると次々に流暢な日本語での発表が続く。

「日本ではインスタ映えを重視していて……」

広東外語外貿大学ほか主催で開催された日本語弁論大会表彰式にて。最優秀賞の学生、主催者と記念撮影

「日本人は大変礼儀正しく……」

「源氏物語においては……」

日本語の技量だけではなく、日本の文化・生活様式、歴史までもしっかりと理解をしている様子が窺える。インスタグラムなど中国では縁がないのに熟知しているではないか！

「これは、なかなか手強いぞ」

自分が発表するわけでもないのに、気持ちが昂ってきた。選手の中の一人が「発展途上の中国は先進国の日本を目標に」との発言をしたのを聞き、中国の強みと日本の弱みを痛感した。二週間前にテンセント、ファーウェイを訪問、その先進的技術と精力的な企業体質に感銘を受け、「中国はかなり進んでいる」と痛感すると同時に自国の仕組みに危機感を感じたばかりだ。にも拘らず、この学生は「中国は頑張らなければならない」と本気で思っている。このような若者が社会に出て向上心と問題意識を持って活躍していけば中国が更に伸びていくのは間違いない。


弁論大会の選手からは「日本が好き」「日本人が好き」という言葉が何度も聞かれ、「祖父の反対を押し切って日本語を勉強している」という女子学生もいた。

二〇一八年に広州日本商工会は広州市内で「ＪＡＰＡ

Nフェア」を開催した。日本から多数の自治体や企業が出展、期間中、数万人の中国人が来場した。開催に際して中国人大学生にボランティア通訳の募集をかけたが、無償にも拘らず申し込みが殺到してすぐに定員に達した。「日本人と接することができて、生きた日本の話を聞ける絶好の機会」というのが応募の動機だ。イベント期間中、出展している日本人と積極的にコミュニケーションを図っている学生たちの姿を見て「イベントの効果がこのような形で出てくるとは」と心が温まった。

二〇二二年、日中国交正常化五十周年を迎えるが、未来に向け日本との関係を前向きに考える若者たちがいる限り両国の関係はより良い方向に進んでいく。学生のレベルでさえ、日本を大切に考えてくれているのだから、社会に出たら経済、科学技術、安全など多岐に渡り両国の関係を考えることが期待できる。華南地区の大湾区計画も東京湾の経済エリアを参考にしており、日本からの投資に期待を寄せている。二〇二二年から発効されたRCEPの広東省の事前会議でも「日本との貿易の活性化に期待する」と中国側関係者が発言をしていた。経済面では明らかに持ちつ持たれつの関係であり、両国がアジアをリードしていかなければならない。

二〇一八年夏、日中平和友好条約締結四十周年を記念して、広州日本商工会は広東省政府と共同で両国の子供たちの思いを込めた作文等をタイムカプセルに入れて広州市内の公園に埋設した。数十年後に開梱される時には作品を作った子供たちが両国の関係を深化させているに違いない。日本と中国はうしろを振り返るのではなく、若者たちに両国の未来を託し、相互理解を深め良き朋友であり、良きライバルであることが両国にとっても世界にとっても最善であるのは本当は誰でもわかっていることではないか。地球がある限り日本と中国は隣国であることは変わることはない。

五十嵐 武（いがらし たけし）

一九六二年栃木県生まれ東京育ち。慶應義塾大学商学部卒業後、大手航空会社に就職。総務、営業、WEB戦略などを担当。一九九八年から出向先旅行会社にて中国を担当、敦煌、雲南、海南島など二年間で三〇回の出張。その後、札幌勤務、高知支店長を経て二〇一六年より広州支店長兼広州日本商工会事務局長に就任、日中の架け橋として活動を行い二〇二〇年外務省より在外公館長表彰授賞。現在は越境EC事業を立ち上げ中国との交流促進を図っている。

3等賞

私の「藤野先生」

大学生　若狭谷 理紗

「あんた、もう藝大は受けるつもりないの？」

その言葉を聞いた私は頭が真っ白となり、涙がぽろぽろ落ちてきた。

私は昨年七月までの十年間、大連に住んでいた。はじめの三年間は日本人学校で、その後は地元の学校へ通った。転校当初は中国語の発音もろくにできず、暗記の宿題は毎日夜遅くまで泣きながら覚える有様だったが、そんな私を中国の友達や先生は優しく助けてくれた。同級生たちは私のために古代中国の歴史や四字熟語クイズを作ってくれたり、先生は私のおかしな作文を何度も添削してくれた。そのおかげで中国語も上達し、なんとか授業についていくことができるようになった。それでも私にとって国語の授業は厄介で難しかったけれども、その授業で一番心に残ったのが魯迅の「藤野先生」だ。当時、私もそんな先生に出会ってみたいと思っていたが、高校の時、私は師匠と呼べるような先生に出逢った。その先生こそまさに私にとっての「藤野先生」だ。

私の「藤野先生」は高校の美術担任だ。小さい頃から絵を描くことが好きで美術を習ってきた私は、中学卒業後は迷わず美術高校へ進学した。その高校で私はカオスな美術担任に出逢う。

美術担任は周鑫先生と言う短髪の男勝りな女性で、いつも顔をしかめていて近づき難いオーラを放っていた。周先生は中国トップクラスの美術大学・中央美術学院を卒業したとても優秀な人で、私達の高校の先輩でもあった。「もっと高い目標を持て！」というのが口癖で、どんな動作であっても真剣に細かく講評してくれるなど生徒に対して非常に熱心に接してくれた。ただその講評は毒舌で、とても厳しく、褒め言葉などはほぼ貰えないけど……だからこそ、たまに褒めてもらえると自分が成長

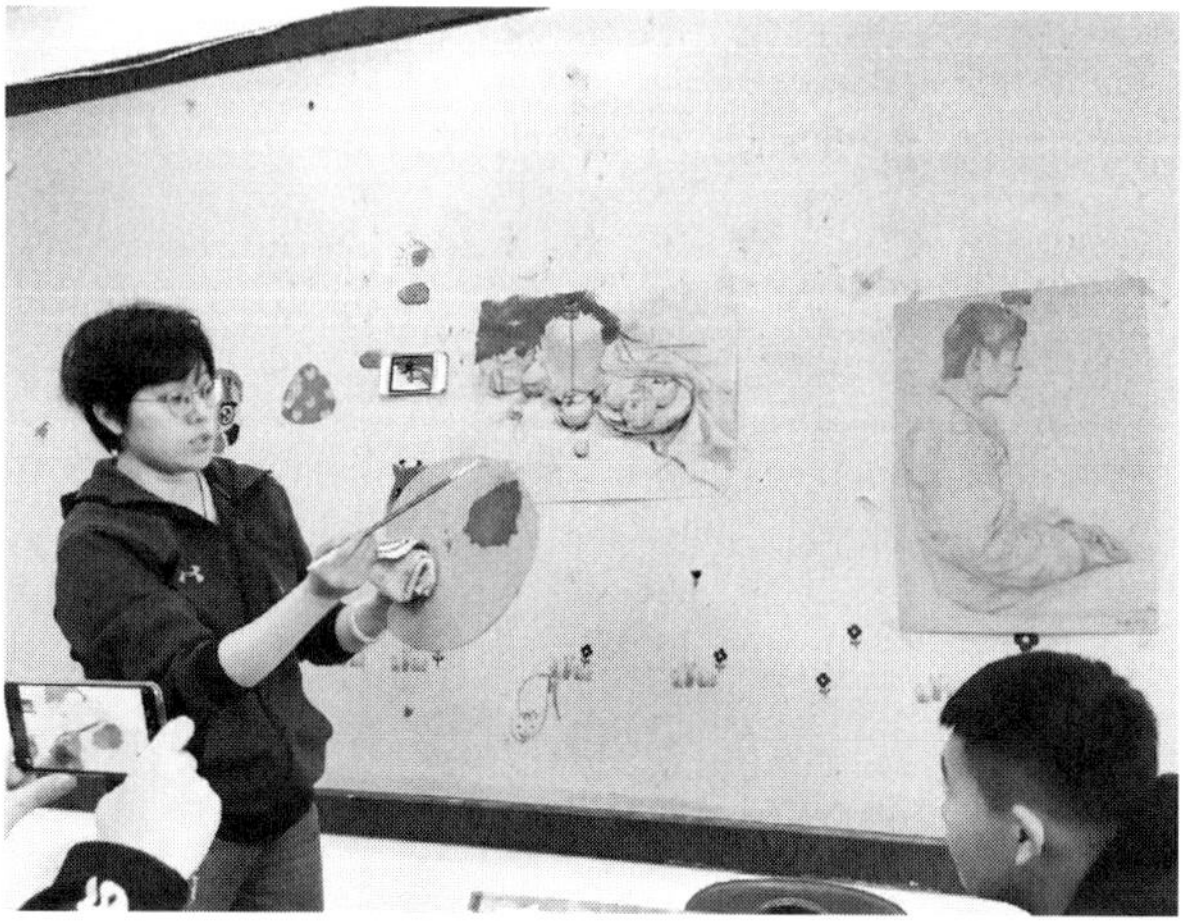

周鑫先生

できたと実感が湧き嬉しかった。絵には厳しい周先生だが、アトリエにアニメのフィギュアやアフロのかつらを飾ったりするなどお茶目な一面や、いきなり綿あめ機を持ってきて生徒全員に作ってくれたり、夏はよくアイスを奢ってくれたりと優しい面もあった。

私は高校卒業後は中国の美術大学へ進学するつもりでいた。しかし高校二年生の時、中国の大学入学制度が変更となり、私のケースでは中国の大学への進学は不可能となってしまった。ショックで何も考えられない日々を過ごした後、くよくよしていても仕方ないので気持ちを切り替え、日本の美大を目指すことにした。周先生もそんな私の考えを応援してくれた。

中国の一流美大を目指してきた私は日本の最高峰、東京藝術大学を志すこととした。しかし中国と日本では美大受験に大きな違いがある。ましてや藝大である。情報が少ない中、周先生は私のためにネットや知人を駆使して入試内容や傾向を探り、自ら学び、研究して私に藝大受験のための様々な指導をしてくれた。反面、私は藝大を知れば知るほど、その難しさに自信を失い、不安になっていた。

「日本の受験生は予備校に通い適切な指導を受けなが

ら毎日絵を描いているのに今の私はそれができない。このままで本当に合格できるのだろうか？」

　中国の大学入試が終わり、卒業が近づくと同級生たちは進学先の大学が決まっていった。一人進路の決まっていない私は毎日焦っていた。そのため集中して絵を描くことができず途中でやめたり、絵を描くこと自体が辛く、無意味な時間を過ごすだけとなってしまった。

　帰国前、周先生に挨拶へ行った。私は家で描いた作品を先生のアトリエへ持ちこんだ。それを見た先生はこう言った。

「あんた、もう藝大は受けるつもりないの？」

　図星だった。私は自分が描いたどうしようもない作品をもう一度目にし、涙が湧いてきた。周先生は私のために毎日一生懸命調べては課題を出してくれたのに、私はそれを適当にこなすだけだった。先生は私に責任を持って接してくれているのに、私は自分にさえ責任を持っていなかった。そのことにやっと気が付き、悔しく恥ずかしいと思った。その日から私は心を入れ替え本気で受験に挑むこととなった。

　周先生とは帰国後も連絡を取り合っていた。学費を払っているわけでもないのに先生は私が予備校で描いた作品を毎回丁寧に講評してくれた。デキの悪いのが続くと、きつい言葉で叱られたりもしたが、上手く描けると褒めてくれることもあり、周先生とのそのやり取りが心の支えにもなっていた。試験前日は先生が励ましてくれ、当日は周先生が隣にいると思って試験に挑んだ。

　そして最終合格発表の日。私は朝から手が震え、結果を見るのがとても怖かったが、合格者一覧に自分の受験番号を見つけた瞬間、私の目の前にはたくさんの受験期の思い出が蘇ると同時に、周先生の姿が見えた。

　帰国してからもずっと私を指導し励ましてくれた周先生。先生と出会わなければ私は藝大に合格することはできなかっただろう。

　周老師，感謝您的教誨，是您給了我無尽的信心和自信。謝謝老師！

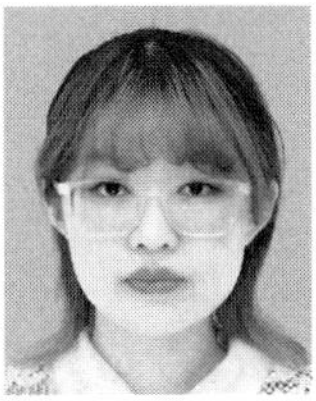

若狭谷 理紗（わかさや りさ）

小学四年生の時大連日本人学校に編入その後、現地校へ進学。大連十五中（高校）で美術を学び、二〇二一年卒業とともに大学受験のため十年過ごした大連に別れを告げ帰国。二〇二二年春、東京芸術大学美術学部デザイン科入学、在学中。カエル好き。

3等賞

私を変えた中国

高校生　恒冨　素生

「今度の八月に上海に転勤になったよ」

平成二十九年の夏、父がテレビ電話越しにこう言った。これで転校は三度目だ。正直友達と離れ離れになるのにも慣れたし、どちらかと言うと単身赴任中だった父と一緒に暮らせる楽しみの方が勝っていた。しかし環境は別だ。初めての海外での生活、しかも中国。当時私が中国に対して抱いていたイメージは大気汚染で数メートル先すらも見えない街、食べ物に腐った肉が使われている、反日の人が多いなどと散々なものだった。

まだまだ暑い日が続く八月の下旬、私の上海での新生活が始まった。まず驚かされたのは上海の発展具合だ。空港から新居に向かう際に乗ったタクシーの中で私が見たのは辺り一面に広がる高層ビル群。右手には銀行などのビルが立ち並び、左手には高層ビルたちがプロジェクションマッピングやイルミネーションでキラキラと光っている。そして正面には見上げても足りない、雲を突き抜けるほど高いタワー。空気は多少汚い日もあるが私が日本の時に想像していた汚さとかけ離れたものだった。私は「日本のニュースでやってたことと全然違うじゃん」といい意味で裏切られたような気持ちになり、中国に対するイメージは日本にいた時に抱いていたそれとは全く異なったものへと変わっていった。

上海での生活が一年を過ぎた頃こんなことがあった。中学三年生のある日、家族でショッピングに出かけるためにタクシーに乗った。中国のタクシー運転手は気さくな人が多いので、私たちが外国人と分かると「どこから来たの？」などと話しかけてくることもしばしばだ。だが普段はそれで話が終わることが多い。しかし今回のタクシーのおじさんは違った。その人は日本に数年住んだことがあり、しかもその時に働いていた場所が私が以

中国の現地校に入学後、学校で表彰された時の写真。（右端が筆者）

前住んでいた場所とものすごく近かったのだ。その人はタクシーの運転手をする前は料理人をしていて、店が日本にもオープンしたから日本で働くことになったことや、そのタクシーのおじさんが中国の東北出身だと言うこと、上海にあるおすすめの東北料理屋さんなど、一つの共通の話題から話がすごく弾んだ。その話の途中途中でおじさんは何度も「日本はすごくいい国だった」「またいつか日本に遊びに行きたい」などと言ってくれた。私は、私が褒められているわけでもないのに自分が褒められているのと同じくらい、もしかしたらそれ以上、日本のことをこんなに好きだと言ってくれたことが嬉しかった。

　私は上海での中学校生活を日本人学校で過ごし、しかも住人の約九割が日本人のマンションに当時住んでいたので現地の人と関わることが極端に少なく、ちゃんと現地の人と話すのも先程のタクシーのおじさんがもしかしたら初めてだったかもしれない。しかしタクシー運転手の一件や、もともと外国語に興味があったことから「日本のことを好きだと言ってくれる人たちや、他の現地の人とコミュニケーションを取ったり、言っていることをちゃんと理解できるようになりたい！」と思うようになり、高校は中国の現地校に入学した。初めての日本とは雰囲気の違う学校。全ての授業はもちろん中国語で行われていて、しかも最初の半年はオンライン授業だったので余計中国語を習得できるのか不安だった。しかし半年ほど経つと先生の言っていることが大体分かるようになってきて、一年も経つと先生や、街の人が言っていることもほとんど理解できるようになっていた。今では、多くはないが同年代の現地の友達もできた。休日などにその友達たちと遊ぶときはゲームをしたりご飯を食べたりと、国籍や母国語など関係なく普通の同級生の友達として楽しく遊べている。私が上海に引っ越してくる前に想像していた、いわゆる反日の人には出会ったことがないし、逆に友達は私が日本人ということもあり、すごく日本や日本語に興味を持ってくれている。また、言葉がだんだん分かるようになってからは積極的に中国の人と話そうとしているのだが、そこでも日本に行ったことがあってコロナが収まったらまた行きたいという人や、日本人の私に頑張って日本語で話そうとしてくれる人がたくさんいる。そして、積極的に中国の人と話すようになってからは外国語を話すときに間違いを恐れることも無くなったし、もともと私はシャイだったのだが、そのシャイな部分もほとんど無くなった。中国が私を変えてくれたのだ。

　中国での生活を通して夢ができた。それは外交官。中国と日本とをつなぐ職業だ。中国に住まなかったら思い付きもしなかっただろう。未来の世代が、私が中国に来る前に抱いていた偏見と同じようなものを抱かないように、中国の良さを知ってもらうために、中国と日本の関係を良くするために、将来尽力したいと考えている。そのために私は今言語習得や、幸いにもまだ私は中国に滞在しているので現地の人との交流など、今できることに励んでいる。

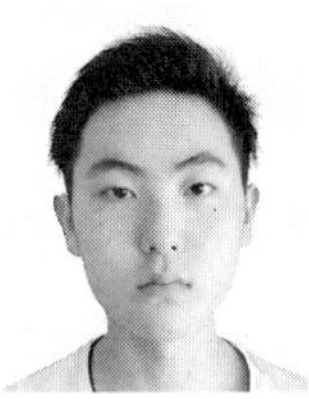

恒冨 素生（つねとみ そう）

二〇〇四年福岡県生まれ。大阪府・神奈川県・福岡県で中学二年生までを過ごした後、父の転勤で中国上海に移住。中学校は上海日本人学校に通ったが、高校は中国の現地校に入学。約四年間現在も上海に住んでいる。趣味は読書、陸上競技など。

3等賞

中国人のＤＮＡも!?

主婦　高野 尚代

「中国へ行ったら、外では中国の悪口は言わないようにね」。二〇一一年五月、夫の北京赴任に伴い、出発する一か月前、送別会を開いてくれた友人の言葉が印象に残っている。

体制の違う国に行く事に不安が募る一方、どんな国なのか興味が湧いてきた。下準備が乏しかった事が逆に良かったのか、いざ北京に行くと、中国の懐の広さに私はスッポリと包まれ、どこか懐かしいような、自分の中に中国人のＤＮＡも組み込まれているかのような居心地の良さを感じた。

中国を思い返す時、私にとってのキーワードは三つ、「時」と「人」、それに「食」だ。

〝時の流れのスピードが日本と違う!〟

日本では一歩外に出ると至る所（公共の場、交通機関、店舗等）で時計を目にするが、中国に居た時、外出先のどこかで時計を見かける事が本当に少なく、地元の時計店でさえ展示されている時計の針がバラバラ。バス停の時刻表には、〝五分毎〟、〝十五分毎〟としか書かれていないので、日本のようにオンタイムにバスが来る事はない。

中国人は時間に大らか。時間に振り回されていた日本の生活と違い、何だか余白のある大きな枠の中で動いている感覚だ。悠久の歴史を持つ中国にとって〝今〟は、小さな点に過ぎないのであろうか。かと言って、三年余りの中国滞在中に一度も約束の時間を破られた事はなかった。どの国においても人間性、誠実さ、温かさは個人の問題であり、国という単位で人々を一括りには出来ないと実感した。良い関係は中国人対日本人ではなく、人対人で築くものだ。

国土の広さや資源の豊かさ、数千年と紡がれた歴史が

北京市内の茶館にて

人々の心や文化を育む。中国の広大さは、日本との大きな違いの一つだ。

〝広さ〟は、何をするにも時間がかかる。あるショッピングモールでトイレを探した際、表示（日本よりアバウト）通りに移動しているはずが、広くてなかなか辿り着けず、大変な思いをした。それを教訓に、トイレは行きたい時ではなく、見つけた時に行く事に徹した。

また、家族で寧夏回族自治区の銀川に旅行した時には、羊の皮に空気を入れて膨らませた浮き袋（羊そのままの形状）を使った筏に乗り黄河を下った。これは観光の一つになっているもので十五～二十頭位の羊の皮の浮き袋の上に筏の骨組みが組まれていて、その上に乗って川面を進む。船頭の若いお兄さんは、片手に持った菓子パンをかじりながら大河に揺られ、のんびり船先に座っている。簡素な筏に不安もあったが、かつて移動手段として地元で実際に使われていたと聞いて、太古に思いを馳せた。〝時の価値〟と〝広さ〟は、ある意味比例していると感じた。「小さな事は気にしなくて良い」と、中国大陸のスケール感に励まされているようだった。

この文章を書きながらも、中国での生活を助けて頂いたり、中国の文化や風習を教えて下さったりした多くの方々の顔が思い出され、感謝の気持ちでいっぱいになる。そして、この貴重な出会いの中から「医食同源」を実体験として学ばせて頂いた。

　中国語や中国茶の先生、市場等市井の人々、中医師から季節や体調に合わせた食材の選び方や性質などを教わった。ひと昔前の日本でも語り継がれていた習わしや知恵を、今も中国では日常の常識として多くの人が意識して生活している。スーパーや市場に行くと、野菜や果物等の商品名の下に効能も表記してある。さすが、東洋医学発祥の地。

　家族でよく行っていたスープ専門店では、何十種類とあるスープそれぞれに効用が記されていた。美肌、疲労回復、肝臓、腎臓、胃腸を整える等、その時の体調や養生したい事に合わせてスープを選べる。老鶏と若鶏では効能が違う事も初めて知った。未病の為の養生は、日々の生活に深く根ざしている。

　またある時、中国人の友人のご家族と北京郊外に植樹に行った際、ご高齢のお父様は、元気のあるエネルギッシュな木を選び、その傍で休憩していた。良い木から良い気を貰えるとの事。納得。人も自然の一部。自分自身に耳を澄ませ、自分の体の変化を感じ、自然を大切にしながら共存する。当たり前のこのセオリーが、中国に行ってから私の中で大きく芽生えた。

　中国で買った二十四節気の養生本は私の愛読書。「今日は小満だね、何を食べたら良い？」と、夫もカレンダーでチェック。この時季、肝臓を養生するべく酸っぱい物を多く取り入れ、新茶、新じゃがいも、新玉ねぎ等冬の間に養分をたっぷり蓄えた食材から力をもらっている。

　日本に帰国してから八年。時の流れは益々スピードが加速しているが、〝今〞の中国はどうなのだろう。

　中国で学んだ多くの事を大切に、いつも心を〝平《ピン》〞に保ち、養生を心掛ける事が私にとって中国との繋がりの継続となっている。それが心地良いから……。

　やはり私には中国人のＤＮＡも組み込まれているのかもしれない。

高野 尚代（たかの ひさよ）

一九七〇年北海道生まれ。東京都内の短大を卒業後、故郷の帯広市へ戻り、地元のケーブルテレビ局に入社してリポーターなどを務める。結婚を機に専業主婦となり夫の転勤で首都圏に引越し。二〇一一年から三年間、夫の中国赴任に伴って息子と三人で北京にて過ごす。韓国ソウルでの六年間の滞在も経験し、現在は東京都に在住。季節に合わせた中国茶を楽しむのが趣味。

3等賞

我来帮你

高校生　小林　未波

「我来帮你」

その言葉が聞こえた瞬間、スマートフォンの画面をスワイプしていた手が止まった。画面に映し出されていたのは中国で撮られた一つの検証動画だった。妊婦さんが大きなスーツケースを引きずりながら階段を一歩一歩上がっていると一人の男性がすかさず妊婦さんに声をかける。

「我来帮你」

「手伝いますよ」という意味の中国語だ。男性は妊婦さんが感謝の言葉を伝えるよりも先にスーツケースに手をかけ、「上まであげればいいんですよね？」「ゆっくり上がってきてください、気を付けて」と温かい言葉をかけていた。その動画では若い男性のみならず、若い女性からおじいちゃんまで、まさに老若男女が妊婦さんの手助けをしていた。その光景を見た瞬間私の脳裏に色褪せた記憶が思い浮かんだ。

私は二歳から五歳まで中国に住んでいた経験がある。あまり多くのことは覚えていないが、あの四年間で沢山の中国人に出会い、沢山可愛がってもらっていた記憶は鮮明に残っている。そしてよくあの光景を目にしていた。動画のような助け、助けられる中国人の姿だ。私や私の家族が助けられたことも数え切れない程ある。

私の母は日本と中国でお店を経営している。そのため日本と中国を行き来する際、いつもスーツケースいっぱいの荷物を抱えながら出入国していた。しかも毎回それを二つ、加えて自分たちの荷物もあるため合計で三つだ。小柄な母が幼い私を連れて一人で三つのスーツケースを運ぶのは容易では無い。一番大変なのはカートにスーツケースを載せる時だ。荷物がいっぱいに詰め込まれた一つ二十キロ程のスーツケースを持ち上げなければいけな

中国にある母の店で撮影した家族写真

い。一つ目と二つ目のスーツケースは数十センチ持ち上げてカートに載せるだけだが、上に重ねて置く三つ目はスーツケースを抱きかかえて上に載せなければならず女性一人では到底無理だった。ある時、いつものように空港の前でタクシーを降りてから母がカートにスーツケースを載せようと試みるも持ち上げられずにいた。するとあの言葉が聞こえてきた。

「我来帮你」

タクシーの運転手でもなければ、空港の警備員でもない、私たちと同じ航空旅客であろう見ず知らずの若い中国人男性が声をかけてきた。そして母の手にあったスーツケースを素早くひょいと持ち上げた。母は少し戸惑いながら「大丈夫ですよ！」と遠慮したが、男性はそんな母に優しく笑いかけ、「いいんですいいんです」と言いながら、あっという間に三つのスーツケースをカートに載せてしまった。あまりに一瞬の出来事で何が起きたのか幼い私はあまり理解出来ていなかったが、そのまま男性は私たちに軽く会釈をし、何事もなかったかのように去っていった。しばらくの間ぽかんとしていた私だったがカートを押しながら歩き出した母の表情を見て少し状況が理解できた。母の表情はどこか誇らしげで嬉しそうだったのだ。

この「我来帮你」という言葉。とても中国人らしさが表れた言葉だと私はつくづく思う。日本でも困っていた時に見ず知らずの人が助けてくれたり、逆に困っている人を見かけた時に助けたりすることがあるが、そんな時私たちは「大丈夫ですか?」「手伝いましょうか?」と相手に一度尋ね、状況を確認したり承諾を得たりしてから手伝うことが多い。もちろん中国でも日本のようにまず困っている人に問いかけてから必要に応じて手助けすることもあるが、「手伝いますよ」「僕がしますよ」と率先して手伝う人がとても多いように思う。そういった部分にも日本人の相手の意志を大切にする奥ゆかしい国民性と中国人の世話焼きで助け合いの精神で溢れている国民性がよく表れていると思う。

とこで私が冒頭で取り上げた動画は日本のSNS上で流れてきたものだった。動画には三万を超えるいいね数と四百件近くのコメントが寄せられていた。そのコメント中には「こんなの一部の中国人だけだ」「ヤラセではないのか」という批判的な意見もあった。しかし「温かさに感動した」「長年中国人を誤解していたのかもしれない、イメージが変わった」というコメントが大部分を占めていた。こういった検証動画は中国に行かないと知ることが出来ない現地の人々の行動や言葉に触れられる良い機会だと思う。そして更にその動画内のコメント欄で中国へ行ったことがある人たちが実際に自分が中国で体験したエピソードをコメントしていた。そういった貴重な体験談を目にする場が身近にあるというのもとても有難いことだと思う。

多くの日本人がこの検証動画を見て中国人に対するイメージが変わったように、こういった現地のリアルを捉えた動画や実際中国へ行ったことがある人たちから発信される生の声というのが、SNSが普及している今の時代では大きな鍵になってくるのだと思う。私のこの文章も誰かの目に留まり、ほんの少しでも日中友好に貢献出来ればと思っている。

小林 未波（こばやし みなみ）
二〇〇四年福岡県出身。日本人の父と中国人の母を持ち、二歳から五歳の四年間を上海で過ごす。その後、福岡に戻り幼稚園から中学一年生までを福岡雙葉学園で過ごす。中学二年生で上海日本人学校中学部に転入。中学卒業後、上海外国語大学附属高等学校に入学。

3等賞

パンダが紡ぐ日中の平和友好関係

大学院生　山本 可成

今年二〇二二年は、一九七二年に調印された日中共同声明を機とする日中国交正常化から五十周年を迎える。この節目に、当作文を記す機会を頂けるのは大変嬉しく、一日本国民として心から祝意を表するとともに、今後の日中関係の増々の発展を願うばかりである。そんな五十年は日本と中国が紡いできた二千年を超える歴史の中では一コマに過ぎない。しかし、一コマといえど大変大きな意味を持つ年月である。なぜなら、先の大戦でのつらい過去を乗り越え、未来の、次世代の両国の子孫が笑って手を取り合い、互いに協力して平和と繁栄を目指す、改めての決意であり、その実行を重ねたものだからである。その重みを大切にするとともに、私自身も次世代に繋げていきたい。

そんな私には、思い起こせば、中国がいつも側にいたように感じる。小学生の頃から、三國志や史記を読みふけっていたうえに、中学高校生時には中国を旅行した。大学生時代には、政治学を専攻し、中国の政治や経済、社会について学んでいた。その中で、先端技術を活用した国家運営やチャイナイノベーションが生まれる理由、共同富裕などを間近で学び、日本に活かしたく、新型コロナウイルス感染症の影響でオンラインではあるものの、清華大学の公共管理学院への交換留学生となった。やはり中国を学ぶことは奥深く、コロナウイルスが終息し、機会ができるならば北京を訊ねてみたいものである。さておき、より大きなレベルで考えると、私を含めた日本人が中国を感じるのは、あの白と黒の愛くるしい動物を見た時である。そう、パンダである。今でこそ日本に十三頭もいるものの、その始まりは、日中国交正常化だといえる。

一九七二年、田中角栄首相が日本の総理大臣として初

幼いときに見に行った上野動物園のシンシン。日中平和のシンボルであるパンダの可愛さは人々の心を癒す

めて訪中を果たし、周恩来首相と共に、日中共同声明が調印された。それを祝して、中国国民から日本国民へ雌雄一対パンダが贈られた。このパンダが、日本国民なら誰もが知るランランとカンカンである。これを機に、パンダは日中友好のシンボルとなったのである。実際、私の祖父母も、来日直後のランランとカンカンがいる上野動物園に見に行ったが、何時間も並んで数十秒しか見ることができないくらいの熱狂ぶりだったそうだ。その後も友好の証として、中国からフェイフェイ、ホァンホァンが贈られ、その子供のチュチュ、トントン、ユウユウもパンダ人気に拍車をかけたという。ユウユウは北京動物園のリンリンと交換され、トントンと番になったらしいが、これも父母世代では記憶によく残っているようである。時が進むにつれ、中国がワシントン条約に加盟したことにより、パンダの贈呈はなくなってしまったが、二〇〇〇年代になり、レンタルという形でメイメイがアドベンチャーワールドに来日した。まさに日中パンダ友好の新時代の幕開けである。繁殖貸与方式であることが作用し、日本と中国はパンダ研究でも密なる親睦を深めた。パンダという希少

動物を保護し繁殖させるという崇高な共通理念から、多くのパンダが上野動物園、アドベンチャーワールド、神戸市立王子動物園に来日し、十頭を超えるパンダが日本で誕生している。このように、日本においてパンダは特別な存在となり、中国をイメージする際のシンボライズとなっている。

昨今においても、パンダ人気は衰えることはない。二〇二一年の東京五輪に続く、二〇二二年の北京五輪の公式キャラクターはパンダであるビンドゥンドゥンだ。この冬季五輪は、寒い日本の冬を暖めてくれたのは事実で、とりわけビンドゥンドゥンの人気は凄まじいものだった。私だけでなく、周りの友人も可愛いと絶賛し、言わずもがなビンドゥンドゥンの話で盛り上がった。新型コロナウイルスの影響で、日中ともに五輪の開催に苦労したのは事実である。しかし、両者は互いに尊重・協力しながら、この困難をものともせず大成功に導いた。日中両国は平和を真に願うからこそ、皆が顔を下に向け辛い思いをしていた時に、スポーツを通した平和の祭典を安全に開催し、世界の人々に感動を与えた。このように東京から北京へと平和の祭典が紡がれ、そのキャラクターがパンダであるとは、なんとも不思議な縁のように感じる。また、五十周年を迎える年に、日中共同声明の内容の一つである平和五原則と根本的な理念を同じくする五輪というイベントが行われたことは、私は偶然とは思えない。日中人民の絶え間ない努力によって紡がれた結果の賜物だと思う。

最後に、二〇二一年、日本に二頭の赤ちゃんパンダが誕生したことを祝す。暁暁と書いてシャオシャオ、蕾蕾と書いてレイレイと呼ぶ。二頭の名前を合わせると、明るい夜明けから未来へとつながるという意味になる。まさに日中国交正常化の理念であり、両国の関係そのものだろう。私たち若い世代が、この重みをしっかりと自覚して未来へと繋げていきたい。

山本 可成（やまもと よしなり）
一九九九年京都府生まれ、京都市育ち。大学在学中交換留学生として、中国・清華大学公共管理学院に留学した。現在、日本と中国のビジネスを結ぶ懸け橋となるべく、経営学を研究している。

3等賞

寝転んで見えた世界

高校生　飯塚　有希

「え、ママって中国人だったの?」

保育園から帰ってリビングに寝そべっていた私に衝撃の事実が襲った。確かに母には日中、二つの呼び名があったし、祖母との会話は日本語ではなかった。だか私にはその環境は当たり前過ぎて、疑問にすら思わなかった。

最初は母が中国人という事がどこか誇らしく、「私のママは中国人なんだ!」と友達に自慢して回った。大概、皆「凄いね!」と言ってくれた。それが一転、小学校に上がる頃には「お前は中国人だから入っちゃダメー」などと、一線を引く様な仕打ちを度々受ける様になった。ただの冗談で、一過性の物だったかもしれないが、当時の私が落ち込むには十分だった。また、「中国語喋ってみて」ともよく言われた。中国語が喋れなかった私は何も答えられず、気まずい空気になるのが常だった。やがて、「なーんだ」と友達は踵を返す。期待に応えられないのが悲しくて、私は次第に母が中国人と言う事を隠す様になった。その時から私は「中国」に対してコンプレックスを抱き始めたと思う。

母は大家族の中で育ち、中国には沢山の親戚がいる。家族で中国に帰省する度、親戚が増えている様な気さえした。

中国にはいじめっ子もおらず、自身の出生を隠す必要もない。そこは私にとってコンプレックスを刺激されない安全地帯のはずが、あまり良い印象を抱けずにいた。

何時も大勢の親戚に囲まれ、常に賑わいの中に居たが、中国語が分からない私は、自分の事を話されている時は悪口を言われている様に感じた。その上、怒声にも似た大声での会話が喧嘩している様でとても怖かった。食事の際は、もっと食べてと周囲から常に煽られるのにも気が滅入った。満腹だと必死に伝えても次の一口が無理矢

上海の飯店にて。大好きな曾祖母を親族で囲んで

理鼻先まで運ばれてくる。また、世話を焼いてくれた親戚に、たどたどしく「謝謝」と謝意を伝えた際、眉間に皺を寄せ、怪訝な顔をされた時には、かなりショックを受けた。「ありがとう」さえ伝わらないなんて。私は歓迎されてないのかと泣きそうになる時もあった。母は久々の親族との交流に夢中で、大好きな母を取られた様な寂しさもマイナス思考に拍車をかけていたと思う。

　そんな思いが募りに募って、溢れ出た。中国滞在中のある晩、父に「みんな何言ってるか分かんないし、怒鳴ってて怖いし、もう日本に帰りたい。」とつい今までの不安を零してしまった。すると父は一瞬、驚いた様な顔をして、ゆっくりと話した。

「確かにみんな大きな声だから驚くよね、でもあれは怒っている訳では無いんだよ、そういう習慣なの。それにね、みんな凄く温かい人達なんだよ、快く食事や、楽しめる所に連れて行ってくれる事が何よりの証拠でしょ。パパはこんなに親戚みんなが毎回歓迎してくれる経験ないよ。」

　日本人の父は、私と同様に中国語が話せなかった。中国にいる間、置かれている状況も私に一番似ていた。日本語が通じる数少ない味方で、同志だと思っていた父が、自分とは全く異なる価値観で同じ時間を過ごしていた事に驚いた。それから寝そべりながら夜中まで、父との会話は続いた。

　父の声を聴きながら、父の視点で周囲を見直してみる。すると、今までとは違う「中国」が私の中に流れ込んできた。

　自身を話題にされていても、気にならなくなった。人との交流は言葉だけではない。話し手の優しい目や楽しげな表情を、注視できる様になって気づいた。そもそも悪口を言う様な人がいない事も。中国人同士の会話が怒声に聞こえるのは、喧嘩腰なのではなく、自己表現の一つという事も理解できる様になった。日本人の様に、沈黙は金だとか、奥ゆかしさ、等の美学とは遠い所に中国流コミュニケーションは存在するのかもしれない。自分の気持ちをはっきり伝える姿勢、熱量の違いを肌で感じた。食べ物を延々と勧めてくるのも同じ原理だ。言わば「もてなしたい」「楽しんでほしい」等の気持ちの究極の体現だったのだ。私が発した「謝謝」に向けられた怪訝な顔は、拒絶ではなく、面映ゆさから来るものだった。中国の価値観では親しい人を助けるのは当然の事で、私がお礼を言うのは水臭いという意味だった。「私達は親戚なのだから、これ位するのは当たり前なのに何でお礼を言うの?」と後々解説をされ、胸を打たれた。日本では「ありがとう」や「ごめんなさい」が日常に溢れ返っているが、中国では違うらしい。それを知ると、日本の上辺だけの謝意や謝罪が恥ずかしくさえ思えてきた。

　私の中にあったコンプレックスやレッテルという冷たい塊達が、中国人の人柄の温かさに触れて、次々に氷解していく。私にもそんな優しい血が流れているのが嬉しく、誇らしく、中国が大好きになった。

　そんな誇りを胸に、現在私は中国の高校に留学している。近年の新型感染症の発生により渡航はまだ出来ていないが、私は中国で過ごす未来が楽しみでしょうがない。

　そして、今なら躊躇わずに言える。「私の母は中国人なんだよ」と。

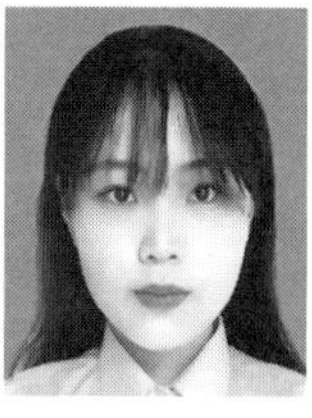

飯塚　有希（いいづか ゆき）

二〇〇四年千葉県生まれ、千葉県育ち。母は中国人、父は日本人。中学までを日本で過ごし、高校はアメリカのMaine Central Instituteに進学。二年生から上海外国語大学付属高校に転校。コロナの影響により中国渡航が叶わず、現在は日本にてオンライン授業を受講中。

3等賞

エネルギー溢れる中国大陸

経営者　石塚 浩子

私が初めて中国大陸におりたったのは二〇一一年の早春。高校時代からの友人が天津の大学で日本語を教えていた縁でようやく重い腰をあげたのだ。海外旅行に行くのも二十数年ぶり。パスポートの期限なんてとっくに切れていた。そんな私が、以来、中国に毎年一、二回出かけてしまうことになるなんて、そのときの私は想像もしていなかった。

初めて見た北京の空は薄曇りで太陽が霞んでいた。そのせいか夕方になると靄がかかったようになり建物の色が薄紫に染まる。それがとても美しく感じられた。木の形も、飛んでいる鳥も、送電鉄塔の形も見たことがないものばかりだった。

日本にいるときも旅行に出かけると、まず地元のスーパーに出かけるようにしている。スーパーはその地域の暮らしなどを知ることが出来る唯一無二の場所だと思う。友人の勤めていた大学内の市場の活気は印象的だった。売り場には野菜や果物が山積みになっているし、肉の塊がそのままぶら下がっていたり、日用品がところ狭しと並べられている。雑貨や文具が大好きな私にとって中国は夢の国だった。ボールペン一本をとっても様々なデザインがあり、文具屋で何時間も使ってしまったこともある。

二〇一七年、八十代の父と高校生だった甥っ子と一緒に中国旅行をした。メインの旅行先は西安。兵馬俑は私の長年の憧れで、生涯に一度は行ってみたい場所だった。もちろん通訳は友人だ。友人の知り合いが西安の大学に勤めていたので、大学内の寮に泊めていただくこともできた。

北京から西安は高速鉄道で片道約五時間の旅である。中国はどこに行っても人が多い。そしてみんな並ばない。改札口には我先にと人が殺到する。中国人は並ばないとよく言われる。並ばないという行為に対して批判的な人

父と甥っ子と一緒に記念撮影。天津海河観光遊船からの夕景はとても美しかった

もいるだろう。でも中国は想像以上に人が多く、道も建物も全てが大きく広い。高速鉄道だって何両編成かわからないほど長い。だから積極的に前に出ないと取り残されてしまうし、生き抜くことができないのではないだろうか。みんな一生懸命なのだ。生きるためには前に出ないとならないのではないか。そんな人々が持っているエネルギーに私は圧倒され、とても魅力を感じるようになった。

　中国に何度も行けば、改札を通る勘が戻ってくる。電車の外まで人が溢れ、駅員が車両の中に人を押し込んでくれていた、かつての総武線快速電車に乗る要領と一緒だ。身体を斜めにして、肩の方から人混みに向かっていくのだ。

　高速鉄道の改札口にも人々は殺到する。まだ十代だった甥っ子は、決して身体が小さいわけでもないのに改札を通り抜けることができず、群れの中で後ろへ後ろへと押し出されていた。改札を通るたびに私たちは待たされた。

　しかし人間というのは面白い。彼はいつの間にか私たちよりも早く改札を通り抜けるようになったのだ。当時の甥っ子は、高校も不登校気味で将来何をしたいかもはっきりせず、家族はその行く末をかなり心配していた。

宿泊先でもシーツにくるまり寝てばかりで、必要以上に喋らない。甥っ子といっても、年頃になった彼と会うのは久しぶりで、正直私はどう接したらよいのか、最初の頃少しとまどっていた。でも中国を旅する中で、彼はあきらかにたくましくなった。万里の長城で逆立ちをしたり、西安駅から宿舎までの道中、タンデムでバイクの後ろに乗せてもらったりなどなど。良い意味でおとなしく、型にはまらないことを良しとしない傾向が強い日本と比べ、自由に前に出ることができる中国旅行は彼にとって本当に新しい体験だったのではないか。幸いにして彼はその後好きな道をみつけ楽しそうに大学に通っている。たった二週間の日々だったが、彼の気持ちを解放するエネルギーを中国の大地が与えてくれたのだと思っている。中国大陸は、短い時間で人を変えるエネルギーを秘めた大地だと感じている。多くの人々のエネルギーを支えている包容力のある大陸なのだ。

　私がこれまで中国に滞在した日数は、いつの間にか半年近くになった。仕事の都合もあり、毎年二月下旬と、七月の年二回行くのが恒例となっていた。しかしここ三年ほどコロナ禍のため中国への旅が出来なくてとても残念に感じている。

　余談だが、私は渡航五回目ぐらいまで、全く中国語がわからなかった。昔、高校で漢文を教えていたので、漢字を普通の人よりは読むことができた。だから何とかなると思っていたのだ。確かに何とかはなっていたが、英語が通じない場所も多く、スーパーなどでトイレの場所を聞くのにも一苦労する有様。そうこうするうちに、もっと中国語を知りたいという気持ちが湧いてきた。現在本当に少しずつではあるが、中国語を学んでいる。

　中国に以前のように行ける日が早く来て欲しい。還暦を迎えエネルギーが落ちつつある私に、最高のエネルギーを与えてくれる中国の地に、早くエネルギー補給に行きたいと強く願っているのである。

石塚 浩子（いしづか ひろこ）

千葉県出身。青山学院大学卒業後、国語教師として東京都内の私立高校に勤務。作詞、新聞・雑誌などへの執筆を経験し二〇〇七年有限会社設立。現在、カウンセリング、ペットアドバイザー、学術団体の会員管理などを行う。二〇一一年、親友が南開大学で日本語教師をしていた縁で初中国旅行。日常生活に溢れるエネルギーに圧倒される。中国人の先生方や学生などの知り合いもでき、コロナ禍になるまで年に二回ペースで中国へ。

3等賞

燃えたね、重慶。火鍋で変面！

旅行作家　関　有代

私の旅の楽しみの一つとして観劇があるが、旅行作家として世界五十カ国あまりに出かけた中でも、中国四川省が誇る伝統芸能「変面」のパフォーマンスの凄さには、度肝を抜かれた。

中国はお気に入りの国で、三回目の訪問になる。一度目は三十年以上前、仕事仲間と上海へ。外灘や文学者魯迅公園が印象的だった。二度目は家族で北京と桂林。紫禁城と万里の長城、いつもニュースで見る天安門広場に感動したのと、桂林の川下りはまさに水墨画の世界で、幻想的だったのを忘れない。最後は重慶。話題のＬＣＣに一度乗ってみたかったのだ。成田空港第三ターミナルから春秋航空で四川省へ。機内食がないので、名物とんがらし麺を買い、お湯を入れてもらった。

空港では、重慶の美人ガイドがお出迎え。重慶は日本では川崎のような地域で、私が泊まるホテルは、霞ヶ関のようなエリアだと説明してくれた。

夕食は楽しみにしていた本場の四川鍋。北京で共産党大会を終え、重慶に戻ってきた記者の友人と、彼の秘書との三人で火鍋を囲んだ。お店の入り口で泳ぐ真っ赤な縁起物の金魚は、千客万来の意味があるという。その横では胡弓と琵琶が歓迎の演奏を奏でている。ドライアイス漂う銀の皿の上で、スタミナがつくという豚の血を固めた腸が運ばれてきた時は驚いた。センマイやキノコも大きい。生のどじょうと豚の血と豆腐は、まずは鍋の底に沈めるというのもダイナミックだ。他の具材はしゃぶしゃぶでいただく。四川鍋は思った以上に辛くはなく、野菜も豊富なのでヘルシーだった。美味しさがほとばしる火鍋を囲みながら、豊富な食材に夢中になっていると、いきなりレストラン内でショータイムが始まった。

ドラの音が響き、軽快な音楽と共に何が始まるかとワクワクしていると、冠を被り、派手なマントを纏った男

重慶の四川鍋レストランにて

性が、扇子を持ってカンフーのように踊り出した。テーマソングがまるでプロレスの入場曲のようで、テンションが上がり、いいっ！　出がけに毎朝聴きたいくらい、粋でカッコよく、まるで後楽園ホールにいるような気分になる。

「変変変変、看看看ー！　変わった、変わった……、見てみて……」

　日本人や子供にもわかりやすい歌詞だ。原色のお面の前に扇子をかざした瞬間、絵柄が次々と変わっていく。最初は一体何があったか気づかぬまま、あっ！となった瞬間、身体中に電流が走り衝撃を受けた。

　重慶出身の秘書に、変面は七百年近い歴史を持つ伝統大道芸だと説明された。国家機密ではないが、謎に包まれた一子相伝の秘技であると。幼い頃から修行をし、変面師という資格もあるという。何枚ものお面を剥がすパフォーマンスの中にも技はたくさんあり、飛んだ瞬間にお面が変わる震面、両手を大きく開いた瞬間にお面が次々変わる左右開弓、両手両足を開いたままお面を変える空手変面、口に花をくわえたまま変化する花噛変面、とどめは火を噴く大技噴火などがある。素顔に戻り、振り向きざまに再びお面をつけるのも、いずれも機敏な動作が必要とされる。

ショーの後半は、いきなり口から火を噴いた。顔の模様が秒速でバンバン変わる様子に腰を抜かす。これは火鍋じゃなく、火面なのかっ⁉　赤、黄、白、青、黒と変幻自在、瞬く間に顔のお面が変わる。私の目の前に来て握手をした瞬間にも、お面が変わったのが怖くもあり、新鮮だった。

　どこから見てもわからない、狐につままれた不思議な状態。これぞカルチャーショック！絶妙で巧みな神業とも言える秘伝の技巧と、活気溢れる掛け声の凄さ圧倒された。中でも「金銭手」という両手でお金の形を作るポーズは、「皆様がお金持ちになりますように」という意味があり、中国人は、このポーズが大好きだという。

　たちまち気分がアガって大ファンになり、エンディングの後「ブラボー！」と変面師に駆け寄り、ガッツポーズで一緒に記念写真を撮ってもらった。まさに芸人魂は万国共通で、いつか東京に招待したいと願うほど素晴らしかった。

「昨日まで雨だったのに、彼女が重慶に来てから、ずっと晴れているんですよ！」

　日本から来た晴れ女だと、記者が変面の周さんに私を紹介してくれた。

「あなたは、裕福な人ですね」

　周さんはお面を取って、満面の笑みで握手してくれた。ここでいう裕福とは、金持ちという意味ではなく、天真爛漫ということらしい。

　興奮冷めやらぬまま、日本に帰ってからもしばらくは変面の歌ばかり聴いていた。「自分がプロレスラーか正義の味方になって、登場する時にかけたい曲だわ」と妄想までしながら。

　帰国後、中国人の友人から「変面は無形文化財であり国家の財宝、中華人民共和国の国宝に指定されている」と聞き、納得した。なるほど、昨日や今日のものではないのである。

　翌年の年賀状は、「昨年の思い出№1変面！」にした。問い合わせがあるとアツく話すのが、重慶の旅以来、私の楽しみである。

関 有代（せきすみよ）

東京都目白生まれ。『宣伝会議コピーライター養成講座』を出て、コピーライターを数年経験後、旅行作家に。世界五十カ国以上を旅して、様々なパフォーマンスに出逢い、各国各界に多彩な人脈を持つ。二〇一九年から人生発のトカイナカ（都会田舎）暮らしをムーミン谷（飯能）で始め、日本の良さを再認識している。

あとがき

謝辞に代えて

主催者代表　段　躍中

今年二〇二二年は日中国交正常化五十周年の記念すべき年に当たり、日本僑報社主催、中国駐日本大使館、読売新聞など後援の第五回「忘れられない中国滞在エピソード」コンクールが皆様の多大なるご支援、ご協力のもとで成功裏に開催できたことは、日中両国の友好を祝う節目の年への素晴らしい献礼となりました。

中国駐日本大使館には引き続きご後援をいただきました。特に孔鉉佑大使におかれましては、大変お忙しい中、最優秀賞（中国大使賞）の授与をいただき、本書出版にあたり温かいメッセージを頂戴いたしました。また大使館の関係各位より多大なるご理解とご支援をいただきました。主催者一同を代表し、心より感謝申し上げます。

衆議院議員、前国土交通大臣の赤羽一嘉氏、俳優・旅人の関口知宏氏、俳優の矢野浩二氏には、大変お忙しい中、特別にご寄稿いただきました。ここに深く御礼申し上げます。

本コンクールが順調に開催を続け、今回第五回を迎えられましたことは、ひとえにこれまで支えてくださった皆様の温かいご支援によるものであり、心より感謝申し上げます。これまでに福田康夫元首相、二階俊博前自民党幹事長、近藤昭一衆議院議員、西田実仁参議院議員、伊佐進一衆議院議員、鈴木憲和衆議院議員、矢倉克夫参議院議員、海江田万里衆議院議員、落語家の林家三平様、エッセイスト・絵本作家の海老名香葉子様など、多くの方々からご支援をいただきました。深く感謝申し上げます。

ご後援をいただいた中国駐日本大使館、読売新聞社をはじめ、公益社団法人日本中国友好協会、日本国際貿易促進協会、一般財団法人日本中国文化交流協会、日中友好議員連盟、一般財団法人日中経済協会、一般社団法人日中協会、公益財団法人日中友好会館の日中友好七団体、そして中国日本商会の皆様にも、厚く御礼申し上げます。

　また、各団体の皆様には、それぞれの機関紙（誌）、会報、ホームページなどを通じて、本コンクールの開催や関連情報を広く発信いただき、より多くの方の参加につながったことに心から感謝申し上げます。

　日中両国のメディアには、本コンクールの日中交流に対する重要性へのご理解とご協力をいただき、厚く御礼申し上げます。日本側からは、読売新聞、共同通信、ＮＨＫ、日本テレビ、朝日新聞、毎日新聞、東京新聞、中日新聞、北海道新聞、西日本新聞、山陰中央新報、福島民報、沖縄タイムス、福井新聞、佐賀新聞、東奥日報、四国新聞社、岩手日報、聖教新聞、公明新聞、しんぶん赤旗、観光経済新聞、ＹＯＭＩＳＡＴ、日中友好新聞、日本と中国、日中月報、国際貿易、日中文化交流、週刊読書人、新文化、エキサイトニュース、ニフティニュース、公募ガイド、登竜門、ＢＯＯＫウォッチなど、また中国側からは、人民日報、新華社、経済日報、光明日報、中国青年報、中国新聞社、北京日報、中国国際放送、人民中国、中青在線、中国網などから、多彩なご紹介をいただきました（巻末に一部記事を掲載）。ここに挙げきれなかった多くのメディアからもご支援いただきました。この場を借りて改めて皆様に御礼申し上げます。引き続きご応援ご支持のほどよろしくお願いいたします。

　株式会社トーハン、日本出版販売株式会社をはじめとする日本の図書取次関連会社、全国各地の書店や図書館、とりわけ創業二十六年となる弊社の書籍を長年ご愛読くださっている国内外の読者の皆様には、日本全国津々浦々で受賞作品集を通じて「中国故事（中国滞在エピソード）」を広げることにご尽力いただき、誠にありがとうございます。

　日中相互理解に関心ある各界の方々、応募者や読者の方々などがご自身のＳＮＳで発信くださいました。また、自治体、学校などでも本活動へのご支援や受賞者の方の紹介をいただき、心から感謝申し上げます。一人ひとりの拡散は小さいものと思われるかもしれませんが、多くの方に拡散いただけることで大きな力となります。今後とも、本活動を引き続き見守っていただけますようお願いいたします。

　応募していただきました皆様、誠にありがとうございました。本コンクールに例年同様、中国滞在中のかけがえのない体験を綴った素晴らしい作品が多数寄せられたことに深く感謝し、心から御礼申し上げます。

今回のコンクールでは、三十都道府県にわたる日本各地および中国各地、アメリカなどの国と地域から、二百二十五本にも及ぶたくさんのご応募をいただきました。

年代別では三十代、四十代を中心に、十代から八十代まで幅広い世代にわたりました。応募者の職業は大学教員、公務員、教員、会社員、医師、プロ棋士、俳優、記者など多岐にわたり、高校生から大学院生までの若い世代も含め、それぞれの視点から中国を見た個性豊かな作品をお寄せいただきました。

厳正な審査の上、最優秀賞となる中国大使賞（一名）、特別賞（三名）、一等賞（四名）、二等賞（十名）、三等賞（二十五名）を選出させていただきました。

応募いただいた作品には、国境を超えた心のふれあいや中国の奥深い魅力、そして不幸な歴史の記憶への共感などがつぶさに記されています。日中間の懸け橋となるこの貴重な記録の数々を、より多くの方々と共有し、読んでいただきたいと思い、ここに一冊の作品集にまとめて弊社から刊行する運びとなりました。

新型コロナウイルス感染症対策の影響で日中間の往来が不便になっている今だからこそ、多くの方々に本書を読んでいただき、中国により深く関心を持っていただけることを心より願っております。

来年は日中平和友好条約締結四十五周年に当たります。「国之交在於民相親（国の交わりは民の相親しむに在り）」という言葉があるように、日中関係発展の基礎は両国の人々の友好交流にあります。本活動が微力ながら日中両国の文化交流と相互理解を促進し、日中のウィンウィンの関係構築に貢献できることを願い、日中国交正常化五十周年から次の五十年に向けて、今後とも尽力してまいりたいと存じます。

引き続きご支援、ご協力のほどよろしくお願い申し上げます。

二〇二二年十月吉日

「忘れられない中国滞在エピソード」
第4回 受賞者一覧

特別賞

落語家
林家　三平

最優秀賞・中国大使賞

田中　伸幸

一等賞

服部　大芽
西村　栄樹
林　鈴果
久川　充雄

二等賞

喜多　住香
石井　翔
丸山由生奈
板坂　梨央
大西　賢
田中　信子
服部未来子
福﨑　文香
塚越　誠
多田　記子

三等賞

安部　憲明
菱田　宇軒
大谷　亨
保坂　恵子
北岡　克子
橋詰麻里子
大川　智矢
一番ヶ瀬絵梨子
吉澤　栄
田上奈々加
古市　康夫
寺沢　重法
平手　千瑛
馬渡　愛
西村　範子
梅田　純子
豊田　恭子
伊藤　茂夫
木山誠一朗
秋元　文江
柳井　貴士
安　佳夏
有村　歩汰
吉村　美里
松村　萌里

貢献賞

三津木俊幸
小島　康誉
新宅　久夫
橋本　清一
神田さち子
浦野　紘一

「忘れられない中国滞在エピソード」第3回 受賞者一覧

特別賞

衆議院議員 海江田万里
参議院議員 矢倉克夫

最優秀賞・中国大使賞

池松俊哉

一等賞

星野信
岩崎春香
畠山修一
田丸博治
佐藤奈津美

二等賞

山本佳代
築切佑果
橋本理恵
藤本陽
宮坂宗治郎
濱岸健一
橘高子
湯山千里
藤井由佳
執行康平
小椋学
渡邊真理子
柳原拓郎
浅岡真美
上村里央
五十嵐一孝
菅田陽平
濱野穂乃香
角文雄
沖島正俊
久保田嶺
大河原はるか
小牧陽二郎
平野寿和

三等賞

与小田茜
鈴木あいり
金戸幸子
関本康人
井上尚子
平野綾
山野井咲耶
石岡麻美子
高田忍
長崎彰
柳文恵
浜咲みちる
尾崎健一郎
兼宗遥
篠田結希
一番ヶ瀬椿
大橋拓真
芳賀勲
有田穂乃香
赤池秀代
山崎恵子
岸直哉
前川友太
鈴木啓介
井田武雄
塚野早紀
猪俣里実
宮川暁人
和田廣幸
吉原萌香
長崎美由輝
野田義和
鈴木高啓
橋本岳
小田紘平
神田さち子
三浦功二
市原佳子
柴野知也
松山美奈子
千葉由貴
船木智美
鈴木潤子
戸田幸亜
畠山友里
新井博文
吉岡菜々美
齊木桃子
中曽根正典
藤原剛史

「忘れられない中国滞在エピソード」

第2回 受賞者一覧

特別賞

衆議院議員　鈴木　憲和

最優秀賞・中国大使賞

乗上　美沙

一等賞

山﨑　未朝
入江　正
横山　明子
片山ユカリ
森野　昭

二等賞

原田あかね
為我井久美子
田上奈々加
伊藤　美紀
野間　美帆
逸見　稔
中島さよこ
南部　健人
杉江　裕子
南　沙良
三輪　幸世
芦田　園美
小嶋　心
高橋　史弥
森原　智美
福島　達也
澤野友規子
神田　康也
岩崎みなみ
後藤　明

三等賞

宮崎　圭
藤盛　耕嗣
中村　美涼
丸山　香織
小田登志子
金子　聖仁
池田　亜以
永田　容子
伊藤　奏絵
岩崎　茜
井上　直樹
合田　智揮
豊崎みち子
河原　紫織
池乃　大
日比　野敏
大友　実香
金戸　幸子
張　美紗子
大野美智子
梅舘秀次郎
吉田　陽介
奥村　眞子
森　眞由子
辻　尚子
松本　匡史
玉城ちはる
日田　翔太
五十嵐真未
原山　敬行
前川　友太
松本　健三
谷川　靖夫
長崎たまき
安田　翔
田中　敏裕
新井　香子
吉岡　孝行
高橋　稔
桑田　友美
荒井　智晴
伊勢野リサ
森井　宏典
佐藤　正子

特別掲載

横井　陽一
白井　省三
和中　清
伊藤　俊彦
堀江　徹
安田　太郎
市川　真也

「忘れられない中国滞在エピソード」
第1回 受賞者一覧

特別賞

衆議院議員 伊佐 進一

最優秀賞・中国大使賞

原 麻由美

一等賞

中関 令美
三本 美和
相曽 圭
瀬野 清水
田中 弘美

二等賞

浦井 智司
青木 玲奈
浅井 稔
佐藤 彩乃
秋山ひな子
大友 実香
大岡 令奈
吉田 怜菜
星出 遼平
坂本 正次

三等賞

濱田美奈子
石川 春花
長谷川玲奈
大石ひとみ
佐藤 力哉
山本 勝巳
臼井 裕之
古田島和美
中道 恵津
須田 紫野
大北 美鈴
桑山 皓子
金井 進
浜咲みちる
堀川 英嗣
小椋 学
中瀬のり子
岡沢 成俊
佐藤 正子
福田 裕一
清﨑 莉左
牧野 宏子
浦道 雄大
小林 謙太

佳作賞

藤田 安彦
奥野 有造
金谷 祥枝
中島龍太郎
北川絵里奈
宮川 暁人
服部 哲也
菅 未帆
西田 聡
伴場小百合
荻堂あかね
小山 芳郎
村上 祥次
高橋 豪
荒井 智晴

特別掲載

小島 康誉
武吉 次朗

「忘れられない中国留学エピソード」
受賞者一覧

特別賞

衆議院議員　近藤　昭一
参議院議員　西田　実仁

一等賞

堀川　英嗣
五十木　正
中村　紀子
小林　雄河
山本　勝巳
髙久保　豊
岩佐　敬昭
西田　聡
市川　真也
宮川　咲

二等賞

林　訑孝
千葉　明
鶴田　惇
林　斌
小林　美佳
山口　真弓
伊坂　安由
高橋　豪
吉田　咲紀
細井　靖
浅野　泰之
宇田　幸代
瀬野　清水
田中　信子
桑山　皓子

三等賞

廣田　智
岩本　公夫
稲垣　里穂
井上　正順
平藤　香織
畠山絵里香
矢部　秀一
吉永　英未
平岡　正史
池之内美保
石川　博規
井本　智恵
中根　篤
宮脇　紗耶
遠藤　英湖
塚田　麻美
根岸　智代
大上　忠幸
小林　陽子
坂井　華海

特別掲載

幾田　宏

付録

「忘れられない中国滞在エピソード」報道ピックアップ

日中両国のメディア各社などによる本コンクールへのご理解と精力的な報道に厚く御礼申し上げます。紙面の都合上、一部ではありますが報道記事を掲載し、コンクールの歩みを振り返りたいと思います。

ホームページ　大使館メッセージ　中国フォーカス　中日エクスプレス　中国ボイス　中国エクスプローラー

トップページ　> 大使館メッセージ

孔鉉佑大使、第4回「忘れられない中国滞在エピソード」コンテストの受賞者代表と会見

2021-11-23 09:00

１１月２２日、孔鉉佑大使は第４回「忘れられない中国滞在エピソード」コンテストの特別賞受賞者・落語家の林家三平氏、大使賞受賞者・会社員の田中伸幸氏らと会見した。大使館の張梅参事官、日本僑報社の段躍中編集長、張本景子社長らが同席した。

孔氏は、コンテストの受賞者に祝賀を表し、日本僑報社と受賞者が中日市民の相互理解、両国の民間交流のために努力してきたことを称え、引き続き中日友好に尽力し、両国の利益が溶け合い、民心が打ち解けるようにしてほしいと述べた。また中日関係発展の歩みを説明し、次のように指摘した。両国関係は幾多の困難を経てやっと今日の発展が実現した。来年は中日国交正常化５０周年であり、双方はこれを契機に、一段と交流を拡大し、友誼を増進し、小異を残して大同につき、中日関係の長きにわたる健全で安定的な発展を図るべきだ。より多くの日本の友人が感染症の終息後に中国を見て回り、実際の中国をさらに理解し、全面的・客観的な「中国観」を形成することを喜んで受け入れる。

日本側は自身の中国公演や交流などの経験を話し、次のように語った。実際に訪れ交流を通じて、まったく違う中国を知り、中国に対する印象がまったく変わった。日中は地理的に近く、文化が相通じており、たえず交流を強め、理解を増進するべきだ。今後引き続き身をもって、日中友好事業のため努力したい。

第４回「忘れられない中国滞在エピソード」コンテストは日本僑報社の主催で、駐日中国大使館、日中友好７団体などが後援している。募集対象は中国滞在経験のあるすべての日本人で、今回は計２１０本の作品が寄せられ、応募者は日本社会の各界をカバーしている。受賞作はすでに一冊の本に編集され、日本僑報社により刊行・発売された。

中華人民共和国駐日本国大使館HP（日本語）　2021年11月23日

中華人民共和国
駐日本国
大使館

… フォロー中

中華人民共和国駐日本国大使館
@ChnEmbassy_jp フォローされています
China government organization

中華人民共和国駐日本国大使館の公式Twitterです。中日関係、国民交流、また中国経済・文化・社会及び大使館行事などを皆様にご紹介させていただきます。大使館HPはこちらへchina-embassy.or.jp/jpn/

日本 china-embassy.or.jp/jpn/
2014年4月からTwitterを利用しています

766 フォロー中 **8.7万** フォロワー

中華人民共和国駐日本国大使館さんがリツイート

孔鉉佑 @AmbKongXuanyou · 13時間 …
「忘れられない中国滞在エピソード」中国大使賞、特別賞の受賞者、田中伸幸様と林家三平様@3pei_hayashiyaを迎えました。心温まるいい話、ありがとうございました。そして、ご受賞おめでとうございます！

孔鉉佑大使Twitter 2022年11月22日
（画像は中華人民共和国駐日本国大使館によるリツイート）

讀賣新聞 オンライン
2021年10月4日

ニュース > 国際

「忘れられない中国滞在エピソード」、赴任の思い出つづった会社員が最優秀賞に

2021/10/04 23:31 この記事をスクラップする

日中関係の書籍を出版する「日本僑報社」（東京都豊島区）が主催する「第４回忘れられない中国滞在エピソード」（読売新聞社など後援）の受賞作品が決まった。最優秀賞の中国大使賞には、三重県四日市市、会社員田中伸幸さん（４４）が浙江省杭州に駐在中の思い出をつづった「中国生活を支えた仲間」が選ばれた。特別賞は落語家の林家三平さんが受賞した。応募総数は約２１０点だった。

田中さんは作品で、慣れない環境に不安を抱えていた赴任当初、日本語を学びたい中国人が集う交流会に友人を作ろうと思い切って飛び込んだ経験を「大きな転機だった」と振り返った。

日本語の会話の練習相手になるだけでなく、中国人参加者から文化や考え方を学んで交流を深め、帰国から２年以上過ぎた現在も、オンラインで交流を続けているという。田中さんは「中国に滞在した思い出を記念に残そうと応募した」と話し、「当時の仲間たちにも受賞を伝えたい」と喜んだ。

２０２２年は日中国交正常化５０年の節目を迎えることから「貢献賞」を新設し、６点が選ばれた。受賞作を収めた作品集は１１月上旬に日本僑報社から刊行される。

中国網 Japanese.CHINA.ORG.CN

第4回「忘れられない中国滞在エピソード」コンクール受賞者発表

このほど日本僑報社が主催し、在日本中国大使館などが後援する第4回「忘れられない中国滞在エピソード」コンクールの受賞者が発表された。会社員の田中伸幸さんの「中国生活を支えた仲間」が最優秀賞（中国大使賞）に、落語家の林家三平さんの「日中文化のキャッチボールを絶やさないように」が特別賞に選ばれた。

日本企業で働く会社員の田中さんは受賞作の中で、杭州市に駐在している間、周囲の中国人の心のこもったサポートを受けて現地の生活に溶け込んでいった心温まる物語を伝えた。作品の中で、「中国滞在時は多くの仲間達と充実した時を過ごしていた。……私の自慢は、中国在住時から帰国した後の今でも素晴らしい日中友好交流を実施していることとたくさんの中国の仲間がいることだ」と感慨深く振り返っている。落語家の林家さんは受賞作の中で、「私は若い頃から幾度となく中国を訪れて人々の温かさを感じているので……昔から脈々と続いている文化のキャッチボールを絶やさないことが、今後の日中関係をいい方向にもってゆくために重要なことだと思います」と述べた。

このほか、大学生の服部大芽さんの「例えたどたどしくても、それはほんわか温かい」、公務員の西村栄樹さんの「本当の宝物」、高校生の林鈴果さんの「我愛中国！」、中国在住の日本語教師である久川充雄さんの「愉快な中国人」の4作品が一等賞に選ばれた。主催者によると、今年も例年に引き続き、上位受賞作品を1冊にまとめた受賞作品集を刊行し、11月に日本で発売するという。（編集KS）

「人民網日本語版」2021年10月7日

チャイナネット 2021年10月7日

www.news.cn
新华网
NEWS
www.xinhuanet.com

2021年12月2日

2021
12/02
21:15:48
来源：新华网

第四届“难忘的旅华故事”征文大赛颁奖典礼在线举行

字体：小 中 大　分享到：

新华网东京12月2日电（记者郭丹）近日，由日本侨报出版社主办的第四届“难忘的旅华故事”征文比赛颁奖典礼在线上举行。

日本著名落语家（日式单口相声名家）林家三平撰写的《继续传承日中文化交流》获得中国驻日本大使颁发的“特别奖”，日企驻华员工田中伸幸撰写的《支持我中国生活的小伙伴们》获得“中国大使奖”。

中国驻日本大使孔铉佑此前会见了两位获奖者，并在颁奖仪式当天发来贺词。孔铉佑积极评价日本侨报社及获奖者为加深中日民众相互理解、促进两国民间交流所作努力，鼓励其继续致力于中日友好，推动两国利益相融、民心相亲。孔铉佑表示，2022年是中日邦交正常化50周年，希望此次参赛选手的获奖作品集能给更多的日本人一个观察中国的新视角，成为日本民众与中国及中国人接触的契机，成为参与中日友好的原点。

11月22日，中国驻日大使孔铉佑（中）、中国驻日大使馆新闻和公共外交处参赞张梅（右二）在使馆会见“难忘的旅华故事”主办方日本侨报社总编段耀中（右一）、社长张本景子（左一）及获奖者等人。（图片来源：中国驻日大使馆官方网页）

林家三平在颁奖仪式上表示，他曾多次访问中国，真切感受到中国人的温暖。田中伸幸回忆了他在驻华期间因为生病受到许多中国小伙伴照顾的真实经历，他表示，返日后仍与许多中国小伙伴保持联系，中国朋友越来越多。

日本《读卖新闻》东京总社编辑局国际部副主任柳泽亨之出席了颁奖仪式。他表示，此次作文比赛让他看到了日中民间交流之中无数的感人场面，未来他将做更多有助于日中交流的报道。

前日本驻重庆总领事、日中协会理事长濑野清水也出席了颁奖仪式。他介绍说，虽然目前受疫情影响，很难前往中国，但是还有日本侨报社每周日举办的“汉语角”等在线交流活动。他希望日本民众能利用身边的机会，加深与中国民众的民间交流和相互理解。

第四届“难忘的旅华故事”征文比赛由日本侨报社主办，中国驻日本大使馆、日中友好七团体等担任协办单位。征文对象为有旅华经历的日本人，此次共征得稿件210篇，投稿人涵盖公务员、公司职员、学生、教师等日本社会各界人士。目前获奖文章已编辑成书，由日本侨报社在日本出版发行。

【纠错】【责任编辑:刘钟灵 李雪梅】

人民日报　2021年10月6日　星期三　3 要闻

多国政要和国际组织负责人祝贺中华人民共和国成立72周年

国际论坛

为地区经济发展繁荣夯基垒台

"祖国的发展让海外中企更加行稳致远"

——海外共建一带一路项目建设者心系祖国、坚守岗位

"让数字文明造福各国人民"

"为我们提供了学习实践的重要平台"

第四届"难忘的旅华故事"征文比赛结果揭晓

人民日报

2021年10月6日

第四届"难忘的旅华故事"征文比赛结果揭晓

《人民日报》（2021年10月06日　第 03 版）

本报东京10月5日电　（记者岳林炜）日前，由日本侨报社主办、中国驻日本大使馆等担任支持单位的日本第四届"难忘的旅华故事"征文大赛评选结果揭晓。田中伸幸撰写的《支持我中国生活的小伙伴们》获得"中国大使奖"，林家三平撰写的《继续传承日中文化交流》获得"特别奖"。

田中伸幸在一家日本企业工作。他的获奖作品回顾了他赴杭州工作期间，在周围中国人的热心帮助下融入当地生活的温暖故事。他在文中感慨："在中国，我和很多小伙伴度过了充实的时光。我引以为傲的是，我的中国朋友越来越多。"日本相声演员林家三平在获奖作品中写道："我从年轻时开始就多次访问中国，感受到了中国人的温暖。我认为，从古至今一脉相承的日中文化交流要不断地传承下去，这对于今后日中关系向更好的方向发展非常重要。"

另外，日本大学生服部大芽的《在中国感受到的温暖》、公务员西村荣树的《真正的宝物》、高中生林铃果的《我爱你，中国！》、在华日语教师久川充雄的《愉快的中国人》等4部作品获得一等奖。据主办方介绍，本次征文比赛的获奖作品将和往年一样辑集出版，并于今年11月在日本全国上市。

驻日本大使孔铉佑向第三届“难忘的旅华故事”征文比赛线上颁奖仪式发送书面致辞

2020/12/02

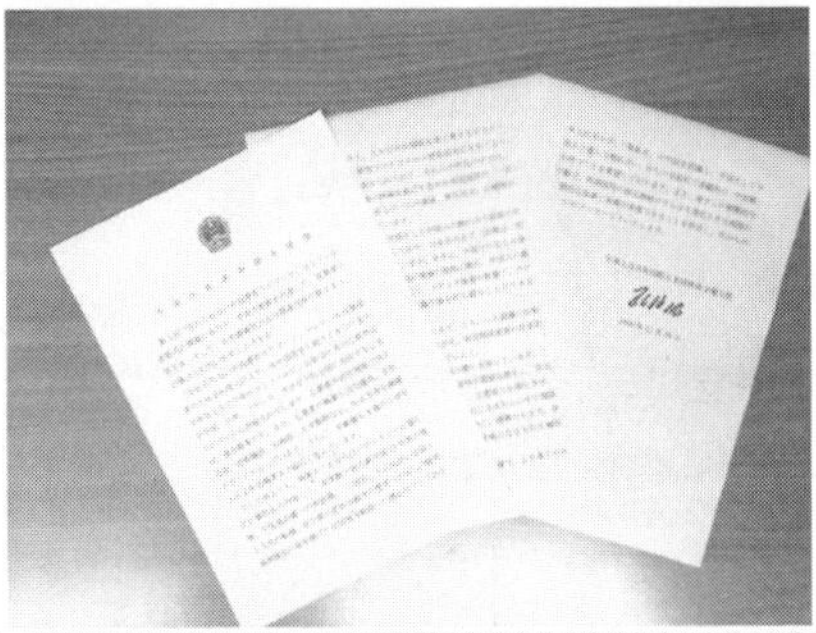

11月29日，由日本侨报社主办、中国驻日本大使馆任后援单位的第三届“难忘的旅华故事”征文比赛举办线上颁奖仪式，驻日本大使孔铉佑向仪式发送书面致辞。

孔大使祝贺比赛成功举办并表示，在各方不懈努力下，“难忘的旅华故事”征文比赛连年取得新发展。今年共有居住在中国、日本、法国、智利等四个国家的日本朋友投稿参赛，参赛者居住范围之广创历届之最。参赛作品主题涵盖新中国71年来的发展历程、阅读《三国志》获得的人生转机、对中国制造的重新认识、对中日间悲惨战争历史的独立探究以及对中国基层扶贫干部的崇敬等，不少参赛作品围绕抗击新冠肺炎疫情，生动描绘了中日民众面对共同挑战展现出的“一衣带水、同舟共济”、“山川异域、风月同天”的宝贵精神。

孔大使表示，许多参赛者在作品中谈到了与中国和中国人接触前后对华情感的转变，异口同声地发出了“百闻不如一见”的感慨。大家正是通过亲身体验，第一次直接触摸到中国强劲的发展脉搏，真切感受到中国人的亲切随和，从而打破了受媒体报道影响而形成的脸谱化对华印象。

孔大使表示，国之交在于民相亲，对华认知的好转有助于两国国民情感的改善，也将有助于巩固中日关系发展的民意基础。当前中日关系保持改善发展势头。不久前，习近平主席与菅义伟首相首次进行通话，双方一致同意不断增进政治互信，深化互利合作，扩大人文交流，努力构建契合新时代要求的中日关系。新形势下，中日民间交流必将进一步蓬勃发展。

孔大使表示，希望更多日本朋友通过征文比赛，认识一个真实的中国，独立形成全面客观的“中国观”。期待大家积极行动起来，推动两国民众相互理解不断深化，实现中日关系持续改善发展。

“难忘的旅华故事”征文比赛由日本侨报社主办，中国驻日本大使馆、日中友好协会等担任后援单位。征文对象为所有有旅华经历的日本人，第三届比赛共征得稿件219篇，获奖文章已编辑成册，由日本侨报社在日本出版发行。

“特别奖”获得者、众议院议员海江田万里

“中国大使奖”获得者、公司职员池松俊哉

“特别奖”获得者、参议院议员矢仓克夫

中華人民共和国駐日本国大使館HP　2020年12月2日

第五届日本人讲述“难忘的中国故事”征文大赛评选结果揭晓

播报文章

中国青年报
2022-09-21 19:36 中国青年报社
关注

中国青年报客户端东京9月21日电（中青报·中青网驻日本记者 贾沂蒙）为纪念中日邦交正常化50周年，由日本侨报出版社主办，中国驻日本大使馆、读卖新闻社等协办的第五届日本人讲述“难忘的中国故事”征文大赛，经过半年多的征稿和严格审查，于9月21日揭晓评选结果。高中生中之濑幸荣获最优秀奖“中国大使奖”；日本前国土交通大臣、众议院议员赤羽一嘉，演员关口知宏、矢野浩二分别荣获“特别奖”。

在上海留学的日本女高中生中之濑幸在获奖作品《我通过隔离生活成长了》中，讲述自己离开父母和家人，与身边中国人共同抗疫的经历。“我体验到了中国邻居的温暖，在看不见的地方，有很多中国朋友在支持自己，”中之濑幸说，“虽然因隔离期间的不自由而难过，但我看到了上海人新的一面”。评委之一的日本侨报出版社总编辑段跃中表示，中之濑幸通过自己在中国的真实体验，写出了令人感动的抗疫故事，传播了齐心抗疫的正能量，实在难能可贵。

曾任日本国土交通大臣的众议院议员赤羽一嘉的《惊喜不断的中国驻在生活》被授予“特别奖”。文中生动地记录了他年轻时作为三井物产公司职员派驻北京的故事。他在获奖作品中写道：“我本人将尽绵薄之力，通过促进国民间友好往来，加深两国经济、文化、艺术、体育、旅游交流等，以此加强日中友好纽带。”

出演过日本广播协会（NHK）纪录片《关口知宏之中国铁道大纪行》的知名演员关口知宏在获奖作品《异乡有悟》中，讲述了他在中国铁路旅行时受到热烈欢迎的故事，并表示中国之行最大的收获是对自己和日本有了重新认识。

中国青年报
2022年9月21日

首页 → 国际新闻

分享到：

第五届日本人讲述“难忘的旅华故事”征文大赛结果揭晓

中新网东京9月22日电 (记者 朱晨曦)为纪念中日邦交正常化50周年，由日本侨报出版社主办，中国驻日本大使馆等担任支持单位的第五届日本人讲述“难忘的旅华故事”征文大赛评选结果21日揭晓。

高中生中之濑幸获比赛最高奖项“中国大使奖”，日本前国土交通大臣、众议院议员赤羽一嘉，演员关口知宏、矢野浩二分别获“特别奖”。此外还评出一等奖4人、二等奖10人、三等奖25人。

在上海留学的日本女高中生中之濑幸在获奖作品《我通过隔离生活成长了》一文，讲述她离开父母和家人，与身边的中国人共同抗疫的故事。“我体验到了中国邻居的温暖，在看不见的地方，有很多中国朋友在支持自己。”中之濑幸说。评委之一的日本侨报出版社总编辑段跃中指出，一个外国人通过自己在中国的真实体验，写出了令人感动的抗疫故事，传播了齐心抗疫的正能量，实在是难能可贵。

曾任日本国土交通大臣的众议院议员赤羽一嘉在获奖作品《惊喜不断的旅华生活》中生动地记录了他年轻时作为三井物产公司职员派驻北京的故事。“我本人将尽绵薄之力，通过促进国民的友好往来，加深两国经济、文化、艺术、体育、旅游交流等，以此强固日中友好纽带。”他在获奖作品的最后表示。

出演过日本广播协会(NHK)纪录片《关口知宏之中国铁道大纪行》的知名演员关口知宏在获奖作品《异乡有悟》中，讲述了他在中国进行铁路旅行时受到热烈欢迎的故事。

活跃在中日两国的演员矢野浩二在获奖作品《推动日中两国市民彼此更亲近》中，讲述了他20多年中国演艺活动中的趣闻、友情和感动，他表示要为日中两国的交流做出更大贡献。

据主办方介绍，本次征文大赛来稿数量比去年增加一成以上，投稿人涵盖公务员、医生、学生、教师、围棋棋手等日本社会各界人士。获奖作品将在今年10月由主办方日本侨报出版社以《惊喜不断的旅华生活》为名结集出版。(完)

【编辑:九庆玲】

中国新闻网 中新网
WWW.CHINANEWS.COM
2022年9月22日

讀賣新聞 2021年10月5日

中国滞在記 田中さん最優秀賞

日中関係の書籍を出版する「日本僑報社」（東京都豊島区）が主催する「第４回忘れられない中国滞在エピソード」（読売新聞社など後援）の受賞作品が決まった。最優秀賞の中国大使賞には、三重県四日市市、会社員田中伸幸さん（44）が浙江省杭州に駐在中の思い出をつづった「中国生活を支えた仲間」が選ばれた。特別賞は落語家の林家三平さんが受賞した。応募総数は約210点だった。

讀賣新聞 2022年（令和4年）2月2日 水曜日

新聞東京本社 〒100-8055 東京都千代田区大手町1-7-1 電話(03)3242-1

中国滞在エピソード作文募集

東京都内の出版社「日本僑報社」が日本人を対象に、中国滞在中の思い出などをつづる作文コンクール「忘れられない中国滞在エピソード」（読売新聞社など後援）の作品を募集する。応募期間は５月９～20日。日本語で1900～2000字にまとめる。メールで50@duan.jpに送る。募集要領の詳細は同社ウェブサイトに記されている。

日中国交正常化から50年の今年は、滞在経験がなくても応募できるテーマ「日中国交正常化50周年を思う」、「次の50年・日中交流への提言」も設けた。段躍中編集長は「今後50年の両国関係を考えるきっかけになれば」と語る。

毎日新聞 2022年1月12日

■忘れられない中国滞在エピソード

日本僑報社が主催する第４回「忘れられない中国滞在エピソード」の最優秀賞（中国大使賞）に会社員、田中伸幸さんの「中国生活を支えた仲間」が輝いた。特別賞は落語家、林家三平さんの「日中文化のキャッチボールを絶やさないように」。中国への旅行、留学生活のエピソードなどをつづった作品を募集し今回は210点が寄せられた。受賞作を収めた「中国生活を支えた仲間」＝写真＝を販売している。2750円。

公募ガイド 2022年4月8日

文芸　アート　写真・動

＼第5回／

体験記・作文ほか　「忘れられない中国滞在エピソード」募集　副賞 10万円　前回 208編　原稿 1900〜2000字　2022 5/20

近くて近い国！中国とわたしのイイ話

今年は日中国交正常化50周年。お隣なのに、知らないことも多い。そこで、あなたが知る中国を伝えよう。滞在経験者はもちろん、中国に行ったことがない人の思いや提言もOK。「今後の日中関係を考えるヒントとなる作品に」と、代表の段躍中さん。(三)

●内容／中国滞在エピソードを募集。テーマは①中国生活を支えた仲間、②中国産の現場を訪ねて、③中国で叶えた幸せ、④心と心つないだ餃子、⑤私を変えた北京の夏、⑥生きる希望と光を与える三国志、⑦私の初めての中国、⑧日中国交正常化50周年を思う、⑨次の50年・日中交流への提言。　●規定／メールで応募。本文はA4判Word形式で1900〜2000字。横書き。A4判別紙に、氏名(ふりがな)、生年月日、年齢、性別、〒住所、職業、メールアドレス、TEL、微信ID(あれば)、作品タイトル、本賞への応募歴、略歴(200字程度)を明記して添付。件名は「(応募者名)＋第5回応募」。エントリーシートをWEBから入手も可。応募数自由。　●資格／現在滞在中も含め、中国に行ったことのある日本人(⑧⑨はすべての日本人可)　●賞／最優秀賞・中国大使賞1編＝10万円、ほか　●応募期間／5月9日〜20日　●発表／10月下旬予定

応募先 50@duan.jp　問合せ 03-5956-2808　03-5956-2809　(同応募先)　http://duan.jp/cn/2022.htm　主催：日本僑報社

登竜門

日本最大級のコンテスト情報サイト

2022年2月25日

登竜門とは　ニュース　特集　結果発表　メルマガ登録

2022.2.25掲載

あと84日

第5回 忘れられない中国滞在エピソード

Googleカレンダーに追加

● 文芸・コピー・論文

締切

2022年05月20日(金)
作品提出・応募締切、必着

賞

●最優秀賞・中国大使賞（1名）　賞金10万円
●1等賞（4名）　3万円相当の書籍
●2等賞（10名）　2万円相当の書籍
●3等賞（25名）　1万円相当の書籍
●団体賞（10作品以上応募した大学・企業等を対象に授与）

Record China

2022年2月10日

重要ニュース　最新　カテゴリー　オリジナル記事

TOP ＞ 社会

中国での「とっておきのエピソード」はありませんか？ 第5回「忘れられない中国滞在エピソード」大募集！

日本僑報社　2022年2月10日(木) 17時0分

2022年は日中国交正常化50周年の節目の年です。これを記念して日本僑報社主催、駐日中国大使館・読売新聞社など後援の第5回「忘れられない中国滞在エピソード」コンクールを開催します。

2022年は日中国交正常化50周年の節目の年です。これを記念して日本僑報社主催、駐日中国大使館・読売新聞社など後援の第5回「忘れられない中国滞在エピソード」コンクールを開催します。

【その他の写真】

誰かに教えたくなるような現地でのとっておきのエピソード、学びと感動のストーリー、国境を超えた心のふれあい、驚くべき体験や新たな発見、心震わせる感動の物語、中国の奥深い魅力、不幸な歴史の記憶への共感といった貴重な記録の数々…中国滞在経験者以外あまり知られていない、日本人が見たありのままの中国の姿、真実の体験記録など、両国のウインウインの関係に寄与するポジティブエネルギーに満ちたオリジナリティーあふれる作品を、是非お寄せ下さい。

世界に通用する18歳
立命館慶祥中学校・高等学校　NEWS　2021年10月1日

「忘れられない中国滞在エピソード」一等賞！

本校生徒の林鈴果さんが、「第４回忘れられない中国滞在エピソード」（日本僑報社主催、駐日中国大使館・読売新聞社など後援）で一等賞を受賞しました。林さんには３万円相当の書籍が贈られ、受賞作品を１冊にまとめた受賞作品集が刊行される予定です。

「忘れられない中国滞在エピソード」は、留学・駐在経験者、旅行者など、現在滞在している人も含めて、実際に中国に行ったことのある全ての日本人を対象にしたコンクールです。日中国交正常化49周年の9月29日に第４回の受賞者が発表され、落語家の林家三平氏が特別賞を受賞しました。

三重県出身の林さんは、両親の海外赴任に伴ってタイと中国に居住、深圳日本人学校中学部を卒業して昨年本校に入学しました。

週刊　観光経済新聞　2021年12月6日

本だな

中国生活を支えた仲間　「忘れられない中国滞在エピソード」第４回受賞作品集

林家三平、田中伸幸など47人共著、段躍中編

日本僑報社は、日中の相互理解、文化・人的交流を促進するため２０１７年から毎年、実際に中国に行ったことのある日本人を対象として「忘れられない中国滞在エピソード」コンクールを開催している。２０２１年に開催された第4回の同コンクールの作品集。

今回のコンクールでは、北海道から九州まで25都道府県にわたる日本各地と中国各地から約２１０本の応募があった。年代別では40代以下を中心に、最年少は14歳、最年長は85歳と幅広い世代にわたる。最優秀賞となる中国大使賞（１人）、１等賞（４人）、２等賞(10人)、３等賞（25人）、貢献賞（６人）が選ばれた。

日本僑報社の段躍中氏はあとがきでこう語る。

「経験者以外にはあまり知られていない、日本人が見たありのままの中国の姿が綴られており、真実の体験記録です。そこには中国滞在中の国境を超えた心のふれあいや中国の奥深い魅力、そして不幸な歴史の記憶への共感などがつぶさに記されています。この貴重な記録の数々を、より多くの方々、特に若い世代の皆さんに伝えたい」。

発行は日本僑報社。定価は本体２５００円（税別）。

日本文化交流　2022年5月1日

◎第5回忘れられない中国滞在エピソード

日本僑報社（段躍中代表）が主催する日本人を対象とした作文コンクール「第5回忘れられない中国滞在エピソード」では、5月9日から20日まで、「日中国交正常化50周年を思う」「誰かに教えたくなるような中国でのエピソード」などを募集する。字数は１９００字から２０００字。

応募方法は、日本僑報社のＨＰ（http://duan.jp/cn/2022.htm）から確認できる。

返回目录　放大　缩小　全文复制　　上一篇　下一篇

《探访中国制造现场》在日本出版

《人民日报海外版》（2020年11月12日　第07版）

人民日報
2020年11月12日

本报电　（段跃中）《探访中国制造现场——第三届"难忘的旅华故事"获奖作品集》近日由日本侨报出版社出版。

征文以所有实际去过中国的日本人为对象，包括有留学及驻在经历的人、旅行者和现在在中国的日本人，收到的219部参赛作品出自居住在中国、日本、法国、智利等四国的日本朋友。

获奖作品集收录了荣获特别奖的众议院议员海江田万里、参议院议员矢仓克夫和荣获中国大使奖的池松俊哉的《百闻不如一见》等82篇获奖作品，书中记载了他们真实的中国体验、超越国境的心灵接触、中国深邃的魅力、对不幸历史记忆的共鸣以及中日相互帮助、携手战胜新冠肺炎疫情的感人记录。

中国驻日本大使孔铉佑寄语祝贺并表示，本次比赛投稿作品内容丰富，许多人在作品里写道，在真正接触到中国，实际和中国人打交道后，自己的对华感情发生了好转，大家异口同声地感叹道"百闻不如一见"。希望更多日本朋友通过本书认识一个真实、完整的中国，积极主动接触了解中国和中国人，形成全面客观的"中国观"。

中华人民共和国驻日本国大使馆

首页　使馆快讯　聚焦中国　中日动态　倾听中国　探索中国

大使专栏

使馆介绍

驻日本大使孔铉佑会见第四届"难忘的旅...

使馆快讯

驻日本大使孔铉佑会见第四届"难忘的旅华故事"征文比赛获奖者代表(2021-11-22) NEW

孔铉佑大使出席中国女排在日本大阪首夺世界冠军40周年纪念活动并致辞（2021-11-16）

驻日本大使孔铉佑会见全日空社长

驻日本大使孔铉佑会见第四届"难忘的旅华故事"征文比赛获奖者代表

2021-11-22 17:17

11月22日，驻日本大使孔铉佑会见第四届"难忘的旅华故事"征文比赛特别奖获得者、落语家林家三平,大使奖获得者、会社职员田中伸幸等。我馆张梅参赞，日本侨报社总编段跃中、社长张本景子等在座。

孔大使对征文比赛获奖者表示祝贺，积极评价日本侨报社及获奖者为加深中日民众相互理解、促进两国民间交流所作努力，鼓励其继续致力于中日友好，推动两国利益相融、民心相亲。孔大使介绍中日关系发展历程，指出两国关系历经风雨才得以实现今天的发展。明年是中日邦交正常化50周年，双方应以此为契机，进一步扩大交流、增进友谊，求大同、存小异，推动中日关系长期健康稳定发展。欢迎更多日本朋友疫情平息后到中国走一走，看一看，进一步了解真实的中国，形成全面客观的"中国观"。

日方谈及自身赴华演出和交流等经历，表示通过实地走访和交流，认识了一个完全不一样的中国，完全改变了对中国的印象。日中地理相近、文化相通，应不断加强交流，增进理解。今后愿继续身体力行，为日中友好事业作出努力。

第四届"难忘的旅华故事"征文比赛由日本侨报社主办，中国驻日本使馆、日中友好七团体等担任后援单位。征文对象为所有有旅华经历的日本人，此次共征得稿件210篇，投稿人涵盖日本社会各界人士。获奖文章已编辑成书，由日本侨报社在日本出版发行。

中華人民共和国駐日本国大使館 HP（中国語） 2021年11月22日

人民网 people.cn 日本語版 2021年10月6日

第4回「忘れられない中国滞在エピソード」コンクール受賞者発表

人民網日本語版　2021年10月06日15:59

このほど日本僑報社が主催し、在日本中国大使館などが後援する第4回「忘れられない中国滞在エピソード」コンクールの受賞者が発表された。会社員の田中伸幸さんの「中国生活を支えた仲間」が最優秀賞（中国大使賞）に、落語家の林家三平さんの「日中文化のキャッチボールを絶やさないように」が特別賞に選ばれた。

日本企業で働く会社員の田中さんは受賞作の中で、杭州市に駐在している間、周囲の中国人の心のこもったサポートを受けて現地の生活に溶け込んでいった心温まる物語を伝えた。作品の中で、「中国滞在時は多くの仲間達と充実した時を過ごしていた。……私の自慢は、中国在住時から帰国した後の今でも素晴らしい日中友好交流を実施していることとたくさんの中国の仲間がいることだ」と感慨深く振り返っている。落語家の林家さんは受賞作の中で、「私は若い頃から幾度となく中国を訪れて人々の温かさを感じているので……昔から脈々と続いている文化のキャッチボールを絶やさないことが、今後の日中関係をいい方向にもってゆくために重要なことだと思います」と述べた。

このほか、大学生の服部大芽さんの「例えたどたどしくても、それはほんわか温かい」、公務員の西村栄樹さんの「本当の宝物」、高校生の林鈴果さんの「我愛中国！」、中国在住の日本語教師である久川充雄さんの「愉快な中国人」の4作品が一等賞に選ばれた。主催者によると、今年も例年に引き続き、上位受賞作品を1冊にまとめた受賞作品集を刊行し、11月に日本で発売するという。（編集KS）

「中国を、あなたの言葉で語ろう」

日本僑報社主催・第5回「忘れられない中国滞在エピソード」募集要項

日中関係の書籍出版や、日本語作文コンクールなどを主催している日本僑報社が、第5回「忘れられない中国滞在エピソード」コンクールを開催します。

要項は次のとおり。

▽募集資格＝留学・駐在経験者、旅行者など実際に中国に行ったことのある日本人（現在滞在している人も含む）

▽テーマ＝「日中国交正常化50周年を思う」または「次の50年・日中交流への提言」

▽募集受付期間＝5月9日（月）～20日（金）

▽応募方法＝①本文（A4、Ｗｏｒｄ形式、横書き、日本語２０００文字まで②エントリーシートtaizai_entrysheet.doc（live.com）の①と②を添えてメールで送信

▽送り先＝Eメール50@duan.jp　メール件名は「（応募者氏名）と第5回応募」と明記

▽賞・特典＝最優秀賞・中国大使賞（1人）賞金10万円

1等賞（4人）3万円相当の書籍

2等賞（10人）2万円相当の書籍

3等賞（25人）1万円相当の書籍

団体賞（10作品以上応募した大学・企業などを対象に授与）

▽主催・問い合わせ＝日本僑報社「忘れられない中国滞在エピソード」事務局　張本☎03（5956）２８０８

日中友好新聞

2022年3月1日

2021年4月1日

2022年5月15日

私と中国

〈1066〉

「忘れられない中国滞在エピソード」で「中国大使賞」を受賞

田中　伸幸さん

日中相互理解促進に努力したい

3月27日に開催された第694回東京漢語角（中国語サロン）オンライン交流会の司会は、第4回「忘れられない中国滞在エピソード」の最優秀賞（中国大使賞）を受賞した会社員の田中伸幸さんが務めました。

昨年末、孔鉉佑大使は中国大使館で田中さんに大使賞の賞状を授与したほか、記念品も贈りました。さらに、コンクール主催者からは賞金10万円が贈られました。

孔大使は、田中さんに祝賀を表し、主催者と受賞者が中日市民の相互理解、両国の民間交流のために努力してきたことを称え、引き続き中日友好に尽力し、両国の利益が溶け合い、民心が打ち解けるようにしてほしいと述べました。

また、中日国交正常化50周年を契機に、中日双方が一段と交流を拡大し、友誼を増進し、中日関係の長きにわたる健全で安定的な発展を図るべきだ、と強調しました。

田中さんは受賞後、マスコミに「これからも日中相互理解促進に一層努力する」と、決意を述べました。本当に有言実行になっています。田中さんは中国杭州滞在中に参加していた日語角の仲間や日本在住の中国語学習者と共にオンライン日中交流会を設立し、言語交流を通じて日中友好を図っています。さらに東京漢語角のオンライン交流会にも司会者の1人として尽力し、毎回の充実したプログラムで参加者から高い評価を受けています。

田中さんは、1976年福岡生まれ、東京育ち。東京理科大学卒業後、大手電機メーカーに就職し、ソフトウェア開発に従事。長野県、三重県勤務を経て中国杭州に2年駐在。現在は三重県在住。2021年「中国生活を支えた仲間」をテーマに、第4回「忘れられない中国滞在エピソード」最優秀賞（中国大使賞）を受賞しました。（段躍中）

第4回「忘れられない中国滞在エピソード」大募集

最優秀賞・中国大使賞1名に賞金10万円も！

日本僑報社（段躍中代表）は2021年、中国に行ったことのある日本人を対象とした第4回「忘れられない中国滞在エピソード」作文コンクールを実施します。

募集要項は以下の通り。

1、テーマ

【今年の特別テーマ】

①コロナとの闘いから感じた日中の絆

②ポストコロナ時代の日中交流

【一般テーマ】

①「中国のここが好き、これが好き」

②私の初めての中国

③中国で叶えた幸せ

④観光、留学、ビジネス、文化交流などを通して感じた中国の魅力

⑤中国で人との出会い、文化・習慣・価値観などの違いから気づいたこと

⑥中国のSNSやIT技術の進歩、イノベーションなどから見た中国

⑦不幸な歴史の記憶への共感

※テーマの選択は自由。複数応募も可能。

2、応募資格

留学・駐在経験者、旅行者など、実際に中国に行ったことのある日本人（現在滞在している人も含む）。

特別テーマは中国滞在経験の有無にかかわらず、すべての日本人が応募できます。

3、賞・特典

応募作の中から最優秀賞・中国大使賞1名（賞金10万円）、1等賞4名（3万円相当の書籍）、2等賞10名（2万円相当の書籍）、3等賞25名（1万円相当の書籍）、団体2賞（10作品以上応募した大学・企業などを対象に授与）

4、応募方法

（1）文字数＝本文・日本語1900字以上２０００字以内。（タイトルは含まない）

※本文のほか、エントリーシート（http://duan.jp/cn/taizai_entrysheet.doc）からダウンロードし必要事項を記入、本文とエントリーシートを添付。メール件名に「応募者の氏名と第4回応募」と明記すること。

（2）送付先＝40@duan.jp

（3）受付期間＝5月10日（月）～5月20日（木）必着

▼問い合わせ

☎03（5956）２８０８、ＦＡＸ03（５９５６）２８０９

E-mail＝40@duan.jp

URL＝http://duan.jp/cn/

担当＝張本《はりもと》

日中のポジティブな情報発信を続ける

段 躍中

30年前の8月、初めて日本の土を踏んだ。当時33歳の私は「日本円ゼロ、日本語ゼロ、日本人脈ゼロ」であることから「3ゼロ青年」と言われた。

留学生時代の5年間は、多くの日本の皆さんに日本語を教えていただき、アルバイトも一生懸命した。博士課程在籍中の1996年に、日本のメディアにおける在日中国人のマイナスな報道が大変多いことを少しでも変えたく、同胞たちの活躍情報を発信するため、出版社「日本僑報社」を創設し、以来25年間、『在日中国人大全』など400点以上の書籍を刊行し、日中のポジティブな情報発信を続けている。

書籍出版のかたわら、中国人向けの日本語作文コンクール、日本人向けの「忘れられない中国滞在エピソード」を同時に主催している。日中友好の基礎は民間にあり、中国の日本ファン、日本の中国ファンを1人でも多く育てることができたらと考えているからだ。

中国人の日本語作文コンクールは今年で17回目、中国全土の大学や大学院、専門学校、高校など約500校から延べ約6万人の応募があり、たくさんの優れた作文が受賞した。特に最優秀賞受賞者の訪日の時、日中友好協会本部を表敬訪問させていただき、「日中友好新聞」にいつも大きく取り上げていただいたこと、この場を借りて深くお礼を申し上げたい。

「忘れられない中国滞在エピソード」は、今年で5回目。約9割の日本人が中国に対する親近感があまりない時勢に、実名で中国での感動を語ってくださる皆さんに感謝したい。特に多くの協会員が応募され、昨年は大阪と福岡在住の協会員2人が一等賞を受賞、素晴らしい作品が多くの読者から賞賛された。改めてお礼を申し上げたい。

中国に関する情報は依然マイナスなものが多く、日中友好をめざしている方、特に若い方は、もっと発信者として、SNSなどニューメディアを活用し、日中両国のポジティブな情報を積極的に発信してほしい。

そのような目標をめざして、2018年に日中ユースフォーラムを新たに創設し、日本語作文コンクールと「忘れられない中国滞在エピソード」コンクールで受賞した若者に主役になってもらい、それぞれの体験と提言を語ってもらっている。

昨年末に開催した第3回の成果として『ポストコロナ時代の若者交流』をタイトルに単行本の刊行もできた。日中両国の若者たちの知識に裏打ちされた意見は、これからの日中関係の改善と発展を促進するヒントを探り、両国に新たな活力とポジティブエネルギーを注ぎ込むものであり、若者ならではの視点による具体的かつ有意義なアイデアに満ちあふれている。日中交流正常化に向けた取り組みには、この本が参考になると信じている。

21世紀の日中交流に資することをめざして、より良い書籍、より実りあるイベント開催をこれからも頑張っていきたい。皆さん、よろしくお願い申し上げます。

（日本僑報社代表）

日中友好新聞　2021年10月15日

www.news.cn 新华网 NEWS www.xinhuanet.com

专访：百闻不如一见——日本侨报社“第三届难忘的旅华故事”征文获奖者池松俊哉眼中的中国制造

2020-11-18 20:07:49　来源：新华网

关注新华网

微信

微博

新华社东京11月18日电 专访：百闻不如一见——日本侨报社“第三届难忘的旅华故事”征文获奖者池松俊哉眼中的中国制造

新华社记者郭丹

“中国工厂的高标准、高效率让我吃惊。中国人的友善、好客让我感动。”近日，在日本侨报社主办的“第三届难忘的旅华故事”征文比赛中荣获中国大使奖的日本青年池松俊哉这样讲述他的中国之旅感受。

今年32岁的池松俊哉，在日本著名的罗森便利连锁公司总部从事原料采购、调配及商品开发工作。2019年7月，因工作原因，池松被派往中国相关食品供应企业进行考察，开始了他首次中国之旅，这也为他参加“第三届难忘的旅华故事”征文活动创造了条

2020年11月18日

返回　上一篇　放大+　缩小-　默认○　朗读

日本民众撰文讲述“难忘的旅华故事”

第三届“难忘的旅华故事”征文比赛近日公布评选结果。在日本一家企业工作的池松俊哉撰写的《百闻不如一见》获得“中国大使奖”。

池松俊哉讲述了2019年去中国考察食品工厂的见闻。“我在全国约有1.4万家店铺的连锁便利店总部、做着原料采购和商品开发的工作。现在，连锁便利店的供应离不开中国。例如，收银台旁边热柜里的炸鸡、配菜蒸鸡、鸡胸肉沙拉等，原料大多数都是中国产的。这不仅仅是因为其价格优势，还有高水平的品质管理和技术实力。”池松俊哉在文章开头写道。他亲眼见证了中国食品工厂的先进质量管理、高水平卫生标准以及中国人民的热情好客。文章最后写道：“百闻不如一见。只要去一次中国，你也会像我一样成为中国的粉丝。”

比赛还有5篇作品获一等奖，分别是星野信的《日中携手战胜新冠肺炎》、岩崎春香的《山川异域风月同天》、畠山修一的《和焦裕禄精神在一起》、田丸博治的《追寻战争真相之旅》和佐藤奈津美的《给予生活希望和光明的三国演义》。

人民网

仙游今報　2020年11月27日

毎日新聞

2020年6月3日

■「忘れられない中国滞在エピソード」募集中

日本僑報社は「忘れられない中国滞在エピソード」の原稿を募集している。一般テーマは「中国のここが好き」「中国で考えたこと」など。中国に行った経験のある日本人なら応募できる。3回目の今年は「中国で新型肺炎と闘った日本人たち」など特別テーマを設定。すべての日本人、中国人が応募できる。応募作のうち70点を作品集として刊行する予定。最優秀賞（中国大使賞）には賞金10万円を贈る。応募は原則メール（70@duan.jp）で6月15日必着。応募方法や過去の受賞作品などを専用サイト（http://www.duan.jp/cn/）で紹介している。

公明新聞

2021.4.23

◆第4回「忘れられない中国滞在エピソード」募集

応募資格は留学・駐在経験者、旅行者など、実際に中国に行ったことのある日本人（現在滞在している人も含む）。詳細はhttp://duan.jp/cn/2021.htmで参照を。文字数は1900～2000字で。応募期間は5月10～20日。入選発表は10月上旬の予定。作品はEメールアドレス＝40@duan.jpに送信を。毎年受賞作品集を書籍として出版する。詳しい問い合わせは日本僑報社☎03・5956・2808へ。

讀賣新聞

2021年3月23日

中国滞在エピソード募集

日中関係の書籍を多く出版する「日本僑報社」（東京都）が、日本人を対象に、「忘れられない中国滞在エピソード」（読売新聞社など後援）を募集する。

中国旅行や留学生活などで気がついた魅力や、滞在中にかなえた幸せを、2000字以内でまとめる。新型コロナウイルスの流行を受け、中国を実際に訪れたことがなくても応募できる特別テーマ「コロナとの闘いから感じた日中の絆」「ポストコロナ時代の日中交流」も設けた。

応募はメールで40@duan.jpへ。受付期間は5月10～20日。詳細は同社ホームページで。編集長の段躍中氏は、「自分の言葉で中国を語り、相互理解を深めてほしい」と呼びかけている。

人民中国 PEOPLE'S CHINA

2021.1

「中国産の現場を訪ねて」

海江田万里など 著　段躍中 編集

同書は中国に行ったことのある全ての日本人を対象にした、日本僑報社が主催する第3回「忘れられない中国滞在エピソード」の受賞作品集だ。特別賞に輝いた海江田万里衆議院議員、矢倉克夫参議院議員の作品をはじめ、最優秀賞・中国大使賞を受賞した池松俊哉さんの「百聞は一見に如かず」など82編の受賞作を収録。そこには実際の中国での体験や国境を超えた心の触れ合い、中国の奥深い魅力、不幸な歴史の記憶への共感、そして中日が互いに助け合いながら新型コロナを乗り越えようとする感動的な物語がつぶさに記録されている。孔鉉佑駐日中国大使が同書の刊行に当たり、「この作品集の刊行で、より多くの日本の方々が、等身大の中国を認識し、全面的で客観的な中国観を持つことを希望しております」と特別メッセージを寄せている。（日本僑報社 2020年11月　2860円<税込み>）

中国滞在で得たこと

日中友好の進展をめざして出版する日本僑報社（東京）の作品集『中国産の現場を訪ねて／忘れられない中国滞在エピソード』に寄稿した。そこで要約してお伝えしてみたい。

◇

「中国に行こう」。米国の法律事務所で働いていた2005年、心が直感的に叫びました――「これからの世界を知るには中国を知らなければ駄目だぞ」と。06年6月、勇んで上海へ。タクシーの運転手に復旦《ふたん》大学の住所を書いた紙を手渡し、身振り手振りで何とかたどり着きました。

24時間すべて中国語、中国語、中国語漬け。学校に行く途中もベッドの中でも中国語。屋台で売っている3元（当時のレートで45円）の焼きそばを食べながら猛勉強でした。時間があればバスで中心部へ移動。上海語と普通語が入り混じる車内が好きでした。

日本僑報社「中国滞在エピソード」特別賞受賞の賞状と本を手にする矢倉氏

公明党参院議員　矢倉 克夫

人民公園では、中国将棋をしている人たちといつも会話しました。古きと新しきが同居した新世紀中国の胎動を現場で感じることができたことは、間違いなく私の一生の財産です。

07年に北京へ。法律事務所の職に就《つ》きました。合間に太極拳を踊ったり、カフェでゆったり仕事も。当時は建設ラッシュ。新世紀中国の胎動を感じました。のちに公明党衆院議員になった伊佐進一さんも当時、北京にいらして、よく火鍋をおごってもらいました。この恩は忘れません(笑)。

文化

友は宝 信頼、誠実の大切さ

中国滞在の一年、中国を知り、世界を知り、そして人間を知りました。なかでも一番の宝は多くの友人です。彼らとはよく卓球をしながら（絶対に勝てませんでした）、会話をしました。中国語と日本語の〝互相学習〟をした毛《マオ》さんの協力には感謝してもしきれません。

彼ら彼女らは、私にとって単なる友人というより同志と言っていいものです。というのも、ともに連れ立ったバスツアーで事故に遭い、生命の危険を乗り越えた仲間だからです。私たちが乗ったバスが山道を走行中、天候不順もあってガードレールを突き破り、下に落ちてしまいました。幸い、すぐ近くが土手だったのでみな助かりましたが、今思い出してもゾッとします。

私たちは、喜怒哀楽の極限を共有し、互いがまるで生まれる前からの友人であるかのような絆を感じました。以来、私が中国を語る時、常に心に浮かぶのは、彼ら彼女らの顔なのです。

13年、公明党参院議員に送り出していただきました。18年5月、日中友好議員連盟の一員として訪中。帰国後には来日されていた李《り》克強《こっきょう》国務院総理を歓迎しました。

私の中国経験から、国と国との語らいといえども、最終的に、同じ人間同士の語らいであるという信念を与えてもらい、外交に必要な根気と辛抱強さ、信頼と誠実の大切さを教えてもらいました。私を「中国に学びにきた外国人」から「同じ大地に根付く同じ人間」に脱皮させてくれたのです。

公明党青年委員長として、日中の青年たちの交流をより深め合い、一人でも多くの青年たちが、同じ人間として魂と魂の触発を豊かに語らい合うことを望んでいます。人間主義の外交を草の根レベルから広めたい。それが私の決意です。（やくら・かつお）

◆『中国産の現場を訪ねて／忘れられない中国滞在エピソード』（2600円＋税）の購入申し込みは☎03・5956・2808へ。

公明新聞　2021年3月26日

公募ガイド　2021.2.10発売の3月号

＼第4回／

体験記・作文ほか　**「忘れられない中国滞在エピソード」募集**

副賞 10万円　前回 219編　原稿 1900～2000字　2021 5/20

中国を、あなたの言葉で語ろう！
コロナで揺れる今だからこそ、人々の心の交流が大切だ。中国に渡航経験のある人が対象の本公募。今回は誰でも応募できる、コロナ関連の特別テーマが設けられた。あなたの感じた中国をポジティブに伝えて。（楽）

応募要項

●内容／中国滞在エピソードを募集。テーマは①中国のここが好き、これが好き、②私の初めての中国、③中国で叶えた幸せ、④観光、留学、ビジネス、文化交流などを通して感じた中国の魅力、⑤中国での人との出会い、文化・認識・価値観などの違いから気づいたこと、⑥SNSやIT技術の進歩、イノベーションなどから見た中国、⑦不幸な歴史の記憶への共感、⑧コロナとの闘いから感じた日中の絆、⑨ポストコロナ時代の日中交流。　●規定／メールで応募。Word形式で1900～2000字。文頭にテーマ、文末に200字程度の略歴をつける。〒住所、氏名、年齢、性別、職業、連絡先（メールアドレス、TEL、あれば微信ID）を明記。件名は「（応募者名）+第4回応募」とする。応募数自由。　●資格／中国に行ったことのある日本人（⑧⑨はすべての日本人可）　●賞／最優秀賞・中国大使賞1編＝10万円、ほか　●応募期間／5月10日～20日　●発表／10月上旬予定

応募先 40@duan.jp　問合せ 03-5956-2808　03-5956-2809　http://duan.jp/news/jp/20210113.htm　主催：日本僑報社

人民中国 PEOPLE'S CHINA　2021.1

東京　北京など

現地へ行き、その土地のファンに

日本僑報出版社が主催する第3回「日中ユースフォーラム」が昨年11月29日、テレビ会議形式で開かれた。中国の孔鉉佑駐日大使、日本の垂秀夫駐中国大使が祝辞を送った。

今回のフォーラムのテーマは「ポストコロナ時代の若者交流」。第3回「忘れられない中国滞在エピソード」作文コンクールで受賞した日本の6人の若者、第16回「中国人の日本語作文コンクール」で受賞した中国の6人の若者が代表者としてオンラインで交流し、約100人の中日友好事業の関係者が会議を傍聴した。

フォーラムで、第3回「忘れられない中国滞在エピソード」作文コンクールの最優秀賞（中国大使賞）を受賞した池松俊哉さんは、「中国の工場の高品質管理水準と中国人の温かさが忘れがたい。今や私は完全に中国のファンになった。中日の交流が今後いっそう活発化することを願う」と、中国の工場を訪問した時の印象を語った。参加者はインターネットとSNSの交流を通じ相手国の真の様子を知り、中日友好のバトンを多くの人につなぎたいと表明した。

正月の推薦図書

『中国産の現場を訪ねて―第3回「忘れられない中国滞在エピソード」受賞作品集』
（池松俊哉他著・日本僑報社・2600円＋税）

厳しい現実だが希望も

今回のコンクールにはこれまでの最多219本の応募があり82本の受賞作が収録されている。書き手は留学・駐在経験者、旅行者など、現在滞在している人も含めて実に多様だ。

最優秀賞・中国大使賞を受賞したのは大手コンビニで原料調達・商品開発を担当する社員。日本では中国産を避ける消費者が少なくない。だが彼は製造現場での品質管理と衛生基準のレベルの高さに驚き、その理由を知って納得した。そしてこう結んでいる。「イメージと実際は全然違う。百聞は一見に如かず。1回行けば、あなたも私のように中国のファンになる」。

稲作指導をきっかけに中国を訪れ、貧困脱出に命を捧げた「英雄」に鼓舞された地方公務員。戦争の歴史をたどる旅で平和の大切さを痛感し、友好を深めることの意義を訴える団体役員。三国志への関心から留学し、10代の多感な時期にいじめを受けた痛手を中国の「恩師」との出会いで克服した作家。バラエティーに富んだ数多くのエピソードは、自らの体験に基づくものだけに説得力があり共感を呼ぶ。

新型コロナウイルスを巡っても多数の原稿が寄せられている。感染拡大の初期段階に中日友好病院でボランティアとして活動した看護師。「中国の友人を助けたい」という夫の一言からマスクを中国に送る活動に懸命に取り組んだ教師。隔離病棟で感染疑惑患者としての過ごした大学院生。江西省南昌市でコロナに見舞われた街の様子を綴る日本語教師。マカオでの感染拡大の状況と政府の支援策をレポートする会社員。それぞれに興味深い。

多くの執筆者が中国・中国人と触れ合う前の自らの中国への感情が決して良いものではなかったと正直に告白している。それが実際に中国へ出掛け中国の様子を知り中国の人たちと接する中でイメージが変わったと記す。

言論NPOが最近発表した世論調査結果によれば日本人の対中意識は一層の悪化をたどっている。国交正常化からもうすぐ半世紀が経つ。両国の相互依存関係は年を追って強まっているのになんという厳しい現実か。コロナ禍の中でいま中国を訪れるのは難しい。だが本書を通じて生々しい中国を知ることは可能だ。読者は調査の数字とは別にここに対中意識改善に向けての希望を見出すだろう。

（岡崎雄兒・元中京学院大学教授）

国際貿易　2021年新春号（2020年12月25日・2021年1月5日合併号）

原稿募集

第4回「忘れられない中国滞在エピソード」

日中の相互理解、文化交流、人的交流の促進をめざし、第4回「忘れられない中国滞在エピソード」コンクールが開催される。中国に行ったことのある日本人であれば、誰でも応募可能だ。

また日中両国が手を携えてコロナと闘うため、特別テーマ「ポストコロナ時代の日中交流」等も設定。こちらは中国滞在経験の有無に関わらず、全ての日本人が応募できる。

■応募受付期間：5月10日（月）～5月20日（木）※必着

■主催：日本僑報社

忘れられない中国滞在エピソード

応募要項

日本と中国　2021年4月1日

日本僑報社から新刊『中国産の現場を訪ねて』

日本僑報社（段躍中代表）から、『中国産の現場を訪ねて』が刊行された。

同書は、日本僑報社が今年実施した日本人対象の第3回作文コンクール「忘れられない中国滞在エピソード」（当協会後援）での受賞作82篇を収録したもの。中国での留学、駐在経験や中国文化の深い魅力、コロナ禍に関するエピソードが記されている。この中には、来年3月、中国残留婦人を描いた独り芝居「帰ってきたおばあさん」上演200回目を迎える俳優・神田さち子氏の作品も掲載されている。

お問い合せは、日本僑報社（電話03・5956・2808）まで。

日中文化交流　2020年12月1日

受賞者代表らが喜びの声

〔中国滞在エピソードコンクール表彰式〕

「忘れられない中国滞在エピソード」作文コンクールを主催する日本僑報社は昨年11月29日午後、今年の第3回コンクールの表彰式を初めてオンラインで開催しました。

表彰式では、中国の孔鉉佑《こうげんゆう》大使のメッセージを鄒健《しゅけん》・駐日中国大使館三等書記官が代読。本コンクールが年々成長を続け、3年目の今回は、合計219本の応募作が中国、日本、フランス、チリなど4カ国に在住する日本人から寄せられ、より国際化したこと、また応募者の職業も、国会議員、会社役員、団体職員、公務員、大学教師など多岐にわたり、年齢層も9歳から高齢者までと幅広く及んだことなどを紹介。

「多くの応募者は、中国そして中国人と触れ合う前後の対中感情の変化に言及しており、口をそろえて『百聞は一見にしかず』と感心している」「国の交わりは民の親しみにあり、こういった認識の好転が必ず国民感情の改善につながり、両国関係発展の民意的基礎を打ち固めるでしょう」と、本コンクール開催の意義を強調しました。

自民党の二階俊博幹事長からのお祝いの言葉が、画面上で紹介されました。

この後、後援団体を代表して、読売新聞社の幸内康国際部次長、来賓として武田勝年・元日中友好会館理事長がそれぞれあいさつしました。

池松俊哉さん

星野信さん

受賞者代表として「特別賞」を受賞した矢倉克夫参議院議員と海江田万里衆議院議員（ビデオ）、最優秀賞（中国大使賞）の池松俊哉さん（東京都）、1等賞の星野信さん（福岡県）、岩崎春香さん（神奈川県）、畠山修一さん（埼玉県）、田丸博治さん（大阪府）、佐藤奈津美さん（秋田県）があいさつし、それぞれ受賞の喜びと感謝の気持ちを伝えました。

閉会に当たり、瀬野清水・元重慶総領事が「コンクールのますますの発展を祈るとともに、受賞作品集を多く

日中友好新聞　2021年1月1日

本だな

日中交流研究所所長 段躍中 編
中国産の現場を訪ねて第三回「忘れられない中国滞在エピソード」受賞作品集 日本僑報社刊

留学・駐在経験者、旅行者や現在滞在している人も含めて、実際に中国に行ったことのある全ての日本人を対象にした、日本僑報社主催第三回「忘れられない中国滞在エピソード」の受賞作品集。

特別賞に輝いた海江田万里衆議院議員、矢倉克夫参議院議員の作品をはじめ、最優秀作品・中国大使賞の「百聞は一見に如かず」など82編の受賞作品を収録。そこには真実の体験記録や国境を超えた心のふれあい、中国の奥深い魅力、不幸な歴史の記憶への共感、そして日中が互いに助け合いながらコロナ禍を乗り越えようとする感動的な記録がつぶさに記されている。

価格は2600円（税別）。320㌻。11月22日発行。問い合わせは、日本僑報社☎03（5956）2808。

観光経済新聞　2020年12月19日

1等賞に 協会から2人が受賞！

日本僑報社の作文コンクール

日中関係の書籍を出版する日本僑報社は2020年6月1日から15日まで、第3回「忘れられない中国滞在エピソード」の作文を募集。

中国に行ったことのある、または現在滞在中の日本人を対象に、①「中国のここが好き、これが好き」②「中国で考えたこと」③「私の初めての中国」④「中国で叶えた幸せ」の一般テーマのほかに、特別テーマとして①「中国で新型肺炎と闘った日本人たち」②「新型肺炎、中国とともに闘う―日本からの支援レポート―」の2つを設定しました。

今回のコンクールには日本、中国のほか、フランス、チリからも応募があり、作文総数は219本になりました。厳選な審査を経て、9月に受賞80作品（最優秀賞・中国大使賞1本、1等賞5本、2等賞24本、3等賞50本）を決定しました。

1等賞では、協会大阪府連合会堺支部の田丸博治さん、福岡県連合会の星野信さんの作文がそれぞれ受賞。次に2人の受賞の喜びをお伝えします。

日本僑報社は、入選作品を収録した『中国産の現場を訪ねて　忘れられない中国滞在エピソード』を20年11月に発行。定価2600円＋税。問い合わせ＝日本僑報社☎03（5956）2808

（表彰式の記事は14面）

心に残る戦争の真実をたどる旅

田丸博治

中国への8回の旅は、「烏魯木斉《ウルムチ》」から始まってシルクロードをたどり、上海までの感動の連続が第一の要因です。

妻の出生地のハルビンを訪れ、その近くの平房にある悪名高い731部隊の跡地を訪れ、日本の軍隊の実像を理解することになりました。

また、日中友好協会主催の旅で「侵華日軍南京大虐殺遇難同胞記念館」への訪問が強烈な悲劇的印象を私の心に与えました。南京陥落後、長期間にわたって、日本軍の行なった人類として許すことのできない残虐極まりない行為について今後に伝えなければならないという強い衝動を覚えました。

この残虐な行為を目撃した東史郎氏の言葉について訴えられました。裁判において、詳しい真実の証明、証拠が提出されたにもかかわらず、東京地裁、高裁、最高裁すべてにおいて却下された事実に強い憤りを覚えます。

以上の内容について私自身の感じた印象を作文に書いて、提出したものが想定外の1等賞5人の中に入れてもらって恐縮の限りです。2等賞、3等賞まで82人の作文すべてが、320㌻の1冊の単行本にまとめられ、『中国産の現場を訪ねて　忘れられない中国滞在エピソード』第3回受賞作品集の題名で発行されました。

私の作文も入れられ、喜んだり、恐縮したりしています。大阪府連合会堺支部の、浅田勝美支部長にお願いされて、引き受け、副支部長として7年目になります。協会の目標が着実に実現することを切に望んで、私のメッセージとします。

（大阪府連合会・堺支部・副支部長）

友好発展に貢献、人生の歴史の1ページに

星野　信

このたび、1等賞を受賞いたしまして光栄に思います。この賞は、協会をはじめ福岡県連合会の皆さんの活動の結果です。ともに喜び合いたいと思います。

私がレポートした「ともにコロナの災いを乗り越え友好の絆強く」は三つの視点から書きました。

第一は医療支援です。武漢で新型コロナ感染が急拡大するなかで、協会がいち早く支援を呼びかけました。福岡県連合会は医療物資の調達に走りましたが、なかなか手に入りませんでした。その時、病院を運営する健和会より「救護キット」120セットが提供されました。八幡支部の皆さんの協力を得て福岡総領事館へ届けました。

第二は中国残留孤児帰国者の視点です。帰国者の皆さんは戦争中に孤児となり養父母に育てられました。「命の恩人である中国は故郷」という気持ちを一時も忘れることはありませんでした。四川《しせん》大地震（08年）の時も募金を大使館へ送り、今回も募金を呼びかけて福岡総領事館へ届けました。

第三は友好の視点です。福岡県連合会は毎年、日本軍が中国へ侵略した戦跡を巡る平和の旅を行なっています。一昨年ハルビンにある日本孤児養父母連合会を訪ねました。この連合会より、このたびマスクが送られてきたのです。養母李淑美さん(95歳)の優しい瞳が思い出されます。マスクとともに「山川異域　風月同天」「青山一道　同担風雨」の漢詩が添えられていました。

「コロナ終息へ向けてともに困難を乗り越え、友好の絆強く、命をつなぐ未来をともに切り開きましょう」と結びました。

このコンクールには219人が応募し、最優秀賞1人、1等賞5人が表彰されました。表彰式は大使館で行われる予定でしたがオンライン表彰式となり、フランス、カナダ、アメリカ、アジア諸国の関係者79人がアクセスされていました。

民間交流の一助となり、友好発展に貢献できたことは、私の人生の歴史の一ページを記すことになりました。

日中友好新聞　2021年1月1日

NHK WORLD JAPAN　2019年12月1日放送

来自第二届“难忘的旅华故事”征文比赛颁奖典礼的报道

2019年 12月 1日

《波短情长》节目由明治大学教授加藤彻和本台播音员林音主持，将分享听友们的来信与留言。

本期节目将为您报道11月15日在中国驻日本大使馆举办的第二届“难忘的旅华故事”征文比赛颁奖典礼的情况。（活动主办方：日本侨报社）

中華人民共和国駐日本国大使館HP　2019年11月17日

讀賣新聞　2019年12月1日

中国で叶えた幸せ　第2回「忘れられない中国滞在エピソード」受賞作品集

段躍中編　日本僑報社　2500円

評・加藤　徹（中国文化学者 明治大教授）

人の数だけ人生がある

中国に行ったことがある日本人を対象とした作文コンクールの受賞作品集である。老若男女がつづる体験談はノンフィクションだが、短編小説集のような味わいがある。

北京へ単身赴任した父が、一時帰国する。ひまわりの種をかじり、寝言で中国語をつぶやく父の姿を見て、中学生の娘はとまどう。その後、娘の反抗期は家庭崩壊レベルまで悪化。父は帰国を決意する。時は流れた。「結婚するから。あとさ、私、中国に行くことになったから」。上海勤務の辞令を受けた夫と中国に渡る日、娘は昔の「父の気持ちが少しわかった気がした」。

早稲田大の院生は回想する。彼女は小4から高校卒業まで大連に単身留学した。中学で、歴史の授業で日中戦争が取り上げられると、仲良しだった同級生から悪口を言われたり、無視されたりするようになった。2011年、高1のとき、東日本大震災が起きた。彼女は学校で赤い羽根の募金活動を始めた。「日本のために募金してくれるだろうか?」。結果は——。

上海日本人学校の校長となった男性は、87歳の老父を帯同する。中国語が全く分からない「おじいちゃん」は、毎朝6時には起きて一人で外出し、よく迷子になる。老人にやさしい国、中国を離れるとき「おじいちゃん」がぽつりと漏らした一言が、胸を打つ。

日本の私大で研究者間のトラブルに巻き込まれて大学を追われた教員は、再起の場を求めて中国の大学に就職する。学校の観劇会で京劇にはまった福岡の高校生は、一目惚れした役者の舞台を見るため21歳で北京に留学する。このほか、オタク文化を中国人と熱く語り合う大学生や、「優しさ貯金ゲーム」で中国人との共同生活を成功させたシンガーソングライターなど、興味深いエピソードは尽きない。

人の数だけ人生がある。ありのままの中国も、人の数だけある。日本人と中国人のふれあいの多彩さに驚かされる1冊だ。

◇だん・やくちゅう＝1958年、中国湖南省生まれ。91年に来日。日本僑報社代表、日中交流研究所所長。

KYODO 共同通信
2019年11月15日

忘れがたい中国経験つづる
日本語作文コンクール

高橋伸輔

中国滞在中の印象深い経験をつづった日本語作文の「忘れられない中国滞在エピソード」コンクールの表彰式が１５日、東京都港区の中国大使館であり、早稲田大学大学院生の乗上美沙（のりがみ・みさ）さん（２５）＝大阪市出身＝に最優秀賞が贈られた。

小学４年から高校卒業まで大連の学校に通った乗上さんは、東日本大震災の被災地支援のため学校で募金活動したことを紹介。日中戦争についての授業を機に同級生から反感を持たれ、「中国人とは分かり合えない」と思っていたが、募金を始めると予想外にみんな熱心に協力してくれ感銘を受けたという。

受賞スピーチで乗上さんは「見返りを求めない友情のおかげで被災地に思いを伝えることができた」と振り返り、「両国関係のマイナスの部分を下の世代には残したくない」と訴えた。

日中関係の書籍を手掛ける出版社「日本僑報社」（東京都豊島区）主催で、今年で2回目。１０代から９０代まで、昨年の倍以上の２９３作品が寄せられた。孔鉉佑（こう・げんゆう）駐日中国大使は「皆さんの有益な経験が貴重な将来の財産になると信じる」と述べた。（共同）

www.news.cn
新华网 NEWS
www.xinhuanet.com
2019年11月17日

日本第二届“难忘的旅华故事”征文比赛颁奖

2019-11-16 15:08:11　来源：新华网

新华社东京11月16日电（记者郭丹）由日本侨报出版社主办的第二届“难忘的旅华故事”征文比赛颁奖典礼15日在中国驻日本大使馆举行。

在70篇获奖作品中，早稻田大学法学专业硕士研究生乘上美沙的《红羽毛给予的幸福》荣获比赛最高奖项“中国大使奖”。她在文中讲述了2011年在大连留学期间和同学们一起为“3・11”日本大地震发起募捐活动的故事。她希望能够将自己的亲身经历分享给更多的人，以此促进日中友好交流。

中国驻日本大使孔铉佑在颁奖仪式上致辞说，国之交在于民相亲，民间交流是中日关系不可或缺的重要组成部分，也是两国关系得以长期发展的坚实基础。希望大家通过此次活动，进一步了解中国，感知中国的魅力所在，也真诚欢迎大家有机会再去中国走一走，看一看，并把在中国的见闻分享给更多的人。相信大家的点滴努力，一定能够汇聚更多中日关系正能量，将中日友好的种子撒播得更广更远。

人民日报
国际面
2020年10月21日

第三届“难忘的旅华故事”征文比赛结果揭晓

本报东京10月20日电　（记者**刘军国**）由日本侨报出版社主办、中国驻日本大使馆等担任支持单位的第三届“难忘的旅华故事”征文比赛20日公布评选结果，池松俊哉撰写的《百闻不如一见》获得“中国大使奖”。

池松俊哉在日本一家企业工作，他在文中讲述了去年7月去中国大连、沈阳、青岛等地考察食品工厂的见闻，对中国食品工厂完善的质量管理体系、高水平卫生标准以及中国人民的热情好客印象深刻。

人民网
people.cn
2020年10月20日

第三届“难忘的旅华故事”征文比赛结果揭晓

2020年10月20日11:11　来源：人民网-国际频道

分享到：

预计将于11月出版发行的第三届“难忘的旅华故事”作品集封皮

人民网东京10月20日电（记者刘军国）由日本侨报出版社主办、中国驻日本大使馆等担任后援单位的第三届“难忘的旅华故事”征文比赛10月20日公布评选结果。

在日本一家企业工作的池松俊哉撰写的《百闻不如一见》获得“中国大使奖”。池松俊哉讲述了2019年7月去中国大连、沈阳、青岛等地考察食品工厂的见闻与感受。“我在全国约有一万四千家店铺的连锁便利店总部、做着原料采购和商品开发的工作。现在，连锁便利店的供应离不开中国。例如，收银台旁边热柜里的炸鸡、配菜蒸鸡、鸡胸肉沙拉等，原料大多数都是中国产的。这不仅仅是因为其价格优势，还有高水平的品质管理和技术实力。”池松俊哉在文章开头便写道。在一周的中国考察过程中，池松俊哉亲眼见证了中国食品工厂的先进质量管理、高水平卫生标准以及中国人民的热情好客。在文章最后，池松俊哉表示，“我想挺起胸膛对全日本这样说：‘想象和实际完全不一样，百闻不如一见。只要去一次中国，你也会像我一样成为中国的粉丝。’”

主办方当天还公布了一等奖5名、二等奖24名、三等奖50名等评选结果。获得一等奖的5部作品分别是星野信的《日中携手战胜新冠肺炎》、岩崎春香的《山川异域风月同天》、扇山椿一的《和焦裕禄精神在一起》、田丸博治的《追寻战争真相之旅》和佐藤奈津美的《给予生活希望和光明的三国演义》。此外，日本众议员海田江万里和参议员矢仓克夫获得特别奖。日本侨报出版社已把三等奖以上的82篇获奖作品集结成书出版，预计于11月在全日本发行。

（责编：苏樱翔、燕勐）

人民日报 2019年11月19日

讲述旅华故事 感受中国魅力

本报驻日本记者 刘军国

“中国是一个美好的国家，中国人民是伟大的人民。只要去中国走走，就会发现中国之好无处不在。”在中国生活过两年多的日本高二学生山崎未朝在第二届“难忘的旅华故事”征文比赛中写道。

11月15日，由日本侨报出版社主办的第二届“难忘的旅华故事”征文比赛颁奖典礼在中国驻日本大使馆举行。据悉，本届比赛共收到293篇投稿。参赛者涵盖国会议员、企业高管、大学教师等多个行业。通过6名获奖者的讲述，出席颁奖典礼的日本人看到了一个朝气蓬勃的中国，感受到了中国人民的善良和热情。

“中国充满魅力，中国人民热情善良。”15岁的野间美帆曾在北京生活8年，她在《我深深热爱的中国》一文中回忆了在中国生活的点点滴滴。“希望更多日本人了解真实的中国，喜欢中国，为日中友好贡献自己的力量。”

中国驻日本大使孔铉佑表示，希望大家通过此次活动，进一步了解中国，感知中国的魅力所在，也真诚欢迎大家再去中国走一走、看一看，把在中国的见闻分享给更多的亲人和朋友。相信通过大家的点滴努力，一定能够汇聚更多中日关系正能量，将中日友好的种子撒播得更广更远。

荣获“中国大使奖”的乘上美沙在颁奖典礼上说：“希望能够将自己的亲身经历、体验分享给更多人，以此来促进日中间的友好交流。”2011年，在大连国际学校留学的乘上美沙在东日本大地震后，与同学们一起发起募捐活动。当他们拿出捐款箱时，许多师生都毫不犹豫地献出了自己的一份爱心。乘上美沙的字里行间，流淌着对中国人民的感激之情。

日本自民党干事长二阶俊博发来贺信表示：“希望去过中国的各位，在今后的日中友好事业中，能充分活用自己宝贵的中国经历。也希望各位读者用自己的眼睛去看看中国，并期待有新的‘难忘的旅华故事’诞生。”

获奖作品收入在由日本侨报社出版的《在中国获得的幸福》一书中。日本侨报社总编辑段跃中对本报记者说，普通民众的旅华故事是了解真实中国的绝佳渠道，希望更多日本读者通过这本书深入了解中国，感受中国的魅力，并去中国走走看看，实现日中两国世代友好。

（本报东京11月18日电）

日テレNEWS24

2018年11月22日

日中友好へ…"中国滞在"作文コンクール

ツイートする　シェアする　2018年11月22日 17:29

全文

日中平和友好条約の締結から４０年の今年、日本人を対象に、中国に滞在したときのエピソードを募った作文コンクールが行われた。

これは中国関連書籍の出版社「日本僑報社」が主催したもので、中国に滞在経験のある日本人から現地での思い出深いエピソードを募集した。２２日、都内の中国大使館では入選者への表彰式が行われ、程永華駐日大使は挨拶で日中の交流の重要性を訴えた。

中国・程永華駐日大使「まず交流から。交流から理解が生まれる。理解が深まって、初めて信頼が生まれる。信頼が深まって初めて友好だと。最初から友好が生まれるのではない。努力を通じて、友好に向かって（初めて）実現できる」

入選作には、母親の再婚相手である中国人の父との交流を描いた作品や、日中の文化の違いについての作品など４０本が選ばれ、本としても出版される。

入選者の一人は「心と心のつながりは国境も血縁も越えることができる。今後も日中友好に貢献したい」と喜びを語った。

人民网 people.cn

2019年11月16日

第二届"难忘的旅华故事"征文比赛在东京颁奖

吕少威

2019年11月16日10:11　来源：中国新闻网　分享到：

原标题：第二届"难忘的旅华故事"征文比赛在东京颁奖

中新社东京11月15日电 (记者 吕少威)由日本侨报出版社主办的第二届"难忘的旅华故事"征文比赛15日在东京中国驻日本大使馆举行颁奖典礼。收录70篇获奖作品的文集《在中国获得的幸福》当天首发。

11月15日，由日本侨报出版社主办的第二届"难忘的旅华故事"征文比赛在东京中国驻日本大使馆举行颁奖典礼。图为嘉宾与部分获奖选手合影留念。中新社记者 吕少威 摄

中国驻日本大使孔铉佑出席并致辞。孔铉佑说，希望大家通过此次活动，进一步了解中国，感知中国的魅力所在，也真诚欢迎大家有机会再去中国走一走，看一看，并把在中国的见闻分享给更多的亲人和朋友。相信通过大家的点滴努力，一定能够汇聚更多中日关系正能量，将中日友好的种子撒播得更广更远。

日本自民党干事长二阶俊博也为本次大赛发来贺词。他说，希望去过中国的各位，在今后的日中友好事业中，能充分活用自己宝贵的中国经历。也希望各位读者怀着此书(《在中国获得的幸福》)所带来的感动，去看看今天中国，并期待有新的"难忘的旅华故事"诞生。

讀賣新聞

2020年10月1日

中国滞在記 池松さん最優秀賞

日中関係の書籍を出版する「日本僑報社」（東京都豊島区）は30日、主催する「第３回忘れられない中国滞在エピソード」（読売新聞社など後援）の受賞作品を発表した。最優秀賞の中国大使賞には東京都大田区、会社員池松俊哉さん(32)の「百聞は一見に如（し）かず」が選ばれた。中国に昨夏出張した際に見学した工場の徹底した衛生管理に驚いたことなどをつづった。応募総数は219作品だった。

観光經濟新聞

kankokeizai.com

本だな

段躍中編
忘れられない中国滞在エピソード第2回受賞作品集　中国で叶えた幸せ
日本僑報社

あの瞬間、私は中国の人々の深い愛情と友情で、自分たちが今回の募金活動を成し遂げられたことに気付き、素晴らしい人々に恵まれている幸せを感じた。私のココロは、いつしか中国人に対する感謝の気持ちと穏やかな幸福感に包まれるようになっていた（受賞作から）。

第2回「忘れられない中国滞在エピソード」の受賞作品集。相互理解の促進を目指し、日本人の中国滞在経験者を対象として行われたコンクールには、涙と感動の体験など数多くの作品が寄せられた。本書には最優秀賞・中国大使賞（乗上美沙さん、早稲田大学大学院生）の「赤い羽根がくれた幸せ」をはじめ、計77編の入賞作を収録している。

編者の段氏は、日本僑報社代表。

価格は2500円（税別）。282㌻。問い合わせは日本僑報社☎03（5956）2808。

2020年1月25日

讀賣新聞

2019年11月13日

中国滞在記 乗上さん最優秀賞

日中関係の書籍を出版している「日本僑報社」（東京都豊島区）が、中国に行ったことのある日本人から募集した「忘れられない中国滞在エピソード」（読売新聞社など後援）の受賞作品が決まった。最優秀賞の中国大使賞には、早大大学院２年の乗上（のりがみ）美沙さん(25)の「赤い羽根がくれた幸せ」が選ばれた。東日本大震災発生時、留学していた大連のインターナショナルスクールでの体験をつづった。応募総数は約300点。受賞70点を収録した作品集は書店などで購入できる。問い合わせは日本僑報社（03・5956・2808）へ。

讀賣新聞

2020年6月6日

中国滞在エピソード募集

日中関係の書籍を出版する「日本僑報社」（東京都豊島区）は「『忘れられない中国滞在エピソード』作文コンクール」（読売新聞社など後援）の作品を募集している。日本人が対象で、最優秀賞（１人）には賞金10万円が贈られる。入選70点は作品集にまとめ、出版される。

「中国のここが好き、これが好き」「中国で考えたこと」「私の初めての中国」「中国でかなえた幸せ」の４テーマから一つを選び、1900〜2000字以内にまとめる。今年は新型コロナウイルスの流行を受け、中国人も応募可能な「中国で新型肺炎と闘った日本人たち」「新型肺炎、中国とともに闘う――日本からの支援レポート」の特別テーマ（3000字以内）も設けた。締め切りは今月15日（必着）。応募はメールで70@duan.jpへ。詳細は日本僑報社ホームページに掲載されている。

毎日新聞 2019年6月5日

■「忘れられない中国滞在エピソード」原稿募集

日本僑報社は第2回「忘れられない中国滞在エピソード」の原稿を募集している。応募資格は、中国に行った経験のあるすべての日本人。留学・駐在はもちろん、旅行経験だけの人、現在中国に住んでいる人の応募も歓迎している。中国建国70周年に合わせて70作品を入選とし、1冊の作品集として刊行する予定。最優秀賞の中国大使賞に1人を選び、賞金10万円を副賞として贈呈する。原稿の受け付けは原則、メール（40@duan.jp）に限り、6月16日必着。詳細は（http://duan.jp/cn/）。

朝日新聞デジタル > 記事　　国際　アジア・太平洋　カルチャー　出版

中国滞在の「忘れられない体験」、出版社が作文を募集

高田正幸　2019年5月13日16時00分

シェア　ツイート　ブックマーク　メール　印刷
list　0

日本僑報社の段躍中代表＝東京都豊島区西池袋の同社

中国に関する多くの本を出版する日本僑報社が、中国で心に残った出来事を分かち合おうと、「第２回忘れられない中国滞在エピソード」を募集している。段躍中代表は「日中関係は改善しているが、国民感情はまだ厳しい。中国を訪問した時に感じた気持ちを公表してもらうことで、より多くの日本人に中国の姿を知ってもらいたい」と話している。

募集するのは、中国を訪ねたことのある日本人の作文。「私の初めての中国」「中国で叶（かな）えた幸せ」「中国のここが好き、これが好き」「中国建国７０周年に寄せて」の中からテーマを一つ選ぶ。テーマが違えば、複数の作品を提出できる。

◇

募集期間は５月１３日～６月１６日。１９００～２千字の日本語の作文に、２００字以内の筆者の略歴を加えた内容をメールで（４０@ｄｕａｎ．ｊｐ）に送る。詳細は同社ホームページ（ http://duan.jp/cn/ ）。（高田正幸）

朝日新聞 DIGITAL 2019年5月13日

讀賣新聞 2019年6月5日

中国滞在エピソードを募集

日中関係の書籍を多く出版している「日本僑報社」（東京都豊島区）が、中国に行ったことがある日本人を対象に「忘れられない中国滞在エピソード」（読売新聞社など後援）を募集している。中国が今年、建国70年を迎えるのに合わせ、応募作品から70人分を収録した作品集を出版する。

「中国のここが好き、これが好き」「私の初めての中国」「中国でかなえた幸せ」「建国70年に寄せて」の4テーマから一つ選び、1900〜2000字以内にまとめる。中国在住の日本人も応募できる。最優秀賞（1人）には賞金10万円が贈られる。締め切りは今月16日。応募はメールで40@duan.jpへ。詳細は日本僑報社ホームページに掲載されている。編集長の段躍中氏は「草の根の交流を伝えることで相互理解を深め、日中関係友好につなげたい」と話している。

「日中友好に尽力したい」心こもった作品多数

第2回「忘れられない中国滞在エピソード」作文コンクール

受賞者と選考委員、中国大使館の皆さんと記念撮影

日中友好のため出版活動を行なっている日本僑報社は11月15日、第2回「忘れられない中国滞在エピソード」（後援は中華人民共和国駐日本国大使館ほか）作文コンクールの表彰式を東京都内の中国大使館で行いました。

293点の応募作品から最優秀賞（中国大使賞）1人、1等賞5人、2等賞20人、3等賞44人の合計70人が選ばれました。

これは日本と中国の相互理解と交流促進を目的としたもので、今回が2回目。中国に行ったことのある、または現在滞在中の日本人を対象に行われた日本語作文コンクールです。

入選作は東日本大震災の募金活動を通して感じた中国の学生たちの深い愛情と友情を描いた作品や、中国の日本人学校に編入し、そこで交流した中国人学生の思いやりのこもった言葉にふれ、先入観でしか見ていなかった自分を反省し、日本人に中国人の良さを伝える決意をした作品、ひまわりの種の食べ方を通しての異文化理解の大切さを説いた作品など、どれも中国人の魅力を改めて気づかせてくれるものばかりです。

乗上美沙さん　横山明子さん　野間美帆さん

孔鉉佑駐日大使は「中国には『少しのことからすべてを見通す』という言葉があります。受賞された皆さんは普段の印象と全く違った、活気に満ちた中国を目の当たりにし、そして、中国の国民が善良で親切だと感じていただけたと思います。このような経験が皆さんにとって将来の貴重な財産になると信じています」と、あいさつしました。

最優秀賞・中国大使賞を受賞した乗上美沙さん（早稲田大学大学院生）は「最優秀賞の受賞の知らせを聞いてびっくりしました。中国の友人たちも喜んでいます。これからも日中友好に尽力したい」

一等賞の横山明子さん（大学教員）は「受賞は驚きました。中国人の学生たちにも知らせました。週明けには中国・湖南省へ戻ります。学生たちが待っていますから」

二等賞の野間美帆さん（中学生・俳優）は「まさか自分が受賞すると思わず、信じられない。昨年から俳優としても活動しています。力をつけて将来は日中共同の作品に参加できたら」と、それぞれ目を輝かせて語りました。

日本僑報社は来年も、第3回の実施を予定しています。

また、第2回「忘れられない中国滞在エピソード」の入賞作を収録した『中国で叶えた幸せ』を発行、最優秀賞・中国大使賞「赤い羽根がくれた幸せ」はじめ77編が収録されています。定価2500円+税。問い合わせは☎03（5956）2808（日本僑報社）

日中友好新聞　2019年12月5日

本の紹介

『中国で叶えた幸せ』

忘れられない中国滞在エピソード第2回受賞作品集

鈴木憲和、乗上美沙など77人共著・段躍中編

中国に行ったことのある日本人を対象に、中国での体験エピソードを募集した日本僑報社主催の第2回作文コンクールの受賞作品をまとめた一冊。

「私の初めての中国」「中国で叶えた幸せ」「中国のここが好き、これが好き」「中華人民共和国建国70周年に寄せて」の4つのテーマに293点の応募があり、最優秀賞・中国大使賞の「赤い羽根がくれた幸せ」はじめ77編を収録。

ありのままの中国の姿とは？中国とどう向き合うか？新たな示唆を与えてくれる涙と感動の真実の体験記録集です。

▼発行＝日本僑報社、定価2500円＋税。▼問い合わせ＝☎03（5956）2808（日本僑報社）

日中友好新聞　2020年3月15日

公募ガイド 2020年4月号

\第3回/

体験記・作文ほか

「忘れられない中国滞在エピソード」募集

副賞 10 万円 ｜ 前選 300 編以上 ｜ 原稿 1900～2000字 ｜ 2020 6/15

あなたの体験が日中友好の懸け橋に

インバウンドの伸びで、観光地や街中で中国人の姿を見ない日はないほど。そのおかげで中国人を身近に感じられるようになった。一方、中国を訪れる日本人はどれほどいるのだろう。残念ながらまだ少ないのが現状だ。もしあなたが中国に行ったことがあり、印象的なエピソードを持っていたら、思い出を文章にしてたくさんの人に教えてほしい。入選作品は1冊の本として刊行されるので、中国の新たな側面を知る機会となる。中国への理解が深まることで、近くて遠かった隣国との距離がグッと近くなるだろう。（は）

応募要項

●内容／中国滞在エピソードを募集。テーマは①中国のここが好き、これが好き、②中国で考えたこと、③私の初めての中国、④中国で叶えた幸せ。　●規定／メールで応募。Word形式で、1900～2000字。文頭にテーマ、文末に200字程度の略歴をつける。〒住所、氏名、年齢、性別、職業、連絡先（メールアドレス、TEL、あれば微信ID）を明記。件名は「第3回中国滞在エピソード応募（応募者名）」とする。応募数自由。　●資格／中国に行ったことのある日本人　●賞／最優秀賞・中国大使賞1編＝10万円、ほか　●応募期間／6月1日～15日　●発表／9月下旬予定

応募先 70@duan.jp　問合せ 03-5956-2808　03-5956-2809　http://duan.jp/news/jp/20200122.htm　主催：日本僑報社

中国经济网 www.ce.cn 2019年11月15日

第二届日本人“难忘的旅华故事”征文比赛东京颁奖

2019年11月15日 20:59　来源：经济日报-中国经济网

［手机看新闻］［字号 大 中 小］［打印本稿］

经济日报-中国经济网东京11月15日讯（记者　苏海河）由日本侨报出版社主办，中国驻日本大使馆、读卖新闻社等担任后援单位的第二届日本人“难忘的旅华故事”征文比赛11月15日在中国驻日大使馆举行颁奖典礼。我国驻日本特命全权大使孔铉佑出席并向早稻田大学法学专业硕士研究生乘上美沙颁发了“中国大使奖”，向日本众议院议员、原外务大臣政务官铃木宪和颁发了“特别奖”。当天收录70篇获奖作品的文集《在中国获得的幸福》也在东京首发。

孔铉佑大使为获奖作者颁奖

国際貿易 2019年12月5日

中国大使館で表彰式
滞在エピソードコンクール

第2回「忘れられない中国滞在エピソード」コンクール（日本僑報社主催、当協会など後援）の表彰式が11月15日、駐日中国大使館で開催された。中学生から90代まで293本の応募があった。

来賓として孔鉉佑大使があいさつ、受賞者に対して「活気に満ちた中国を目にし、中国人民が善良で親切なことを感じ取った。これらの有益な経験が将来の貴重な財産になると信じている」と語った。さらに見聞を友人、親類と分かち合うことを期待すると述べた。

最優秀賞と1等賞受賞者が作文のエピソードを中心にスピーチを行った。最優秀賞の乗上（のりがみ）美沙さん（早稲田大学大学院）は小学4年生から高校3年生まで大連のインターナショナルスクールに留学。在校生の多くは中国人。中学になると歴史教科書の「日中戦争」という記述から中国人と日本人の間には壁があり、分かり合うのは不可能だと思うようになった。高校1年の時、東日本大震災が発生、友人が「学校で募金活動を」と提案。日本人のために募金してくれるのだろうかと思った。しかしそれは杞憂だった。「マイナスの感情を下の世代に残したくない。中国人の温かさを感じて欲しい」と語った。

日本僑報社は3等までの受賞作品を収録した『中国で叶えた幸せ』（2500円＋税）を出版した。同社は来年1月中に第3回の募集要項を発表する予定。

中国新闻网 中新网
WWW.CHINANEWS.COM
2019年11月15日

第二届“难忘的旅华故事”征文比赛在东京颁奖

2019年11月15日 23:34 来源：中国新闻网 参与互动

中新社东京11月15日电 (记者 吕少威)由日本侨报出版社主办的第二届“难忘的旅华故事”征文比赛15日在东京中国驻日本大使馆举行颁奖典礼。收录70篇获奖作品的文集《在中国获得的幸福》当天首发。

11月15日，由日本侨报出版社主办的第二届“难忘的旅华故事”征文比赛在东京中国驻日本大使馆举行颁奖典礼。图为嘉宾与部分获奖选手合影留念。中新社记者 吕少威 摄

中文導報 CHUBUN 2019年11月19日

第二届“难忘的旅华故事”征文比赛东京颁奖

日期：19年11月3期 阅读：271

中文导报讯（记者 尤鸣川）由日本侨报出版社主办的第二届“难忘的旅华故事”征文比赛，11月15日在中国驻日大使馆举行颁奖典礼。收录70篇获奖作品的文集《在中国获得的幸福》当天首发。

2019年11月16日

第2回「忘れられない中国滞在エピソード」作文コンクール表彰式が開催

2019-11-16 14:44 CRI

CRI online 日本語

excite ニュース

Record China 2019年11月25日

ニュース ＞ 海外 ＞ 中国 …

最優秀賞に早大・乗上美沙さん『赤い羽根がくれた幸せ』＝東日本大震災時の募金支援描く―第2回「忘れられない中国滞在エピソード」表彰式

2019年11月25日 09:50

Record China

第2回「忘れられない中国滞在エピソード」コンクールの表彰式が東京の駐日中国大使館で開催され、約200人が出席。早大大学院の乗上美沙さんが最優秀賞に輝いた。写真は表彰式風

第2回「忘れられない中国滞在エピソード」コンクール（日本僑報社主催、駐日中国大使館、読売新聞社、日中友好7団体など後援）の表彰式と交流会がこのほど東京の駐日中国大使館で開催され、約200人が出席した。

【その他の写真】

BOOKウォッチ 2020年2月8日

「3.11日本加油」にいま「中国加油」でお返しする

デイリーBOOKウォッチ
2020/2/ 8

書名	中国で叶えた幸せ
サブタイトル	第2回「忘れられない中国滞在エピソード」受賞作品集
監修・編集・著者名	鈴木憲和、乗上美沙など77人 著、段躍中 編
出版社名	日本僑報社
出版年月日	2019年11月22日
定価	本体2500円＋税
判型・ページ数	A5判・282ページ
ISBN	9784861852862

タイトルを見て、なんだ、この本は？と思う人が少なくないのではないか。『中国で叶えた幸せ——第2回「忘れられない中国滞在エピソード」受賞作品集』（日本僑報社）。中国に滞在したことがある日本人が、そこで体験した「忘れられないエピソード」をつづっている。要するに、日本人による中国体験談集だ。

「中国人が見た日本」の感想文コンクールがあることは知っていたが、逆の立場の日本人によるものがあったとは・・・。

Record China
2019年2月27日

■ TOP > 社会

あなたの「忘れられない中国滞在エピソード」は？＝第2回コンクール募集要項を発表！

日本僑報社

配信日時：2019年2月27日(水) 9時10分

Email
Share
Tweet
コメント

日本僑報社は今月6日、中国に行ったことのある日本人を対象とした第2回「忘れられない中国滞在エピソード」原稿の募集を発表した。

日本僑報社は今月6日、中国に行ったことのある日本人を対象とした第2回「忘れられない中国滞在エピソード」原稿の募集を発表した。

同社はこれまでに「忘れられない中国留学エピソード」（2017年）、「忘れられない中国滞在エピソード」（2018年）を開催しており、今回のコンクールは前回、前々回の流れをくむもの。同社は「今年、中華人民共和国は建国70周年の節目の年を迎えます。日中両首脳の相互訪問も再開し、関係改善の勢いは明らかに加速しています。そこで今年の中国建国70周年を記念し、この中国滞在エピソードコンクールを開催します」とした。

今回の募集テーマは「私の初めての中国」「中国で叶えた幸せ」「中国のここが好き、これが好き」「中華人民共和国建国70周年に寄せて」の4つ。テーマの選択は自由、複数応募も可。応募資格は、これまでに中国に行ったことのある全ての日本人で、現在中国に在住している人も可能だという。

応募作品の中から、中国建国70周年にちなみ70作品を入選とする。内訳は最優秀賞の中国大使賞1人、1等賞5人、2等賞20人、3等賞44人で、最優秀賞には賞金10万円が贈呈される。応募受付は2019年5月13日（月）～6月16日（日）（必着）。入選発表は2019年9月下旬を予定している。（編集/北田）

共同网
2018年11月22日

旅华故事作文比赛颁奖仪式在东京举行

共同社，日中关系 2018年11月22日

朝日新聞 DIGITAL
2018年11月23日

朝日新聞デジタル ＞ 記事

国際　アジア・太平洋

「餃子は太陽となり私の心を照らした」体験談に最優秀賞

2018年11月23日05時06分

シェア 23　ツイート　ブックマーク 1　スクラップ　メール　印刷

「忘れられない中国滞在エピソード」コンクールで中国大使賞（最優秀賞）を受賞し、程永華（チョンヨンホワ）駐日中国大使（右）から賞状を受け取る原麻由美さん＝東京都港区の中国大使館

中国での体験談を募った「忘れられない中国滞在エピソード」コンクール（日本僑報社主催）の表彰式が22日、東京都港区 の中国大使館であった。10～80代から125本の応募があり、約40本が入選した。

中国大使賞（最優秀賞）は、今夏まで北京の大学に通っていた原麻由美さん（23）の「世界で一番美味しい食べ物」が受賞した。うっとうしく思っていた中国人の継父と、一緒に餃子（ぎょうざ）を作ったり、食べたりして心を通わせた経験を紹介。「餃子は太陽となり私の心を照らし、親子の絆をくれた」などとつづった。

"日本と中国"を読む

心と心つないだ餃子

第一回「忘れられない中国滞在エピソード」受賞作品集

伊佐進一など44人〈著〉 段躍中〈編〉

日本僑報社
2,200円（税別）

日中平和友好条約40周年記念・第1回「忘れられない中国滞在エピソード」受賞作品集。相互理解の促進をめざして、日本人の中国滞在経験者を対象として行われた初のコンクールには、現滞在者を含む日本全国の10～80代の幅広い世代から数多くの作品が寄せられた（2017年・第1回「忘れられない中国留学エピソード」の拡大版。ともに日本僑報社主催）。昨年11月に都内で開かれた表彰式で程永華・駐日中国大使は「身近に起きたことが様々な角度から書かれていた。交流を通じて理解や信頼が生まれる」と語った。

本書には、最優秀賞の「心と心つないだ餃子」ほか入賞作を収録。近くて遠い大国・中国の本当の姿とは？ 14億の隣人と今後どう向き合うべきか？ 新たな示唆を与えてくれる涙と感動のありのままの体験を伝える。

日本と中国
Japan and China Friendship Newspaper
2019年2月1日

国際貿易

☜ 2018年12月4日

2019年1月25日 ☞

中国滞在エピソード

作文コンクール表彰式開く

「第1回忘れられない中国滞在エピソード」作文コンクール（当協会などが後援）の表彰式が中国大使館で11月22日、開催された。冒頭、程永華大使があいさつし、受賞者を祝福するとともに「中国人と日本人を同文同種という先入観で見ると誤解が生じやすい。交流し違いを見つめることで理解が生まれ、それが信頼、友好につながっていく。これからも日中友好のために頑張ってほしい」と激励した。

また、グランプリにあたる「中国大使賞」を受賞した原真由美氏をはじめとする受賞者の代表数人が登壇し、それぞれが受賞の喜びや今後の抱負等を語った。

同コンクールは日本僑報社が日中平和友好条約締結40周年を記念して初開催、10代から80代までの幅広い年齢層の応募者が自らの中国滞在の経験を紹介し、40人余りが受賞した。

同社より受賞作品集『心と心つないだ餃子』が出版されている。

表彰式に先立ち、日本僑報社の主宰する中国語翻訳塾で長年にわたり後進の育成に尽力してきた武吉次朗当協会相談役をねぎらう程大使との面談が行われた。

『心と心つないだ餃子 ― 忘れられない中国滞在エピソード』

（伊佐進一ほか・日本僑報社・2200円＋税）

いまこの一冊
新刊紹介

岡崎雄兒
前中京学院大学教授

心ゆさぶる体験が満載

書籍出版をはじめ日中交流に尽力している日本僑報社が、日本人の中国滞在経験者を対象に「忘れられない中国滞在エピソード」を募集した。本書は応募総数125本から最優秀賞など入選作品40本を収録した第1回受賞作品集である。

作品の書き手は高校生、大学生、会社員、日本語講師、教員、医師など、年齢も10代から70代と老若男女さまざま。体験した内容も多岐にわたってそれぞれに興味を惹かれる。

最優秀賞に選ばれた原真由美さんの「世界で一番美味しい食べ物」は、中国人継父との心の葛藤を描く。餃子は親子の絆をくれ、「そして人と人の絆を強くし、心と心を繋（つな）げてくれる、世界で一番美味しい食べ物だと、私は思っています」と結ぶ。

また三本美和さんの「具だくさん餃子の味」は痛快。留学を始めて3カ月ほど経ち生活にも慣れてきた彼女は、留学とは現地の人の生活に入ることだと考えていた。なのにそれがない。そこで友だちと作戦を練った。食べることが好きなので食べ物に関することにしよう。中国人の家に行って家庭を見てみたい。お願いするだけでなく日本の文化も伝えたい。ひねりだしたのが「ヒッチクック」。画用紙に「餃子を作りたい」と書いて道行く人に声を掛けた。さてこの作戦はどんな展開になったのか。それは本書を読んでのお楽しみ。

いま日中関係は、首脳交流は再開されたものの訪日中国人客に比べ訪中日本人は依然少ない。14億もの人が住む隣国への無関心がこのまま続くのは残念だ。日本人と中国人のさまざまな場面でのふれ合いで得られた心ゆさぶる体験満載の本書が、まだ訪中したことのない日本人が中国を訪れるきっかけになればと願うばかりである。

人民中国 PEOPLE'S CHINA　2019年1月号

東京　作文でつづる中国の思い出

中国での体験談を募った日本僑報社主催の第1回「忘れられない中国滞在エピソード」コンクールの表彰式が昨年11月22日、駐日本中国大使館で行われた。同コンクールには、10～80代の幅広い年齢層から125作品の応募があり、40点が入選した。

程永華駐日中国大使はあいさつで、「最初から友好が生まれるのではない。交流から理解が生まれる。理解が深まって、初めて信頼が生まれる。信頼が深まって初めて友好だ。努力することで、友好が初めて実現できる」と交流の重要性を訴えた。

最優秀賞に輝いた原麻由美さんは12歳から中国で暮らし、昨年7月に清華大学を卒業した。受賞作の「世界で一番美味しい食べ物」は、うとましいと感じていた中国人の義父と、ギョーザ作りで心を通わせた経験をつづった。表彰式で原さんは、「心と心のつながりは国境や血縁を越えることを、義父との経験が教えてくれました」とスピーチした。

聖教新聞　2018年12月25日

日中平和友好条約締結《ていけつ》40周年を記念

入賞者が中国大使館の程永華駐日大使らと記念のカメラに（11月22日）

日中平和友好条約締結40周年の記念行事を二つ紹介する。

◇

【第1回「忘れられない中国滞在エピソード」コンクール】

日本人の中国滞在経験者を対象とした、このコンクールは、日本僑報社が主催し、中国大使館などが後援。10代から80代まで合計125本の応募があり、40本が入選した。

東京・港区の中国大使館で行われた表彰式（11月22日）で、程永華駐日大使は、中国と日本は「引っ越すことができない」隣国であり、友好への努力を惜しんではならないと力説。「交流から理解が生まれ、理解から信頼が生まれ、信頼から友好が生まれます。ダイナミックに交流を重ね、両国の平和友好関係を一層、強固にしていきたい」と呼び掛けた。

入賞作品は『心と心つないだ餃子――第1回「忘れられない中国滞在エピソード」受賞作品集』に収められている。

段躍中編『心と心つないだ餃子』日本僑報社

◇

【金陵画派新韻――中日水墨画芸術展】

金陵とは、中国・江蘇省の南京のこと。金陵画派とは、明・清の時代に南京を中心に活躍した画家の一派である。日本に留学した画家・傅抱石を中心とする新金陵画派は、伝統を継承しながら新しい芸術を追求し、中国画壇に新風を巻き起こした。

同展は、現代中国画壇で活躍する新金陵画派の世界を紹介。代表作家20人の作品と、日本の関西を中心に活動する40人の作品が公開された。東京・港区の中国文化センターで12月4日から7日まで開かれ、「日中の友好親善の絆を強める展示」（中国大使館の陳諍文化参事官）となった（写真、主催＝江蘇省美術家協会、日中書画芸術交流協会、中国文化センター）。

東京新聞　2018年12月17日

私説　論説室から

想包餃子

「忘れられない中国滞在エピソード」というテーマの作文コンクール表彰式が、中国大使館で行われた。その中に「想包餃子」（ぎょうざを作りたい）と書いた紙を手にした大学生がいた。三本美和《みわ》さん（二二）だった。

三本さんの作文は二〇一六年から約一年間、上海に語学留学した時のこと。現地の人と交流したいと考え、留学仲間と、この中国語を画用紙に大きく書いて公園で掲げてみた。

多くの人は通り過ぎていく。一人の中年女性が足を止め、三本さんたちを見ていた。

すかさず「中国人の生活を体験したいのです」と頼み込んだ。「私は餃子を作るのがうまくない。家もここから遠いけどいい？」

女性は二人と車に乗り、材料を買って高層マンションの自宅に招き入れた。そして、作り方を丁寧に教えてくれた。お礼に二人は、ツナ缶で日本風のおにぎりを作った。

女性は、日中戦争について語り出した。「だから、日本人を好きになれなかった。でも…」と女性は言葉を継いだ。

「お互い憎み合うのは悲しいことだと、今日気がついた。いつでも遊びにおいで」

中国は怖い、韓国は嫌いと言う人が少なくない。そう言う前に、一歩自分から歩み寄ってほしい。何か感じることがあるはずだ。

三本さんは「あの餃子は幸せの味だった」と作文を締めくくった。入賞作品集は日本僑報社から出版されている。

（五味洋治）

北海道新聞 どうしん電子版
2018年11月22日

忘れられぬ経験つづる　中国滞在の作文コンクール

2018/11/22 18:08 更新

最優秀賞に選ばれ、中国の程永華駐日大使（右）から賞状を受け取る原麻由美さん＝２２日、東京都港区の中国大使館

忘れられない中国滞在の経験をテーマにした日本語の作文コンクールの表彰式が２２日、東京都港区の中国大使館であり、７月に中国の清華大を卒業して帰国した原麻由美さん（２３）＝神奈川県＝に最優秀賞、浜松市の高校１年相曽圭さん（１５）ら５人に１等賞が贈られた。

１２歳から中国で暮らしていた原さんは作文で、かつて敬遠していた中国人継父と信頼関係を築くまでのエピソードを紹介。表彰式では「心と心のつながりは、国境や血縁を越えることを（継父が）教えてくれた」とスピーチした。

相曽さんは、父親の赴任で天津日本人学校の小学部に通っていたころの体験を文章にまとめた。いつの間にか自分の中にあった「中国人との間の壁」を壊すと「人々の温かさに気づくことができた」とつづった。

西日本新聞
2018年11月22日

西日本新聞 › ニュース › アジア・世界

忘れられぬ経験つづる　中国滞在の作文コンクール

2018年11月22日17時51分 (更新 11月22日 18時12分)

最優秀賞に選ばれ、中国の程永華駐日大使（右）から賞状を受け取る原麻由美さん＝２２日、東京都港区の中国大使館

写真を見る

作文コンクールの表彰式で賞状を手にする受賞者たち＝２２日、東京都港区の中国大使館

忘れられない中国滞在の経験をテーマにした日本語の作文コンクールの表彰式が２２日、東京都港区の中国大使館であり、７月に中国の清華大を卒業して帰国した原麻由美さん（２３）＝神奈川県＝に最優秀賞、浜松市の高校１年相曽圭さん（１５）ら５人に１等賞が贈られた。

１２歳から中国で暮らしていた原さんは作文で、かつて敬遠していた中国人継父と信頼関係を築くまでのエピソードを紹介。表彰式では「心と心のつながりは、国境や血縁を越えることを（継父が）教えてくれた」とスピーチした。

相曽さんは、父親の赴任で天津日本人学校の小学部に通っていたころの体験を文章にまとめた。いつの間にか自分の中にあった「中国人との間の壁」を壊すと「人々の温かさに気づくことができた」とつづった。

コンクールは日本僑報社が主催し、今回が第１回。１２５本の応募があった。中国の程永華駐日大使は「身近に起きたことがさまざまな角度から書かれていた。交流を通じて理解や信頼が生まれる」と語った。

KYODO 共同通信
2018年11月22日

忘れられぬ経験つづる

中国滞在の作文コンクール

2018/11/22 18:07 (JST) | 12/7 15:31 (JST) updated

最優秀賞に選ばれ、中国の程永華駐日大使（右）から賞状を受け取る原麻由美さん＝22日、東京都港区の中国大使館

忘れられない中国滞在の経験をテーマにした日本語の作文コンクールの表彰式が22日、東京都港区の中国大使館であり、7月に中国の清華大を卒業して帰国した原麻由美さん（23）＝神奈川県＝に最優秀賞、浜松市の高校1年相曽圭さん（15）ら5人に1等賞が贈られた。

12歳から中国で暮らしていた原さんは作文で、かつて敬遠していた中国人継父と信頼関係を築くまでのエピソードを紹介。表彰式では「心と心のつながりは、国境や血縁を越えることを（継父が）教えてくれた」とスピーチした。

相曽さんは、父親の赴任で天津日本人学校の小学部に通っていたころの体験を文章にまとめた。いつの間にか自分の中にあった「中国人との間の壁」を壊すと「人々の温かさに気づくことができた」とつづった。

コンクールは日本僑報社が主催し、今回が第1回。125本の応募があった。中国の程永華駐日大使は「身近に起きたことがさまざまな角度から書かれていた。交流を通じて理解や信頼が生まれる」と語った。

作文コンクールの表彰式で賞状を手にする受賞者たち＝22日、東京都港区の中国大使館

福島民報　2018年11月22日

忘れられぬ経験つづる
中国滞在の作文コンクール

忘れられない中国滞在の経験をテーマにした日本語の作文コンクールの表彰式が２２日、東京都港区の中国大使館であり、７月に中国の清華大を卒業して帰国した原麻由美さん（２３）＝神奈川県＝に最優秀賞、浜松市の高校１年相曽圭さん（１５）ら５人に１等賞が贈られた。

１２歳から中国で暮らしていた原さんは作文で、かつて敬遠していた中国人継父と信頼関係を築くまでのエピソードを紹介。表彰式では「心と心のつながりは、国境や血縁を越えることを（継父が）教えてくれた」とスピーチした。

山陰中央新報 ONLINE NEWS　2018年11月22日

忘れられぬ経験つづる　中国滞在の作文コンクール

忘れられない中国滞在の経験をテーマにした日本語の作文コンクールの表彰式が２２日、東京都港区の中国大使館であり、７月に中国の清華大を卒業して帰国した原麻由美さん（２３）＝神奈川県＝に最優秀賞、浜松市の高校１年相曽圭さん（１５）ら５人に１等賞が贈られた。

１２歳から中国で暮らしていた原さんは作文で、かつて敬遠していた中国人継父と信頼関係を築くまでのエピソードを紹介。表彰式では「心と心のつながりは、国境や血縁を越えることを（継父が）教えてくれた」とスピーチした。

相曽さんは、父親の赴任で天津日本人学校の小学部に通っていたころの体験を文章にまとめた。いつの間にか自分の中にあった「中国人との間の壁」を壊すと「人々の温かさに気づくことができた」とつづった。

コンクールは日本僑報社が主催し、今回が第１回。１２５本の応募があった。中国の程永華駐日大使は「身近に起きたことがさまざまな角度から書かれていた。交流を通じて理解や信頼が生まれる」と語った。

最優秀賞に選ばれ、中国の程永華駐日大使（右）から賞状を受け取る原麻由美さん＝２２日、東京都港区の中国大使館

作文コンクールの表彰式で賞状を手にする受賞者たち＝２２日、東京都港区の中国大使館

福井新聞 FUKUISHIMBUN ONLINE　2018年11月22日

HOME ＞ 全国のニュース ＞ 国際

忘れられぬ経験つづる
中国滞在の作文コンクール

2018年11月22日 午後5時47分

最優秀賞に選ばれ、中国の程永華駐日大使（右）から賞状を受け取る原麻由美さん＝２２日、東京都港区の中国大使館

忘れられない中国滞在の経験をテーマにした日本語の作文コンクールの表彰式が２２日、東京都港区の中国大使館であり、７月に中国の清華大を卒業して帰国した原麻由美さん（２３）＝神奈川県＝に最優秀賞、浜松市の高校１年相曽圭さん（１５）ら５人に１等賞が贈られた。

１２歳から中国で暮らしていた原さんは作文で、かつて敬遠していた中国人継父と信頼関係を築くまでのエピソードを紹介。表彰式では「心と心のつながりは、国境や血縁を越えることを（継父が）教えてくれた」とスピーチした。

相曽さんは、父親の赴任で天津日本人学校の小学部に通っていたころの体験を文章にまとめた。いつの間にか自分の中にあった「中国人との間の壁」を壊すと「人々の温かさに気づくことができた」とつづった。

沖縄タイムス＋プラス OKINAWA TIMES　2018年11月22日

忘れられぬ経験つづる　中国滞在の作文コンクール

2018年11月22日 17:47

忘れられない中国滞在の経験をテーマにした日本語の作文コンクールの表彰式が２２日、東京都港区の中国大使館であり、７月に中国の清華大を卒業して帰国した原麻由美さん（２３）＝神奈川県＝に最優秀賞、浜松市の高校１年相曽圭さん（１５）ら５人に１等賞が贈られた。

最優秀賞に選ばれ、中国の程永華駐日大使（右）から賞状を受け取る原麻由美さん＝２２日、東京都港区の中国大使館

１２歳から中国で暮らしていた原さんは作文で、かつて敬遠していた中国人継父と信頼関係を築くまでのエピソードを紹介。表彰式では「心と心のつながりは、国境や血縁を越えること

Web
東奥

2018年11月22日

忘れられぬ経験つづる　中国滞在の作文コンクール

忘れられない中国滞在の経験をテーマにした日本語の作文コンクールの表彰式が２２日、東京都港区の中国大使館であり、７月に中国の清華大を卒業して帰国した原麻由美さん（２３）＝神奈川県＝に最優秀賞、浜松市の高校１年相曽圭さん（１５）ら５人に１等賞が贈られた。

最優秀賞に選ばれ、中国の程永華駐日大使（右）から賞状を受け取る原麻由美さん＝２２日、東京都港区の中国大使館

１２歳から中国で暮らしていた原さんは作文で、かつて敬遠していた中国人継父と信頼関係を築くまでのエピソードを紹介。表彰式では「心と心のつながりは、国境や血縁を越えることを（継父が）教えてくれた」とスピーチした。

相曽さんは、父親の赴任で天津日本人学校の小学部に通っていたころの体験を文章にまとめた。いつの間にか自分の中にあった「中国人との間の壁」を壊すと「人々の温かさに気づくことができた」とつづった。

佐賀新聞LiVE　2018年11月22日

忘れられぬ経験つづる

中国滞在の作文コンクール

2018/11/22（共同通信）

最優秀賞に選ばれ、中国の程永華駐日大使（右）から賞状を受け取る原麻由美さん＝２２日、東京都港区の中国大使館

作文コンクールの表彰式で賞状を手にする受賞者たち＝２２日、東京都港区の中国大使館

忘れられない中国滞在の経験をテーマにした日本語の作文コンクールの表彰式が２２日、東京都港区の中国大使館であり、７月に中国の清華大を卒業して帰国した原麻由美さん（２３）＝神奈川県＝に最優秀賞、浜松市の高校１年相曽圭さん（１５）ら５人に１等賞が贈られた。

１２歳から中国で暮らしていた原さんは作文で、かつて敬遠していた中国人継父と信頼関係を築くまでのエピソードを紹介。表彰式では「心と心のつながりは、国境や血縁を越えることを（継父が）教えてくれた」とスピーチした。

相曽さんは、父親の赴任で天津日本人学校の小学部に通っていたころの体験を文章にまとめた。いつの間にか自分の中にあった「中国人との間の壁」を壊すと「人々の温かさに気づくことができた」とつづった。

中日新聞
CHUNICHI Web
2018年11月22日

忘れられぬ経験つづる　中国滞在の作文コンクール

四国新聞社　2018年11月22日

忘れられぬ経験つづる／中国滞在の作文コンクール

2018/11/22 17:47

メールで記事を紹介　印刷する　一覧へ

ツイート　B! 0　シェア 0

忘れられない中国滞在の経験をテーマにした日本語の作文コンクールの表彰式が22日、東京都港区の中国大使館であり、7月に中国の清華大を卒業して帰国した原麻由美さん（23）＝神奈川県＝に最優秀賞、浜松市の高校1年相曽圭さん（15）ら5人に1等賞が贈られた。

作文コンクールの表彰式で賞状を手にする受賞者たち＝22日、東京都港区の中国大使館

12歳から中国で暮らしていた原さんは作文で、かつて敬遠していた中国人継父と信頼関係を築くまでのエピソードを紹介。表彰式では「心と心のつながりは、国境や血縁を越えることを（継父が）教えてくれた」とスピーチした。

最優秀賞に選ばれ、中国の程永華駐日大使（右）から賞状を受け取る原麻由美さん＝22日、東京都港区の中国大使館

相曽さんは、父親の赴任で天津日本人学校の小学部に通っていたころの体験を文章にまとめた。いつの間にか自分の中にあった「中国人との間の壁」を壊すと「人々の温かさに気づくことができた」とつづった。

コンクールは日本僑報社が主催し、今回が第1回。125本の応募があった。中国の程永華駐日大使は「身近に起きたことがさまざまな角度から書かれていた。交流を通じて理解や信頼が生まれる」と語った。

IWATE NIPPO
2018年11月22日

忘れられぬ経験つづる
中国滞在の作文コンクール

東京新聞
TOKYO Web
2018年11月22日

忘れられぬ経験つづる　中国滞在の作文コンクール

YOMISAT 中国・アジア

2018年6月28日

中国滞在時の体験記を募集

日本僑報社

【北京＝比嘉清太】日中関係の書籍を出版している「日本僑報社」（本社・東京都豊島区）が、中国滞在経験のある日本人を対象に、滞在時の忘れられないエピソードをつづる作文を募集している。日中平和友好条約締結40周年の今年、応募作品から40人分を収録して書籍化することも検討している。

同社は昨年、日本人の中国留学経験者を対象に留学エピソードをつづる作文を募集、書籍化しており、日中双方のメディアで話題を読んだ。その拡大版と位置づける今回の事業では、旅行や留学を含め、滞在期間の長短は問わない。現在、中国に滞在中の日本人でも応募できる。

同社編集長の段躍中さんは、「中国での体験を記してもらうことで、日中の相互理解の促進につなげたい」と話している。

最優秀賞（1人）には賞金10万円が進呈される。応募期間は今月30日まで。原稿の送付先は、メール（40@duan.jp）へ。文字数は3000字で、略歴200字。詳細は同社のホームページ（http://duan.jp.cn）で。

忘れられない中国滞在エピソード大募集

日本僑報社主催

日本僑報社が「忘れられない中国滞在エピソード」を左記の要領で募集しています。これは日中平和友好条約締結40周年を記念した取り組み。

▽内容＝中国滞在時の貴重な思い出、帰国後の中国とのかかわり、近況報告、中国の魅力、今後の日中関係への提言など

▽エピソードは日本語3000字＋文末に略歴200字（ワード形式で）

文字数のほか、郵便番号、住所、氏名、年齢、性別、職業、連絡先（E-mail、電話番号、微信ID）といった情報を、エクセル形式で一行にまとめて送付

▽写真＝滞在時の思い出の写真1枚と筆者の近影1枚

▽送付先＝E-mail 40@duan.jp（送信メールの件名（タイトル）は「忘れられない中国滞在エピソード応募」と記入、応募者の氏名も明記

▽応募期間＝6月1日（金）～30日（土）

▽入選発表＝8月31日（金）予定

▽特典＝最優秀賞（中国大使賞）1名（賞金10万円）、1等賞5名、2等賞10名、3等賞24名、佳作賞をそれぞれ進呈

▽問い合わせ＝☎03（5956）2808 担当（張本、伊藤）

日中友好新聞　2018年6月15日

公募ガイド

2018年6月号

体験記・作文ほか　＼第1回／ 日中平和友好条約締結40周年記念「忘れられない中国滞在エピソード」募集

副賞 10万円　原稿 3000字程度　入選 40編　2018 6/30

舞台は中国、とっておきの思い出を！

留学生やビジネスパーソン、行政・教育・文化・スポーツ・科学技術関係者や駐在員家族、国際結婚をした人、短期旅行者など、幅広い分野や立場での中国滞在経験者のエピソードを募集。中国人の同僚や部下、恩師や友人、家族との関わり、現在の中国との関わり、知る人ぞ知る中国の魅力、日中関係への提言といった平和友好条約締結40周年を記念するにふさわしい作品を。入選作40編は、作品集として刊行される予定。（ふ）

応募要項

●内容／忘れられない中国滞在エピソードを募集。　**●規定**／メールで応募。Word形式で、3000字程度。文末に200字程度の略歴をつける。縦書き。1行の字数、1枚の行数自由。末尾に〒住所、氏名、年齢、性別、職業、連絡先（メールアドレス、TEL、あれば微信ID）を明記。滞在時の思い出の写真1枚と応募者の近影1枚をJPG形式で添付。長辺600ピクセル以内。写真は入選の連絡後に送付しても可。メールの件名は「忘れられない中国滞在エピソード応募（応募者名）」とする。応募数自由。　**●資格**／中国滞在経験のある日本人　**●賞**／1等賞（中国大使賞）1編＝10万円、ほか　**●応募期間**／6月1日～30日　**●発表**／8月31日予定

応募先 40@duan.jp　問合せ 03-5956-2808　03-5956-2809　http://duan.jp/news/jp/20180402.htm　主催：日本僑報社

Record China　2018年11月24日

■ TOP > 社会

「餃子が心と心をつないだ」＝忘れられない中国滞在エピソード最優秀賞の原麻由美さん、表彰式で日中国民の友好訴え<受賞作全文掲載>

Record china　配信日時：2018年11月24日(土) 11時0分

中国に滞在した経験のある日本人を対象にした第1回「忘れられない中国滞在エピソード」コンクールの表彰式が東京の中国大使館で開催された。最優秀賞を受賞した原麻由美さんの「世界で一番美味しい食べ物」。写真は表彰式風景。

公明新聞　2018年4月13日

◆第１回「忘れられない中国滞在エピソード」募集

日中平和友好条約締結40周年に当たる2018年、中国に滞在したことのある日本人を対象にした第１回「忘れられない中国滞在エピソード」の原稿を募集する。文字数は3000字で、応募期間は６月１～30日。入選発表は８月31日。送信メールのタイトルに「忘れられない中国滞在エピソード応募（氏名）」として、40@duan.jp（Ｅメール）へ。詳しい問い合わせは☎03・5956・2808へ。

日中文化交流　2018年5月1日

日本僑報社主催「忘れられない中国滞在エピソード」募集はじまる

日本僑報社（段躍中編集長）は、6月1日から30日まで、第1回「忘れられない中国滞在エピソード」への原稿の公募を実施する。

公募内容は、中国滞在時の思い出や、帰国後の中国との関わり、中国の魅力、日中関係への提言など。中国滞在経験者が対象。入選発表は8月31日を予定しており、40本の入選作品は単行本として出版される予定。当協会後援。

応募方法、特典など詳細は、HP（htp://duan.jp/cn/2018.htm）参照。

日本と中国　Japan and China Friendship Newspaper　2018年5月1日

「忘れられない中国滞在エピソード」第1回作品を6月1日から募集　1等の中国大使賞は賞金10万円！

日本僑報社は、今年の日中平和友好条約締結40周年を記念して、中国に滞在したことのある日本人を対象とした第1回「忘れられない中国滞在エピソード」（駐日中国大使館、（公社）日中友好協会などが後援）の原稿を募集する。

1972年に日中国交正常化が実現し、79年に両国政府が留学生の相互派遣で合意して以来、これまで約23万人の日本人が中国へ留学し、来日した中国人留学生は累計100万人を超えるという。

今回は、中国滞在時のとっておきのエピソードをはじめ、現在の中国との関わり、知る人ぞ知る中国の魅力、そしてこれからの日中関係にプラスになるような提言といった、40周年を記念するにふさわしい内容のオリジナリティーあふれる作品を募集する。

40周年に合わせて、原則として40作品を入選作として選び、それらを1冊の作品集として刊行する予定。さらに入選作から、1等賞1人（中国大使賞）、2等賞10人、3等賞29人（以上40人・作品）、佳作賞若干名を選出し、1等賞には副賞10万円が贈られる。

応募期間は6月1日から6月30日まで。応募の詳細は同社ホームページ（http://duan.jp/news/jp/20180402.htm）を参照のこと。

人民日報 海外版
PEOPLE'S DAILY OVERSEAS EDITION
2019年1月9日

讲述交往故事，增进交流理解

《连心饺子》汇集日本友人记忆

本报驻日本记者　刘军国

■"难忘的旅华故事"征文比赛显示中日民众相互交流的热情

■通过在中国学习历史、以史为鉴，理解了和平的珍贵

日本庆应大学学生正在翻看《连心饺子》一书。　本报记者　刘军国摄

为纪念中日和平友好条约缔结40周年，由日本侨报出版社主办、中国驻日本大使馆担任后援单位的第一届"难忘的旅华故事"征文比赛颁奖典礼日前在东京举行。中国驻日本大使程永华、日本侨报社总编辑段跃中，日本财务大臣政务官伊佐进一，日中友好协会顾问小岛康誉以及获奖者等约150人出席了此次颁奖礼。

在颁奖礼上，获奖者先后上台分享了各自在中国的见闻以及与中国朋友交往的感人故事。各位获奖者均表示，通过在中国工作、学习和生活的经历，认识了一个完全不一样的中国，今后愿做日中友好交流的桥梁，增强两国关系发展的民意纽带。

期待日本民众多去中国走走看看

"难忘的旅华故事"征文比赛面向所有拥有旅华经历、包括目前正在中国的日本民众，征集他们旅华期间的故事，旨在促进日中友好交流和相互理解。在众多参赛作品中，有的讲述与中国民众的交往故事，有的抒发体验中国文化的感悟。获奖文章已经结集为《连心饺子》一书出版，并在日本各大实体和网络书店销售。

日本自民党干事长二阶俊博发来贺信表示："希望有旅华经历的日本人将这一宝贵经历充分运用到日中友好交流中，希望广大日本读者能够铭记阅读时的感动，能够亲眼去看一看中国，从而写出更多新的难忘的旅华故事。"

国之交在于民相亲。程永华在颁奖礼致辞中说，"难忘的旅华故事"征文比赛成功举办，充分显示了中日两国民众相互交流的热情。很高兴看到很多日本民众从对中国一无所知，到通过交流与中国民众加深相互了解、增进理解和信任，最终建立起牢固的友谊。

2018年是中日和平友好条约缔结40周年。程永华表示，在中日关系保持良好改善发展势头的大背景下，希望两国民众特别是青年之间进一步扩大交流、增进友谊，为中日关系长期健康稳定发展发挥积极作用。

段跃中对本报记者说，希望日本全国各地的民众都能读到《连心饺子》一书，能够多去中国走走看看，感受中国悠久灿烂的文化、日新月异的变化，结识中国淳朴善良的民众。

希望向更多人讲述中国的魅力

很多日本民众读了《连心饺子》中的故事后备受感动，希望去中国看看。日本前首相福田康夫为《连心饺子》撰写序言，称赞这些珍贵的经历对于促进日中两国人民相互理解发挥着重要作用。

2018年7月刚从清华大学毕业的原麻由美回忆自己10年的赴华学习生活，撰写了《世界上最美味的食物》一文，讲述了饺子作为心与心之间的纽带，给自己人生带来的积极影响。

在颁奖礼上，原麻由美激动地讲述了自己在中国的美好回忆。2008年，由于母亲与中国继父结婚，12岁的原麻由美跟随母亲从日本来到中国上学。初到中国，原麻由美每次考试都在班级里倒数第一，这令她很难受。

一天放学后，中国继父带着原麻由美去一家饺子馆吃饭。吃着热腾腾的饺子，中国继父打破了沉默："不要为倒数第一名感到羞愧。你只学习了一年汉语，同学们的母语是汉语，你们成绩不一样是正常的。你把中国同学当作榜样去努力，为超越过去的自己而奋斗，慢慢进步就可以了。"这段话深深地温暖了原麻由美。那年春节，原麻由美向继父提议全家人一起包饺子，边吃边聊。从那以后，原麻由美从心底里接受了中国继父，成为真正意义上的一家人。

原麻由美在文中写道："十年在中国的学习生活中，给予我如饺子一样热腾腾的爱的人无疑就是中国继父。与继父一起吃饺子的温暖和幸福就像太阳一样，照亮了我的心灵，给予了我无限的希望，给予我和继父超越国境与血缘的父女之情。从此，我们一起吃的饺子也变成了世界上最美味的食物，成为心与心之间的纽带。"

原麻由美认为，与中国人相处、交流并学习中国文化的经历是她一生中宝贵的经验。在文章结尾，原麻由美表示："希望通过介绍自己在中国的美好回忆，向更多人传达中国的魅力。"

从历史中理解和平的珍贵

程永华说，尤其令人感到欣慰的是，有的作者通过参观历史纪念馆和战争遗迹，加深了对中日之间不幸历史的了解，写下了对中日关系的深入思考。正是这种正视历史、以史为鉴、面向未来的正确态度，才有助于两国民众超越历史纠葛，构筑两国和平友好合作关系。

一名叫中关令美的东京姑娘在文章中讲述了自己与一名南京姑娘的故事。当中关令美告诉家人，应中国朋友之邀要去南京旅游时，祖父母表达了深切担忧和强烈反对。中关令美不顾家人反对，只身一人前往南京。

曾经在中学历史教科书中了解了南京大屠杀历史的中关令美到达南京之后，起初特别在意自己的国籍。在海关入关处，为把护照正面的"日本"两字藏起来，她刻意把护照反面朝上交给工作人员。每当被出租车司机、餐馆服务员问起自己的国籍，她内心都十分忐忑。但令她惊讶的是，当她告诉对方自己是日本人时，对方依然友善地对待她。

当她的南京朋友问她最想去哪里时，中关令美说，希望去侵华日军南京大屠杀遇难同胞纪念馆参观。在认真参观完纪念馆后，她的中国朋友说道："历史不容篡改，南京大屠杀铁证如山、不容推翻。但我们永远是朋友。"中关令美顿时泪如泉涌。她意识到，虽然时钟无法拨回到1937年，无法阻止那场大屠杀，但是我们可以以史为鉴，从历史中学习和平的珍贵。

中关令美最后写道："在机场与中国朋友道别之后，我种下了一个新的梦想，那就是将来做日本和中国友好的桥梁。我将把在南京的经历铭记在心，继续努力下去。"

（本报东京电）

中文導報 CHUBUN　2018年11月29日

"难忘的旅华故事" 东京颁奖

Record China　2018年4月4日

■ TOP > 社会

「忘れられない中国滞在エピソード」大募集！＝日中平和友好条約締結40周年記念

配信日時：2018年4月4日(水) 18時0分

Email
Share
Tweet
コメント

中华人民共和国驻日本国大使馆

日本僑報社は、日中平和友好条約締結40周年を記念して、中国に滞在したことのある日本人を対象とした第1回「忘れられない中国滞在エピソード」原稿を大募集します！

1972年の日中国交正常化以降、とくに1979年に両国政府が留学生の相互派遣で合意してから、これまでに中国は累計約23万人の日本人留学生を受け入れており、来日した中国人留学生は累計100万人を超えています。

人民日报 海外版
PEOPLE'S DAILY OVERSEAS EDITION

2018年12月7日

07
改革开放与党的九十年
读王蒙《中国人的思路》

《连心饺子》在日首发

为纪念中日和平友好条约缔结40周年、由日本侨报出版社主办、中国驻日大使馆支援的第一届"难忘的旅华故事"征文比赛颁奖典礼暨获奖文集《连心饺子》首发式，近日在东京举行。中国驻日本大使程永华，日本众议院议员、财务大臣政务官伊佐进一、日本著名作家海老名香叶子等及获奖者约150人出席。

日本前首相福田康夫在为《连心饺子》撰写的序言中写到，读完"旅华故事"后心潮澎湃，这些珍贵的经历对于促进日中两国民相互理解发挥不可替代的重要作用，无疑将成为日中关系发展的正能量。

日本自民党干事长二阶俊博发来贺信表示，希望有旅华经历的日本人将这一宝贵经历充分运用到日中友好交流中，希望广大日本读者能够铭记阅读时的感动，去亲眼看一看中国，从而写出更多新的难忘的旅华故事。

（刘军国）

首届“难忘的旅华故事”征文比赛在东京揭晓

2018年11月23日 12:01　来源：经济日报-中国经济网　苏海河

［手机看新闻］［字号 大 中 小］［打印本稿］

程永华大使为获奖作者颁奖

经济日报-中国经济网东京11月23日讯（记者　苏海河）为纪念中日和平友好条约缔结40周年，由日本侨报出版社主办、中国驻日大使馆支援的首届“难忘的旅华故事”征文比赛，11月22日评选揭晓并在我国驻日大使馆举行颁奖典礼。

中国经济网
www.ce.cn
2018年11月23日

中青在线 2018年11月26日

《连心饺子》首发：旅华故事传递中日友好

发布时间：2018-11-26 14:04 来源：中青在线 作者：蒋肖斌

中青在线讯（中国青年报・中青在线记者 蒋肖斌）为纪念中日和平友好条约缔结40周年，由日本侨报出版社主办、中国驻日大使馆支持的第一届“难忘的旅华故事”征文比赛颁奖典礼暨获奖文集《连心饺子》首发式，11月22日在东京举行。

程永华大使在会场和原麻由美合影。段跃中摄

中国驻日本大使程永华向清华大学留学生原麻由美颁发了“中国大使奖”，向日本众议院议员兼财务大臣政务官伊佐进一颁发了“特别奖”，另有54位日本人分别获得一二三等和佳作奖。

www.news.cn 新华网 NEWS www.xinhuanet.com 2018年11月24日

第一届“难忘的旅华故事”征文比赛颁奖典礼在东京举行

2018-11-24 14:18:40 来源：新华网

新华网东京11月24日电（记者 姜俏梅）为纪念中日和平友好条约缔结40周年，由日本侨报社主办的第一届“难忘的旅华故事”征文比赛颁奖典礼近日在中国驻日本大使馆举行，日本各界代表160余人出席了颁奖典礼。

曾在清华大学留学的日本女孩原麻由美以《世界最美味食物》一文获得最高奖项“中国大使奖”。原麻由美在文章中写道，“饺子如太阳一般照耀到我的心底，给我希望，支撑着我在中国的留学生活，并帮助我和继父之间建立起超越国界和血缘的亲子关系。在我心里，饺子是能够超越国界，让人与人心灵相通的全世界最美味的食物。”

中国驻日本使馆举行“难忘的旅华故事”征文比赛颁奖仪式

11 月 22 日，中国驻日本使馆举行“ 难忘的旅华故事 ”征文比赛颁奖仪式，中国驻日本大使程永华，众议院议员、财务大臣政务官伊佐进一，日中友好协会顾问小岛康誉以及获奖者等约 150 人出席。

程大使在致辞中表示，“ 难忘的旅华故事 ”征文比赛成功举办，充分显示了中日两国民众相互交流的热情。在众多参赛作品中，有的讲述与中国人的交往趣事，有的描写体验中国文化的感悟，这些发生在普通日本民众身边的故事令人感动。很高兴看到很多日本民众从对中国一无所知，到通过交流与中国民众加深相互了解认识，在此基础上增进相互理解和信任，进而建立起牢固的友好感情。尤其令人感到欣慰的是，有的作者通过参观历史纪念馆和战争遗迹，加深了对中日之间不幸历史的了解，写下了对中日关系的深入思考。正是这种正视历史、以史为鉴、面向未来的正确态度，才有助于两国民众超越历史纠葛，实现民族和解并构筑两国和平友好合作关系。

程大使表示，今年是中日和平友好条约缔结 40 周年，在双方共同努力下，两国关系在重回正轨基础上取得新的发展。今年 5 月，李克强总理成功访问日本。安倍首相上个月访问中国，两国领导人一致同意开展更加广泛的人文交流，增进相互理解。两国领导人还同意将明年定为“ 中日青少年交流促进年 ”，鼓励两国各界特别是年轻一代踊跃投身中日友好事业。2020 年、2022 年，东京和北京将相继迎来夏季和冬季奥运会，在中日关系保持良好改善发展势头的大背景下，希望两国民众特别是青年进一步扩大交流，增进友谊，为中日关系长期健康稳定发展发挥积极作用。

自民党干事长二阶俊博发来贺信表示，希望有旅华经历的日本人将这一宝贵经历充分运用到日中友好交流中，希望广大日本读者能够铭记阅读时的感动，多去亲眼看一看中国，从而写出更多新的“ 难忘的旅华故事 ”。希望通过此次征文比赛，日本民众可以增加与中国的交往，加深对中国的了解，为日中关系改善发展贡献更多力量。

伊佐进一和获奖者分别上台发言，分享了在中国的见闻以及与中国朋友交往的感人故事。获奖者表示，通过在中国生活、旅行，增进了了解中国，改变了对中国的刻板印象。日中关系不仅是政治（转第 3 版）

大富報 2018年12月2日

中华人民共和国驻日本国大使馆
EMBASSY OF THE PEOPLE'S REPUBLIC OF CHINA IN JAPAN

中文 日本語

2018年11月23日

驻日本使馆举行“难忘的旅华故事”征文比赛颁奖仪式

11月22日，驻日本使馆举行“难忘的旅华故事”征文比赛颁奖仪式，程永华大使、日本侨报社社长段跃中、众议院议员、财务大臣政务官伊佐进一、日中友好协会顾问小岛康誉以及获奖者等约150人出席。

程大使在致辞中表示，“难忘的旅华故事”征文比赛成功举办，充分显示了中日两国民众相互交流的热情。在众多参赛作品中，有的讲述与中国人的交往趣事，有的描写体验中国文化的感悟，这些发生在普通日本民众身边的故事令人感动。很高兴看到很多日本民众从对中国一无所知，到通过交流与中国民众加深相互了解认识,在此基础上增进相互理解和信任，进而建立起牢固的友好感情。尤其令人感到欣慰的是，有的作者通过参观历史纪念馆和战争遗迹，加深了对中日之间不幸历史的了解，写下了对中日关系的深入思考。正是这种正视历史、以史为鉴、面向未来的正确态度，才有助于两国民众超越历史纠葛，实现民族和解并构筑两国和平友好合作关系。

人民视频 v.people.cn 2018年11月23日

“难忘的旅华故事”征文比赛在东京举行颁奖仪式

2018/11/23 22:59:44 来源：人民网-人民视频

人民网 people.cn 2018年11月22日

“难忘的旅华故事”征文比赛东京颁奖 日本留学生荣获“中国大使奖”

2018年11月22日17:14 来源：人民网-日本频道

首届征文大赛颁奖典礼颁奖嘉宾及获奖者合影

人民网东京11月22日电（吴颖）11月22日，第一届“难忘的旅华故事”征文比赛在中国驻日本使馆举行颁奖典礼。本次征文比赛为纪念中日和平友好条约缔结40周年，由日本侨报出版社主办、中国驻日大使馆支援。

国际 22

“武术让我亲近中国文化”

人工智能，需要“负责任的创新”

电子屏幕对法国“新一代”危害大

“清洁印度”运动仍有待观念变革

人民日报 2018年4月3日

“难忘的旅华故事”征文比赛在东京启动

本报东京4月2日电 （记者**刘军国**）为纪念中日和平友好条约缔结40周年，第一届“难忘的旅华故事”征文比赛4月2日在东京启动。

您在中国生活和工作期间有哪些难忘的故事？您心中一直怀念哪位中国朋友？您现在与中国割舍不断的联系是什么？您是怎样讲述您认识的中国人及中国魅力的……主办方希望在中国生活和工作过的日本各界人士拿起笔来，写出珍藏在心中的记忆，分享各自的原创故事，从而让更多的日本人了解到在中国生活和工作、旅游的快乐，让更多的人感受到中国独特的魅力，促进中日之间的相互理解。

2017年，日本侨报出版社举办了首届“难忘的中国留学故事”征文比赛，受到日本各界好评。据悉，由于很多没有在中国留学的日本人也想参加该活动，在中日和平友好条约缔结40周年之际，主办方把参加对象扩大至所有在中国生活和工作过的日本人，并表示将把此项活动长期办下去。中国驻日本大使馆是本次活动的后援单位。

第一届“难忘的旅华故事”征文比赛结果揭晓

2018年09月13日07:15　来源：人民网-国际频道　　分享到：

人民网
people.cn
2018年9月13日

人民网东京9月12日电（记者 刘军国）为纪念中日和平友好条约缔结40周年，由日本侨报社主办的第一届“难忘的旅华故事”征文比赛评选结果9月12日揭晓。清华大学留学生原麻由美获中国大使奖，另有54位日本人分别获得一二三等和佳作奖。

本次“旅华故事”征文活动是以促进中日友好交流和相互理解为目的，向拥有旅华经验（包括目前正在中国）的日本人征集他们旅华期间的珍贵往事，特别是那些符合中日和平友好条约精神的原创作品。

据了解，主办方审查员评价作品主要依据以下标准。一是符合“难忘的旅华故事”主题，写出了令人感动、印象深刻的故事，二是通过自己独特的旅华经验，使读者感受到勇气、希望等充满“正能量”，三是对今后的中日关系的良性发展，有着积极引导的作用。

此次征文是去年举办、广受好评的“难忘的中国留学生故事”的扩大版。据主办方介绍，此次共收到125篇作品，都是作者亲历的倾心之作，有的作者依然生活在中国，有的作者已经回到日本。

获奖名单如下：http://duan.jp/cn/2018shou.htm。

主办方将把获得中国大使奖和一二三等奖的40部作品结集出版在日本公开发行。颁奖典礼暨出版纪念酒会将于11月22日中国驻日大使馆举行。

公明新聞

2018年
10月26日

中国 私の留学時代

公明党参院議員 西田 実仁

学生、教授との交流は「宝」

日中関係をテーマに出版する、日本僑報社の段躍中代表から、「中国留学のエピソードを」と依頼があり、『忘れられない中国留学エピソード』【写真】に拙文を寄せた。そこで私の中国留学時代をお伝えしてみたい。

留学したのは1982年、私が慶応義塾大学経済学部の2年生で19歳だった。留学先は、北京語言学院。世界各国からの留学生で溢れていた。中国に留学したいという思いは、高校時代からだろうか。

母が10歳まで旧満州で育ち、「戦争に敗れて逃げ帰ってくるときに、現地の中国人に食べるものや着るものなど、大変に世話になった」と幼い頃から聞いていた。もし、母がそこで亡くなれば、今の私は存在しないわけで、「自らのルーツともいうべき中国大陸に渡って、中国の人々と中国語で話ができるようになりたい」という素朴な思いからだった。

初めての海外が中国・北京。両親と離れて一人暮らしをするのも初めて。薄暗い洗い場で、衣服を手洗いするのも初めて。その思い出は、年を重ねるごとに、より膨らみ、私にとって貴重な「宝」となっていることを実感する。

2004年、参院議員に送り出していただき、日中の諸問題に直接、携わる機会を拝した。13年、国家主席就任前の習近平氏と公明党の山口那津男代表が約70分間、会談する場に陪席した。その後、15年、そして今年9月、山口代表とともに中国・北京へ渡り、安倍晋三首相の親書を要人に手渡すなど、中国との交流窓口として、働かせていただいている。

留学の思い出は、楽しいことばかりだ。語言学院の前の五道口の商店で、当時はまだ配給制だった肉票や布票を使って、肉や洋服を買ったこと、ちょうど20歳になったお祝いに、同班同学と気の抜けたビールで乾杯したこと、郊外には馬車でわらを運ぶ農民がいて、その糞に当たりそうになったこと、などなど。

ある初老の大学教授との出会いも忘れられない。当時、中華人民共和国が誕生して33年。先生はそれまでの様々な出来事を振り返りながら、自宅で夜の「互相学習」の時間を持ってくださった。とても心地よかった。目的は、日本語と中国語を相互に学びあうことだったが、実際にはほとんど中国語による会話となった。ときに諭すように、ときに嘆き、ときに笑い、そして期待を込めて、話しかけてくれた優しい眼差しは今も忘れていない。当時の中国を、そして日中関係を深く考えるきっかけとなった。

日中の学生が集まって、誰かの誕生日に「餃子会」と称して、宿舎内で、いろいろなものを餃子の皮に包んで食べたことは昨日のことのように思い起こす。中国に留学できれば最高だ。そして、旅行でも、仕事でも、とにかく触れ合うことから交流は始まる。お互いに引っ越すことのできないお隣の国にいるのだから。（にしだ・まこと）

段躍中編『忘れられない中国留学エピソード』（日本僑報社＝☎03・5956・2808＝2600円＋税）

中国留学時代の西田氏（右から3人目）＝1982年

THE YOMIURI SHIMBUN
讀賣新聞 2018年3月18日

記者が選ぶ

忘れられない中国留学エピソード

段躍中編

中国で日本語を学ぶ学生たちの作文コンクールを長く催してきた出版社が、今度は日本人の中国留学経験者を対象に、留学エピソードをつづる作文を募集した。本書は入賞作を含む計48本を収録した。

還暦を過ぎてMBA（経営学修士）コースに入学した人、現在はネットラジオで活躍する人など、経歴も様々だが、体験している内容も幅広い。不幸な歴史を抱えているだけに、心温まる体験ばかりではない。だが、留学がそれぞれの人生に、大切な何かを刻んだことがよく分かる。行って暮らしてみることの意義や魅力が伝わってくる。

今回の取り組みで友好親善が深まるというのは、単純すぎる理解かもしれない。だが、継続していくことで育つものが、確実にあると感じられた。（日本僑報社、2600円） （佑）

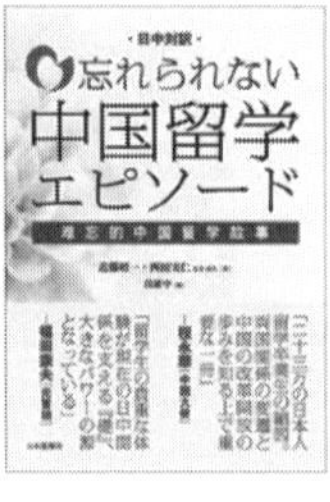

讀賣新聞 オンライン 2018年3月28日

ライフ　本よみうり堂　コラム　記者が選ぶ

『忘れられない　中国留学エピソード』 段躍中編

2018年03月28日

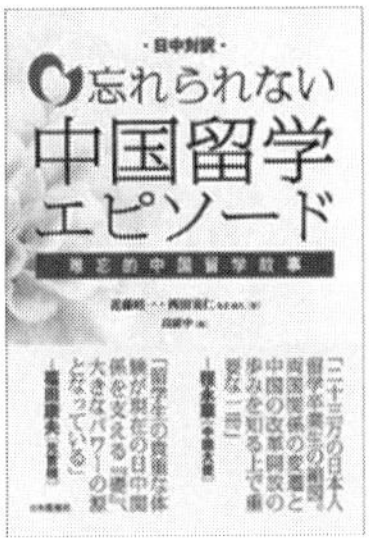

中国で日本語を学ぶ学生たちの作文コンクールを長く催してきた出版社が、今度は日本人の中国留学経験者を対象に、留学エピソードをつづる作文を募集した。本書は入賞作を含む計48本を収録した。

還暦を過ぎてMBA（経営学修士）コースに入学した人、現在はネットラジオで活躍する人など、経歴も様々だが、体験している内容も幅広い。不幸な歴史を抱えているだけに、心温まる体験ばかりではない。だが、留学がそれぞれの人生に、大切な何かを刻んだことがよく分かる。行って暮らしてみることの意義や魅力が伝わってくる。

今回の取り組みで友好親善が深まるというのは、単純すぎる理解かもしれない。だが、継続していくことで育つものが、確実にあると感じられた。（日本僑報社、2600円）（佑）

しんぶん赤旗 2018年5月13日

忘れられない中国留学エピソード

段躍中編

中国政府の発表によるとこれまでに中国を訪れた日本人留学生は約23万人。日中国交正常化45周年の2017年、これら留学経験者を対象に呼びかけられた第1回「忘れられない中国留学エピソード」コンクールの入選作品集です。抗日戦線にも従事した日本嫌いの先達の学者に思い切って質問し、快く受け入れられた経験（堀川英嗣氏）など45作品を収録します。中国語対訳つき。

（日本僑報社・2600円）

国際貿易 2018年1月30日

近着の図書紹介

■『忘れられない中国留学エピソード』（段躍中編・日本僑報社・2600円＋税）

日本僑報社は17年、日中国交正常化45周年を記念して第1回「忘れられない中国留学エピソード」コンクール（当協会などが後援）を実施した。93本の応募があり、45本が入賞。応募者は20代から80代、留学時期は70年代から現代まで。入賞作と留学経験のある国会議員の近藤昭一、西田実仁氏による寄稿、親族から送られた故幾田宏氏（享年89歳）の日記の一部を収録。小林陽子氏（深圳大学留学）は日本にいた時に中国人から日本の習慣について質問攻めに遭い、答えに窮していた。しかし、留学してみると、日本人の習慣になかったことを不思議に思い、質問ばかりしている自分を発見した。日中対訳になっている。（亜娥歩）

人民中国 PEOPLE'S CHINA 2018年2月号

東京　世代を超えた留学交流

昨年12月8日、駐日本中国大使館は中国留学経験者の交流の場として、「2017年中国留学経験者の集い」を開催した。約250人の参加者の年齢層は幅広く、世代を越えて中国留学の思い出や帰国後の様子を和やかに語り合った。

当日は「『忘れられない中国留学エピソード』入選作品集発刊式」も同時開催され、28年前の北京大学留学での経験をつづって一等を受賞し、訪中旅行の機会を得た岩佐敬昭さんは、「訪中旅行では中国人の友人と28年ぶりに再会した。見た目は変わったが、優しい瞳がそのままだった。ウイーチャットアドレスも交換したので、これからはいつでも連絡ができる」と喜びを語り、これを機会に引き続き中日交流を大切にしていく決意を新たにしたと締めくくった。

中国関連書籍紹介

【日中対訳】忘れられない中国留学エピソード

－難忘的中国留学故事－

近藤昭一、西田実仁など48人〈共著〉・段躍中〈編〉

日本僑報社
2,600円（税別）

日中国交正常化45周年記念・第1回「忘れられない中国留学エピソード」受賞作品集。お隣の国・中国がこれまでに受け入れた日本人留学生は累計23万人！この「中国留学エピソード」は、日中相互理解の促進をめざし中国留学の経験者を対象として2017年にスタート（日本僑報社主催）。記念すべき第1回には短期募集にも関わらず北京大学、南京大学など留学先は52校、20～80代までの幅広い世代による93本もの作品が寄せられた。本書には入賞作を含め計48本を収録。心揺さぶる感動秘話や驚きの体験談などリアル中国留学模様を届ける。

日本と中国
Japan and China Friendship Newspaper
2018年2月1日

23万人の日本人留学卒業生の縮図 『忘れられない中国留学エピソード』が発売

タグ：留学　中国　作文　コンクール

発信時間：2018-01-08 15:00:56 | チャイナネット | 編集者にメールを送る

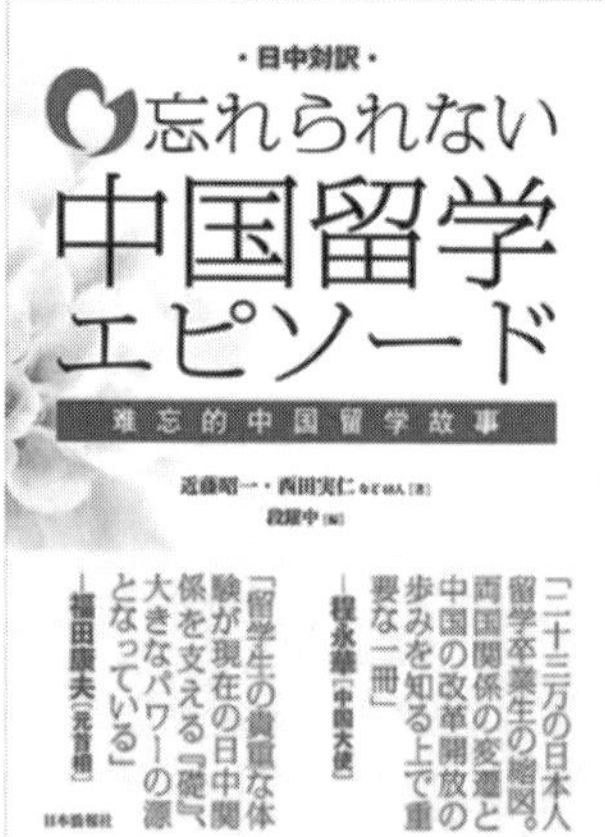

中日国交正常化45周年にあたる2017年、在日本中国大使館の支援のもとで、日本僑報社は日本の中国留学経験者を対象とした第1回『忘れらない中国留学エピソード』コンクールを開催した。45日間の募集期間に、政治家や外交官、ジャーナリスト、会社員、日本語教師、主婦、現役の留学生など各分野で活躍する人たちから93本の寄稿が集まった。入賞作を含め、その中から選ばれた48本の応募作品を日本僑報社は『忘れられない中国留学エピソード』という本に収録し、12月に出版した。

中国网
2018年1月8日

毎日新聞 MAINICHI

2018年
1月27日

憂楽帳

可愛い人

「あなたは顔が大きすぎるから、美容整形をして骨を削ったら?」。最近出版された「忘れられない中国留学エピソード」(日本僑報社)に、タレントを目指して北京電影学院に留学し、中国の同級生から整形手術を勧められた元留学生の体験談が載っている。

筆者で埼玉県在住の中国語講師、小林美佳さん(48)に聞くと、「結局、整形しなかったけれど、本当にショックで食事ものどを通らなかった」とふり返った。美容整形が珍しかった1990年代の話だ。

中国は今、市場規模で米国、ブラジルに次ぐ世界3位の「整形大国」になっている。旧知の女性が大きな整形手術をしていたことを知り、驚いたことも一度や二度ではない。その際、どう声をかけるか。実に悩ましい。

整形しようか悩んでいた小林さんを救ったのは「あなたは可愛い人」という別の同級生の一言だったという。

「美しい人が可愛いのではなく、可愛らしい人が美しいのです」。ロシアの文豪トルストイの言葉だ。もっと知られてほしい。【浦松丈二】

2018.1.27

日中友好新聞

本の紹介

『忘れられない中国留学エピソード』近藤昭一・西田実仁など48人著 段躍中 編

日本僑報社は、日中国交正常化45周年の節目に当たる2017年を記念して、第1回「忘れられない中国留学エピソード」コンクールを開催しました。

本書は入賞作含め48本を収録。いずれも中国留学の楽しさ、つらさ、意義深さ、そして中国の知られざる魅力を日中対訳版で紹介。

発行に当たり、程永華中国大使は「23万の日本人留学生の縮図。両国関係の変遷と中国の改革開放の歩みを知るうえで重要な一冊」と評しています。

日本僑報社発行、定価2600円+税。問い合わせは同社☎03(5956)2808

2018年1月25日　2017年8月5日

「忘れられない 中国留学エピソード」

作文の受賞者決まる

日中国交正常化45周年記念・第1回「忘れられない中国留学エピソード」を主催する日本僑報社は7月3日、厳正な審査の結果、作文の各賞受賞者を決定しました。

主催者にとっては、中国留学に関する作品の初めての募集。また募集発表から応募締切まで約45日間と短期間だったにもかかわらず、応募総数延べ93本、留学先の大学・学校は延べ52校で中国のほぼ全土にわたることが、明らかになりました。応募者は男性45人、女性48人。年代別では20代から80代まで幅広い年齢層でした。

入選作は、国交正常化45周年に合わせて原則として45作品とし、さらに入選作から1等賞10本、2等賞15本、3等賞20本を選出しました。

1等賞は、東京都の五十木正さん(留学先=北京大学)ら、男性8人、女性2人。いずれもかけがえのない留学体験にもとづいた力作、秀作ぞろいで甲乙つけがたく、各審査員も大いに頭を悩ませました。

その中でも上位に選ばれた作品は、(1)「忘れられない中国留学エピソード」というタイトルにふさわしく、具体的かつ印象的なエピソードが記されたもの

(2)テーマ性、メッセージ性のはっきりしたもの

(3)独自の中国留学体験から、読者に勇気や希望、感動を与えてくれたもの――などの点が高く評価されました。

主催者は、入選作45本など計48本を1冊の作品集としてまとめ、日中2カ国語版として年内に刊行する予定です。

中日新聞

2017年7月26日

中国留学作文コンクール
県出身2人が1等賞

山本勝巳さん

市川真也さん

日中関係の出版社・日本僑報社（東京）の作文コンクール「忘れられない中国留学エピソード」で、星城大事務職員、山本勝巳さん(三二)＝東海市富貴ノ台二＝と、安城市出身の早稲田大四年、市川真也さん(二二)＝東京在住＝が一等賞の十人の中に選ばれた。二人とも中国での体験を通じ、市民レベルでの交流や相手の立場で考えることの大切さを訴えた。

コンクールは、日中国交正常化四十五周年を記念して行われた。二十代から八十代までの中国留学経験者や現役留学生九十三人から応募があり、今月上旬に受賞者が決まった。

山本さんは二〇〇七年三月から約一年間、北京の演劇大学・中央戯劇学院で中国語や演技を学んだ。作文では、中国のドラマに日本兵役で出演した経験に触れた。ロケ地で子どもたちから「バカヤロ」と怒鳴られたが、自分から中国語で話し掛けると次第にうち解け、日本のアニメのことで質問攻めにあった体験をつづった。

市川さんは一五年二月から半年余り、北京大に留学。寮で同室だった中国人と一緒に「抗日ドラマ」を見たのをきっかけに、日中戦争について知ろうと、旅順やハルビン、南京などを訪問。生存者の悲痛な声も聞き、「彼らの戦争体験、私が見てきたもの、すべてを伝えていかなければならないと心から感じた」と書いた。

受賞の知らせに、山本さんは「自分の考えに共感してもらえたのでうれしい」と述べた。市川さんは「一等賞になるとは思わなかった。多くの人に中国の現場を訪れてほしいと思う」と話した。

一等賞の受賞者十人は十一月に一週間の中国旅行に招待される。

（重村敦）

讀賣新聞

2017年5月27日

よみうり抄

◆「忘れられない中国留学エピソード」募集　中国留学の経験者や現役の留学生を対象に、思い出や日中関係への提言などを原稿用紙5枚（2000字）程度で募集。1等賞10人は1週間の中国旅行に招待。入賞者の作品は刊行予定も。31日まで。問い合わせは主催の日本僑報社（☎03・5956・2808）。

毎日新聞

2017年5月14日

中国留学エピソード募集

日中国交正常化から今年で45周年を迎えるのを機に、出版社「日本僑報社」（東京都豊島区）が「忘れられない中国留学エピソード」の作文を募集している。対象は中国留学経験者で、原則として日本人（現役留学生可）。テーマは「中国との出会い」や「恩師やクラスメートとの交流」「日中関係にプラスになるような提言」など。31日締め切り。問い合わせは同社（03・5956・2808）。

2018年4月3日☞

首页　新闻聚焦　新报专题　新报时评　文华TV　日中飞鸿　玩转日本　东瀛

当前位置： 新闻聚焦 > 日中之间 > > 内容

《难忘的旅华故事》征文赛在东京启动

来源：东方新报　作者：朱耀忠　时间：2018-04-03　分享到：

纪念中日和平友好条约签订40周年

首届《难忘的旅华故事》征文比赛在东京启动

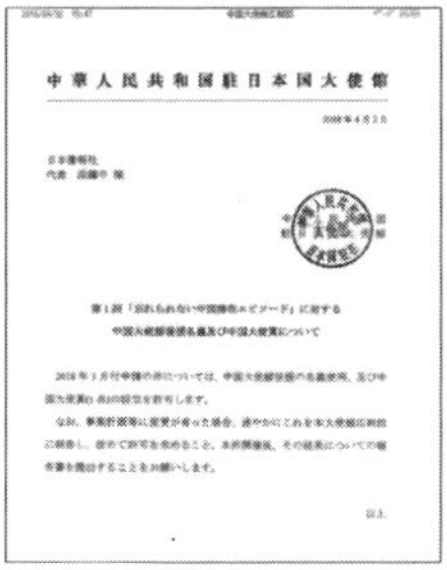
中華人民共和国駐日本国大使館

中国驻日本大使馆给主办方的通知

【本报讯】为纪念中日和平友好条约签订40周年，第一届《难忘的旅华故事》征文比赛，于4月2日在东京启动，中国驻日本大使馆向主办方——日本侨报出版社，发出了作为本次征文活动支持单位和同意设立"中国大使奖"的通知。主办方欢迎所有在中国生活和工作过的日本各界人士参加。

日本東方新報
—www.LiveJapan.cn—

☞2017年12月24日

首页　新闻聚焦　新报专题　新报时评　文华TV　东瀛旅游　在日指南

当前位置： 新闻聚焦 > 日中之间 > > 内容

中日双语版 《难忘的中国留学故事》在日本出版

来源：日本东方新报　作者：朱耀忠　时间：2017-12-24　浏览次数：52

【本报讯】2017年度日本留华毕业生交流会暨《难忘的中国留学故事》首发式，日前在东京举行。

为纪念中日邦交正常化45周年，在中国驻日本大使馆的支持下，日本侨报社今年4月举办首届"难忘的中国留学故事"征文活动。45天里收到93篇文章。文章的作者既有退休的耄耋老人，也有还在中国学习的年轻学子，有外交官、大学教授还有企业高管，有的记录了因留学与中国的相遇结缘、与中国恩师和同学的交流、与当今中国的联系，有的讲述了结识的朋友与感受到的中国魅力，还有的对中日关系的发展提出了积极建议。

程永华大使在该书序言中表示："因作者的留学年代跨越了近半个世纪，留学大学遍及中国多省，由一个个小故事汇集而成的文集相映成趣，构成了23万日本留华毕业生的缩影，既反映出中日两国关系的时代变迁，也从一个个侧面反映出中国改革开放以来的发展历程"。

"通过阅读作品，充分了解到日本留学生在中国各地经历了各种体验，与中国老百姓深入开展真挚交流，这些成为支撑日中关系的重要基石和强劲力量源泉。"日本前首相福田康夫为该书所作的序言表示，构建未来的日中关系，两国人民之间的交流不可或缺。日本人要想了解中国，除留学外，通过旅游、研修、商务等多种途径与中国开展务实互动是非常重要的。

"到中国留学是人生的宝贵财富。"35年前曾在北京留学的日本参议员西田实仁在文中讲述了中国留学经历对自己人生的重大作用，他写道，"正是在中国的生活，让我更加了解中国、日本，以及身为日本人的自己。留学的作用不仅仅是语言技能的提高，更是人生感悟的收获。"

因留学中国而爱上中国并决心在中国生活一辈子的中村纪子特意从武汉赶回东京。已经在中国生活15年的她手持刊登自己获奖作品的《难忘的中国留学故事》一书，兴奋与激动之情溢于言表，眼角噙着泪水。

刊登了45篇获奖文章的《难忘的中国留学故事》12月中旬开始在日本各大书店上架。日本侨报社总编辑段跃中说，希望通过日本留华毕业生的文字，介绍所认识和理解的中国及中国人，让更多日本人了解去中国留学的意义，让更多日本人感受到中国的魅力。

中国驻日本大使馆教育处公使衔参赞胡志平表示，希望中日两国共同努力为两国青年到对方国家留学创造更加有利的环境，中国大使馆将继续鼓励和支持更多日本青年赴华留学深造。（作者：刘军国，图片：日本侨报社）

週刊読書人

2017年5月26日

第1回 忘れられない中国留学エピソード

募集（締切：5月31日）

主催：日本僑報社

■内容
忘れられない中国留学エピソード
※中国留学の思い出、帰国後の中国とのかかわり、近況報告、中国の魅力、今後の日中関係への提言など。テーマ性を明確に。

■対象
中国留学経験者※原則として日本人。現役留学生可。

■入賞数
45名（作品）

■文字数
400字詰め原稿用紙5枚（2000字）＋文末に略歴200字以内（ワード形式で）※規定文字数のほか、郵便番号、住所、氏名、年齢、性別、職業、連絡先（E-mail、電話番号、微信ID）を記入のうえ送付。

■写真
留学時の思い出の写真、筆者の近影計2枚（JPG形式で、サイズは長辺600ピクセル以内）

■送付方法
原稿と写真を、E-mailで送付。

【あて先】
E-mail:45@duan.jp
※送信メールの「件名(タイトル)」は「忘れられない中国留学エピソード応募（お名前）」として、応募者の名前も明記。

■応募期間
2017年5月8日～5月31日

■入選発表
6月30日（予定）

■問い合わせ
「忘れられない中国留学エピソード係」☎03・5956・2808

聖教新聞

SEIKYO SHIMBUN

2017年5月13日

第1回 忘れられない中国留学エピソード

31日締め切り 日本僑報社

募集

日本僑報社が、日中国交正常化45周年を記念し、第1回「忘れられない中国留学エピソード」の作品を募集している。

中国への日本人留学生は、受け入れが始まった1962年から2015年までに累計22万人を超えた。そうした多くの留学経験者（現役留学生含む）が対象で、留学時代の思い出や中国の魅力、帰国後の中国との関わり、日中関係への前向きな提言など、各人のエピソードを、テーマ性を明確にしてまとめる。

入選作45作品は作品集として8月に同社から刊行される。また、入選作の中から1等賞（10作品、中国大使館主催の「一週間中国旅行」に招待）、2等賞（15作品、2万円相当の同社書籍贈呈）、3等賞（20作品、1万円相当の同社書籍贈呈）が選ばれる。

詳細は公式ホームページ（http://duan.jp/cn/2017.htm）を参照。

文字数＝400字詰め原稿用紙5枚と掲載用略歴200字以内（どちらもワード形式）。規定文字数のほか、住所・氏名・年齢・職業・連絡先を記載。

写真＝2枚（留学時のもの、筆者の近影）を添付。

応募先＝日本僑報社内「忘れられない中国留学エピソード」係まで、メール（45@duan.jp）で作品と写真を送信する。

募集期間＝5月31日(水)まで。入選発表は6月30日(金)。

問い合わせ先＝日本僑報社、忘れられない中国留学エピソード係、電話03（5956）2808。

中日新聞

2017年5月12日

★中国留学エピソード募集

今年秋が日中国交正常化四十五周年の節目になるのを記念し、東京都豊島区西池袋の出版社・日本僑報社が「忘れられない中国留学エピソード」の原稿を募集している。

入選四十五作品を今年八月に同社が作品集として刊行するほか、後援の在日中国大使館が入選のうち一等賞の十人を八月に一週間の中国旅行に招待する。

同社は「経験者以外にあまり知られていない中国留学の楽しさ、つらさ、意義深さ、中国の知られざる魅力を書いてください」と積極的な応募を呼びかけている。

中国は国交正常化前の一九六二年から日本人留学生を受け入れ、二〇一五年までに累計で二十二万人を超えるという。作品募集の対象は日本人の中国留学経験者で、現役留学生も可。

四百字詰め原稿用紙五枚の本文と二百字以内の略歴、留学時の思い出の写真と筆者近影の二枚をEメールで送る。宛先は45@duan.jp。締め切りは今月三十一日。入選発表は六月三十日。問い合わせは日本僑報社＝電03（5956）2808＝へ。

日中国交正常化45周年記念

第1回「忘れられない中国留学エピソード」大募集

日本僑報社は、日中国交正常化45周年の年である今年、中国留学の経験者を対象とした第1回「忘れられない中国留学エピソード」原稿を募集します。

中国は1962年から日本人留学生を受け入れ、2015年までにその数は累計22万人を超えています（うち中国政府奨学金を受けた留学生は、計7000人余り）。

また2015年時点で、中国国内で学ぶ日本人留学生は1万4085人を数え、これは世界202カ国・地域にわたる計39万8000人の日本人留学生のうち、国別・地域で第7位にランクされています。

留学時代のとっておきのエピソード——中国との出合い、恩師とクラスメートなどとの思い出をはじめ、現在の中国とのかかわり、知る人ぞ知る中国の魅力、そしてこれからの日中関係にプラスになるような提言といった、国交正常化45周年にふさわしい幅広い内容のオリジナリティーあふれる作品が期待されています。

同社では、原則として45作品を入選作として選び、それらを1冊の作品集として刊行する予定。さらに入選作から、1等賞10本、2等賞15本、3等賞20本を選出。副賞として1等賞の受賞者10人は、中国大使館主催の「一週間中国旅行」に招待。2等賞と3等賞の受賞者には、それぞれ2万円相当と1万円相当の日本僑報社の書籍が贈呈されます。

募集内容は以下の通り。

■内容＝忘れられない中国留学エピソード
※中国留学の思い出、帰国後の中国とのかかわり、近況報告、中国の魅力、今後の日中関係への提言など。中国留学の忘れられない思い出に触れつつもテーマ性を明確にしてください。
■主催＝日本僑報社（http://jp.duan.jp）
■対象＝中国留学経験者
※原則として日本人、現役留学生可。
■入賞数＝45人
■文字数＝400字詰め原稿用紙5枚（2000字）＋掲載用略歴200字以内
※日本語、縦書きを想定のこと。表記は『記者ハンドブック』『用語の手引』等を参考にしてください。文字数のほか、住所、氏名、年齢、職業、連絡先（E-mail、電話番号、微信ID）を記入。
■写真＝留学時の思い出の写真、筆者の近影　計2枚
■応募期間＝5月8日～5月31日
■入選発表＝6月30日
○あて先＝〒171－0021　東京都豊島区西池袋3～17～15　日本僑報社内「忘れられない中国留学エピソード」係　担当、段、張本
E-mail：45@duan.jp（※作品はE-mailでお送りください）
○問い合わせ＝☎03（5956）2808　Fax03（5956）2809
※応募作品は、返却しません。
※個人情報は、本プロジェクトについてのみ使用します。

日中友好新聞　2017年5月5日

東京新聞
2017年
5月2日

都内の出版社 作品募集へ

中国留学 体験談を教えて

日中国交正常化45周年を記念

今年、日中国交正常化四十五周年となるのを記念し、中国留学の経験者を対象とした「忘れられない中国留学エピソード」を東京・西池袋にある出版社、日本僑報社が募集する。在日中国大使館などが後援しており、入選四十五作品を書籍として刊行するほか、一等賞十人には一週間の中国旅行が贈られる。

（五味洋治）

中国の名門・復旦大学で行われた日本人留学生と中国人学生の交流会＝4月、上海で（坂井華海さん提供）

旅行は中国政府が主催するもので、国内の有名な史跡や都市を回り、歴史、文化を学ぶ内容。

中国は一九六二年から日本人留学生の受け入れを始めた。二〇一五年までに累計約二十二万人（うち中国政府奨学金を受けた留学生は、計七千人）を超えた。

また、中国国内で学ぶ日本人留学生数は約一万三千六百人（一六年現在、中国政府まとめ）となり、韓国、米国などに次ぎ九番目だが、若者の留学離れの影響などから日本の順位は年々下がっている。

テーマは、留学時代のエピソードや、恩師とクラスメートなどとの思い出、自分が出会った中国の魅力、日中関係への提言など自由。日本僑報社の段躍中社長は、「中国留学の楽しさを伝える作品を期待します」と話している。

四百字詰め原稿用紙五枚分で、年齢制限はなく、現在留学中でも可。応募方法など詳細は、日本僑報社＝http://jp.duan.jp＝へ。

応募期間は五月八～三十一日まで。入選発表は六月三十日。

（五味洋治）

新文化

2017年
5月9日

日本僑報社、「忘れられない中国留学エピソード」を募集

日中国交正常化45周年を記念し、第1回「忘れられない中国留学エピソード」を開催する。中国留学経験のある日本人を対象に、5月8日、作品の募集を開始した。
応募作品のなかから入選45作を選出し、1等賞10点、2等賞15点、3等賞20点を決める。1等賞受賞者は、中国大使館主催の「一週間中国旅行」に招待される。また、入選作は1冊にまとめて単行本化し、8月に日本僑報社から刊行される予定。
応募締切は5月31日。入選発表は6月30日。

西日本新聞 2017年5月1日

中国留学思い出文募集
国交正常化45周年で

日本僑報社（東京）は、中国留学経験者を対象に「第1回忘れられない中国留学エピソード」の作品を募集している。今年が日中国交正常化45周年に当たることから企画した。入選作45作品は、同社が8月に書籍として刊行する予定。

中国留学の思い出や帰国後の中国との関わりなどをテーマに、日本語で400字詰め原稿用紙5枚（2千字）にまとめる。書籍掲載用の略歴(200字)、留学時の思い出の写真と筆者近影を添えて、メールで申し込む。募集は5月8～31日。入選者には在日中国大使館が主催する1週間の中国旅行などが贈られる。

メールアドレス＝45@duan.jp。問い合わせは同社＝03（5956）2808。

@nifty ニュース

ニューストップ ＞ 海外ニュース ＞ 中国 ＞ 記事

あなたの「忘れられない中国留学エピソード」は？―日中国交正常化45周年を記念した作文コンクール始まる

いいね！0 シェア ツイート

2017年4月23日

出版社・日本僑報社はこのほど、日中国交正常化45周年の節目の年である今年、中国に留学した経験を持つ日本人を対象としたコンクール第1回「忘れられない中国留学エピソード」の原稿の募集を開始すると発表した。

出版社・日本僑報社はこのほど、中国に留学した経験を持つ日本人を対象としたコンクール第1回「忘れられない中国留学エピソード」の原稿の募集を開始すると発表した。写真は留学経験者パーティー。（撮影・提供/段躍中）

中国は1962年から日本人留学生を受け入れ、2015年までにその数は累計22万人を超えている。2015年時点で、中国国内で学ぶ日本人留学生は1万4085人を数え、世界202カ国・地域で学ぶ計39万8000人の日本人留学生のうち、国・地域別で第7位にランクされている。

中国留学を経験した日本人は多数に上り、そこには1人ひとりにとってかけがえのない、数多くの思い出が刻まれてきた。駐日中国大使館がこれまでに中国に留学した「日本人卒業生」を対象にした交流会を開催したところ、卒業生たちがそれぞれに留学の思い出話に花を咲かせ、大いに盛り上がったという。

日中文化交流　2017.5.1

日本僑報社がエピソード募集
「忘れられない中国留学」

日本僑報社（段躍中代表）が第1回「忘れられない中国留学エピソード」を5月8日から募集する。中国留学経験者を対象に、帰国後の中国との関わり、日中関係への提言など幅広い内容を受け付ける。入選した45作品は8月に単行本として刊行される予定。一等の10名は、中国大使館主催による一週間の中国旅行へ招待される。締切りは5月31日。入選発表は6月30日。字数、応募方法などお問合せは日本僑報社（電話03・5956・2808）まで。日中文化交流協会などが後援。

(1)第398号　日中月報　2017（平・29）年5月1日

一般社団法人　日中協会　編集

日中月報

題字　茅　誠司

発行日　平成29年5月1日
発行所　一般社団法人　日中協会
毎月1回1日発行（4月・10月休刊）
〒112-0004　東京都文京区後楽
1-5-3　日中友好会館本館3F
TEL（03）3812－1683
FAX（03）3812－1694
ホームページ　http://jcs.or.jp/

日中国交正常化45周年記念

第1回「中国留学の思い出」エピソードを大募集

入選作品集を刊行、1等賞10名は「一週間中国旅行」に招待

主催／日本僑報社　後援／日中協会、駐日中国大使館　他

日本僑報社は、日中国交正常化45周年の節目の年である今年、中国留学の経験者を対象とした第1回「中国留学の思い出」エピソード原稿を大募集します！

公明新聞
2017年4月21日

◆第1回「忘れられない中国留学エピソード」募集

中国は1962年から日本人留学生を受け入れ、2015年までにその数は累計22万人を超え、数多くの思い出が刻まれた。そこで「忘れられない中国留学エピソード」を募集する。文字数は2000字で。応募期間は5月8～31日。入選発表は6月30日。作品は日本僑報社内「忘れられない中国留学エピソード」係あてにＥメール＝45@duan.jpへ送信を。詳しい問い合せは☎03・5956・2808へ。

日本と中国　2017年5月1日

忘れられない中国留学エピソード作品募集中！
1等賞10人に「一週間中国旅行」招待

日本僑報社はこのほど、中国留学の経験者を対象とした第1回「忘れられない中国留学エピソード」作品を5月8日から31日まで募集する。（公社）日中友好協会などの後援。

中国は1962年から日本人留学生を受け入れ、2015年までに累計22万人を超える（うち中国政府奨学金を受けた留学生は7000人余り）。そこで、中国留学経験者なら必ずあるだろう「忘れられない中国留学エピソード」を募集する。応募作品の中から国交正常化45周年にちなみ45作品（1等10人、2等15人、3等20人）を選び、副賞として1等10人を、中国大使館主催の「一週間中国旅行」に招待する。

中国留学の楽しさ、つらさ、中国の魅力などを伝えるユニークな作品を幅広く集め、入賞作品は作品集としてまとめ刊行する予定。

第1回「忘れられない中国留学エピソード」募集内容

■内容：忘れられない中国留学エピソード　※思い出、帰国後の中国とのかかわり、近況報告、中国の魅力、日中関係への提言など（テーマ性を明確に！）。
■対象：中国留学経験者　※原則として日本人、現役留学生可。
■文字数：400字詰め原稿用紙5枚（2000字）＋掲載用略歴200字以内 ※日本語、縦書きを想定のこと。表記は『記者ハンドブック』等をご参考ください。規定文字数のほか、住所、氏名、年齢、職業、連絡先（E-mail、電話番号、微信ID）をご記入ください。
■写真：留学時の思い出の写真、筆者の近影　計2枚
■入賞数：45名（作品）　**■特典**：応募作品は単行本として8月に日本僑報社から刊行予定。※入選作品から、1等賞10本、2等賞15本、3等賞20本を選出。1等賞の受賞者は中国大使館主催の「一週間中国旅行」（8月実施予定）に招待。2等賞と3等賞の受賞者にはそれぞれ2万円相当と1万円相当の日本僑報社の書籍を贈呈。
■応募期間：2017年5月8日～5月31日　**■発表**：6月30日
○作品応募先　E-mail：45@duan.jp　※作品はE-mailでお送りください。
○問合せ：Tel 03-5956-2808　Fax03-5956-2809　担当：段、張本
※応募作品は、返却しません。※個人情報は、本件のみに使用します。
応募の詳細は、日本僑報社HP（http://duan.jp/cn/2017.htm）に掲載

人民日報

2018年1月5日

人民日报海外版 2018年01月05日 星期五

日报 周报 杂志 人民网 people.cn

返回目录

往期回顾 分类检索

《难忘的中国留学故事》在日出版

《人民日报海外版》（2018年01月05日 第07版）

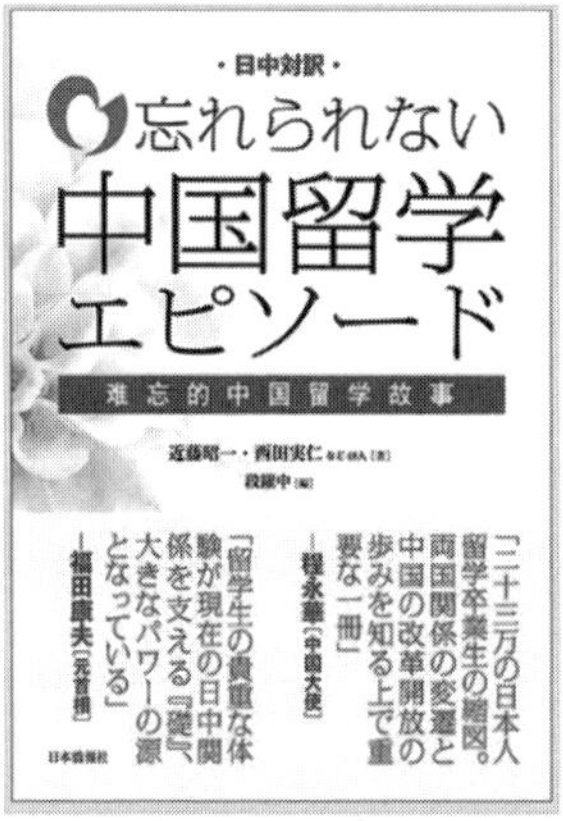

2017年12月中旬，刊登了45篇获奖文章的《难忘的中国留学故事》在日本各大书店上架。

为纪念中日邦交正常化45周年，在中国驻日使馆支持下，日本侨报社今年4月举办首届“难忘的中国留学故事”征文活动。45天里收到93篇文章，作者既有退休老人，也有还在中国学习的年轻学子，有外交官、大学教授还有企业高管，文章记录了因留学与中国的相遇结缘、结识的朋友与感受到的中国魅力，有的还对中日关系发展提出了积极建议。中国驻日本大使程永华与日本前首相福田康夫为该书作序。日本侨报社总编辑段跃中说，希望通过日本留华毕业生的文字，让更多日本人感受到中国的魅力。

（刘军国）

光明日報

2018年4月3日

报纸 杂志 光明日报 2018年04月03日 星期二

往期回顾 数字报检索 返回目录 ‹ 上一期 下一期 ›

感知中国 “用真心碰撞真心”

作者：本报记者 张冠楠 《光明日报》（ 2018年04月03日 12版）

自1979年，中日两国政府就互派留学生达成协议后，两国留学生交流不断得到发展。据统计，截至目前，日本累计赴华留学人数超过24万人，其中享受中国政府奖学金的日本留学生超过7000名，2016年，在华日本留学生人数为13595人，在205个国家44.3万留学生中位列第九位。

从2015年开始，中国驻日本大使馆每年年底都会举办日本留华毕业生交流会，受到日本各界好评。在去年的交流会上，日本文部科学省、外务省、人事院、日本学生支援机构、日本中国友好协会等机构、团体的有关负责人、各界留华毕业生代表等约300人出席交流会。中国驻日本大使馆公使刘少宾代表程永华大使在致辞中表示，希望留华毕业生充分发挥自己的优势，积极推动中日两国在各领域的交流合作，为增进两国人民的相互理解和长期友好作出更大贡献。期待更多日本青年到中国留学，加入到中日友好的行列。

留学中国故事多

国之交在于民相亲，中日两国作为一衣带水的邻邦，2000多年来人文交流对两国文化和社会发展一直发挥着重要的作用。2017年，为纪念中日邦交正常化45周年，在中国驻日本大使馆的支持下，日本侨报社在2017年4月举办首届“难忘的中国留学故事”征文活动。45天里收到93篇文章，其中获奖的文章均被收录至《难忘的中国留学故事》一书中，其中的作者有已经退休的老人，也有尚在中国学习的年轻学子，有经济界人士，也有知名的国会议员。讲述了在中国的留学经历，分享了在中国留学的体验。

中国驻日本大使程永华在《难忘的中国留学故事》序言中表示，因作者的留学年代跨越了近半个世纪，留学大学遍及中国多省，由一个个小故事汇集而成的文集相映成趣，构成了23万日本留华毕业生的缩影，既反映出中日两国关系的时代变迁，也从一个个侧面反映出中国改革开放以来的发展历程。日本前首相福田康夫为该书所作的序言表示，“通过阅读作品，充分了解到日本留学生在中国各地经历了各种体验，与中国老百姓深入开展真挚交流，这些成为支撑日中关系的重要基石和强劲力量源泉。”

www.news.cn 新华网 NEWS www.xinhuanet.com

2017年12月11日

中国驻日使馆举办2017年度日本留华毕业生交流会

中国驻日本大使馆公使刘少宾在交流会上致辞。新华网记者 姜俏梅摄

新华网东京12月11日电(记者 姜俏梅)2017年度日本留华毕业生交流会8日在中国驻日本大使馆举行。日本文部科学省、外务省、日本学生支援机构、日本中国友好协会等机构及各界留华毕业生代表200多人出席交流会。

2017年4月17日

“难忘的中国留学故事”征文活动在日本启动

新华社东京４月１７日电（记者杨汀）为纪念中日邦交正常化４５周年，首届“难忘的中国留学故事”征文活动１７日在东京启动。

“难忘的中国留学故事”征文活动由日本侨报出版社主办，获得中国驻日本大使馆、日中协会等支持，邀请有在中国留学经历的日本各界人士，以２０００字的篇幅讲述在中国留学期间的难忘故事，介绍所认识和理解的中国及中国人等，在中日邦交正常化４５周年的大背景下弘扬中日友好。

日本侨报出版社社长段跃中表示，希望通过留学生的作品，让更多人了解到在中国留学的意义，让更多人感受到中国的魅力。

活动将在５月８日至３１日期间受理投稿，遴选４５篇获奖作品结集出版，并从中选出一等奖１０名、二等奖１５名、三等奖２０名。评选结果将于６月３０日公布。

按照活动规则，一等奖得主将获得中国大使馆赞助赴中国旅行一周的奖励。二等奖及三等奖得主将获得日本侨报出版社出版的书籍。

据中国驻日本大使馆教育处的数据，中国从１９６２年开始接受日本留学生，５５年来日本累计赴华留学人数超过２２万，其中享受中国政府奖学金的日本留学生超过７０００名。截至２０１５年１２月，在华日本留学生人数为１４０８５人。中国驻日本大使馆从２０１５年年底开始每年举行一次日本留华毕业生交流会，受到日本各界好评。

人民网 people.cn

2017年12月10日

“到中国留学是人生的宝贵财富”

本报驻日本记者 刘军国

2017年12月09日

《难忘的中国留学故事》在东京首发

视频介绍

当地时间12月8日晚，2017年度日本留华毕业生交流会暨《难忘的中国留学故事》首发式在中国驻日本大使馆举办。来自日本文部科学省、外务省、日本中国友好协会等机构、团体的有关负责人，各界留华毕业生代表等约300人出席交流会。（人民日报记者 刘军国）

2017年4月17日

“难忘的中国留学故事”征文活动在日本启动

原标题：“难忘的中国留学故事”征文活动在日本启动

为纪念中日邦交正常化４５周年，首届“难忘的中国留学故事”征文活动１７日在东京启动。

“难忘的中国留学故事”征文活动由日本侨报出版社主办，获得中国驻日本大使馆、日中协会等支持，邀请有在中国留学经历的日本各界人士，以２０００字的篇幅讲述在中国留学期间的难忘故事，介绍所认识和理解的中国及中国人等，在中日邦交正常化４５周年的大背景下弘扬中日友好。

日本侨报出版社社长段跃中表示，希望通过留学生的作品，让更多人了解到在中国留学的意义，让更多人感受到中国的魅力。

活动将在５月８日至３１日期间受理投稿，遴选４５篇获奖作品结集出版，并从中选出一等奖１０名、二等奖１５名、三等奖２０名。评选结果将于６月３０日公布。

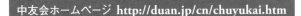

編者略歴

段 躍中（だん やくちゅう）

日本僑報社代表、日中交流研究所所長。

中国湖南省生まれ。有力紙「中国青年報」記者・編集者などを経て、1991年に来日。2000年新潟大学大学院で博士号を取得。

1996年日本僑報社を創立。以来、書籍出版をはじめ、日中交流に尽力している。

2005年1月、日中交流研究所を発足、中国人の日本語作文コンクールと日本人の中国語作文コンクール（現「忘れられない中国滞在エピソード」）とを同時主催。

2007年8月に「星期日漢語角」（日曜中国語サロン、2019年7月に600回達成）。

2008年に出版翻訳のプロを養成する「日中翻訳学院」を創設。

2009年日本外務大臣表彰受賞。

2021年武蔵大学2020年度学生が選ぶベストティーチャー賞受賞。

北京大学客員研究員、湖南大学客員教授、立教大学特任研究員、日本経済大学特任教授、湖南省国際友好交流特別代表、群馬県日中友好協会顧問などを兼任。

著書に『現代中国人の日本留学』『日本の中国語メディア研究』など多数。

詳細：http://my.duan.jp/

The Duan Press

日中国交正常化50周年記念出版

驚きの連続だった中国滞在

第5回「忘れられない中国滞在エピソード」受賞作品集

2022年11月22日　初版第1刷発行

著　者　赤羽一嘉・関口知宏・矢野浩二・中ノ瀬幸など43人

編　者　段 躍中

発行者　段 景子

発売所　日本僑報社

〒171-0021 東京都豊島区西池袋3-17-15

TEL03-5956-2808　FAX03-5956-2809

info@duan.jp

http://jp.duan.jp

e-shop「Duan books」

https://duanbooks.myshopify.com/

ISBN 978-4-86185-328-9

日本僑報社好評既刊書籍

続々増刷!!

翻訳のプロを目指す全ての人におすすめ！
日中翻訳学院の授業内容を凝縮した
「日中中日翻訳必携」シリーズ好評発売中！

日中中日翻訳必携 基礎編

翻訳の達人が軽妙に明かすノウハウ　武吉次朗 著

著者の四十年にわたる通訳・翻訳歴と講座主宰及び大学での教授の経験をまとめた労作。

古川裕（中国語教育学会会長・大阪大学教授）推薦！

四六判177頁 並製　定価1800円＋税
2007年刊　ISBN 978-4-86185-055-4

日中中日翻訳必携 実戦編

よりよい訳文のテクニック

武吉次朗 著

好評の日中翻訳学院「武吉塾」の授業内容が一冊に！
実戦的な翻訳のエッセンスを課題と訳例・講評で学ぶ。

四六判177頁 並製　定価1800円＋税
2007年刊　ISBN 978-4-86185-160-5

日中中日翻訳必携 実戦編Ⅱ

脱・翻訳調を目指す訳文のコツ

武吉次朗 著

脱・翻訳調を目指す訳文のコツ、ワンランク上の訳文に仕上げるコツを全36回の課題と訳例・講評で学ぶ。

四六判192頁 並製　定価1800円＋税
2016年刊　ISBN 978-4-86185-211-4

日中中日翻訳必携 実戦編Ⅲ

美しい中国語の手紙の書き方・訳し方　千葉明 著

武吉次朗先生推薦！ 中国語手紙の構造を分析して日本人向けに再構成し、テーマ別に役に立つフレーズを厳選。元在ロサンゼルス総領事・元日中翻訳学院講師の著者が詳細に解説。

A5判202頁 並製　定価1900円＋税
2017年刊　ISBN 978-4-86185-249-7

日中中日翻訳必携 実戦編Ⅳ

こなれた訳文に仕上げるコツ　武吉次朗 編著

「解説編」「例文編」「体験談」の各項目に分かれて、編著者の豊かな知識と経験に裏打ちされた講評に加え、図書翻訳者としてデビューした受講者たちが自ら率直な感想を伝える。

四六判176頁 並製　定価1800円＋税
2018年刊　ISBN 978-4-86185-259-6

日中語学対照研究シリーズ

中日対照言語学概論―その発想と表現―

日中翻訳学院院長
大東文化大学名誉教授　高橋弥守彦 著

中日両言語は、語順や文型、単語など、いったいなぜこうも表現形式に違いがあるのか。
現代中国語文法学と中日対照文法学を専門とする高橋弥守彦教授が、最新の研究成果をまとめ、中日両言語の違いをわかりやすく解き明かす。

A5判256頁 並製　定価3600円＋税
2017年刊　ISBN 978-4-86185-240-4

中国の新聞・出版産業70年史

―1949～2019年―

範軍 主編　李暁曄、王平 副主編
日本経済新聞社 元中国総局長
日中翻訳学院 山田周平 ほか 訳

1949年の中華人民共和国成立以来70年間の新聞・出版産業の歩みを、中国政府系出版シンクタンクである中国新聞出版研究院が豊富なデータに基づいて研究し、中国国内で初めて出版された権威ある研究の集大成。

A5判432頁 並製　定価8800円＋税
2022年刊　ISBN 978-4-86185-299-2

根強い人気を誇るロングセラーの最新版、ついに登場！

病院で困らないための日中英対訳

医学実用辞典

Amazon ベストセラー **第1位**
〈医学辞事典・白書〉(2016/4/1)

松本洋子 編著

推薦
岡山大学名誉教授
高知女子大学元学長　**青山英康**医学博士
高知県立大学学長
国際看護師協会元会長　**南裕子**先生

海外留学・出張時に安心、医療従事者必携！ 指さし会話集&医学用語辞典。全て日本語・英語・中国語（ピンインつき）対応。

A5判312頁 並製　定価2500円＋税
2014年刊　ISBN 978-4-86185-153-7

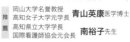

日本僑報社好評既刊書籍

悠久の都 北京　中国文化の真髄を知る

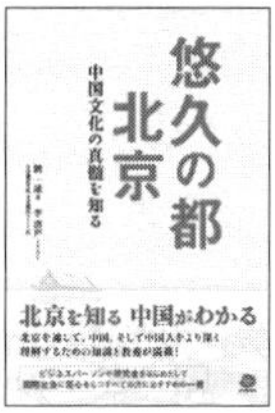

北京を題材とした小説・
エッセイ作家の第一人者　劉一達 著
天安門の毛沢東肖像画を描いた
新聞漫画家の第一人者　李濱声 イラスト

風情豊かなエッセイとイラストで描かれる北京の人々の暮らしを通して、中国文化や中国人の考えがより深く理解できる。国際社会に関心を持つすべての方におすすめの一冊！

四六判 324 頁 並製　定価 3600 円＋税
2022 年刊　ISBN 978-4-86185-288-6

日中ユースフォーラム 2020　ポストコロナ時代の若者交流

垂秀夫 中華人民共和国駐箚特命全権大使 ご祝辞掲載

日中の若者たちがネット上に集い、ポストコロナ時代の国際交流について活発な討論を行った開催報告書。日中両国に新たな活力とポジティブエネルギーを注ぎ込む一冊。

四六判 168 頁 並製　定価 1800 円＋税
2021 年刊　ISBN 978-4-86185-308-1

新装版 「ことづくりの国」日本へ　そのための「喜怒哀楽」世界地図

NHK「中国鉄道大紀行」
等で知られる俳優・旅人
関口知宏 著

鉄道の旅で知られる著者が、人の気質要素をそれぞれの国に当てはめてみる「『喜怒哀楽』世界地図」持論を展開。

四六判 248 頁 並製　定価 1800 円＋税
2018 年刊　ISBN 978-4-86185-266-4

わが七爸《おじ》 周恩来

第1位 Amazon ベストセラー 歴史人物評伝 2022.9.29-10.1

元北京大学副学長
周爾鎏 著
日中翻訳学院 馬場真由美、松橋夏子 訳

新中国創成期の立役者・周恩来はどのような人物であったのか。親族だからこそ知りえた周恩来の素顔、真実の記憶、歴史の動乱期をくぐり抜けてきた彼らの魂の記録。

A5 判 280 頁 上製　定価 3600 円＋税
2019 年刊　ISBN 978-4-86185-268-8

中国近現代文学における「日本」とその変遷

小説　映画　漫画　詩歌　etc...

劉舸 著

中国大陸、香港地区、台湾地区における日本を題材にした中国近現代文学について体系的に比較研究を行い、中国人の奥底にある日本観の全貌をあぶり出し、中国人の日本観を鏡として映し出された中国人の意識に切り込んだ意欲作。

四六判 328 頁 並製　定価 6200 円＋税
2021 年刊　ISBN 978-4-93149-290-9

愛蔵版 中国人の食文化ガイド　心と身体の免疫力を高める秘訣

熊四智 著　日中翻訳学院 監訳
日中翻訳学院 山本美那子 訳・イラスト

“料理の鉄人”
陳建一氏 推薦!!

読売新聞書評掲載
（2021/1/24）

第5位 Amazon ベストセラー 中国の地理・地域研究 2020.12.2

四六判 384 頁 並製
定価 3600 円＋税
2020 年刊　ISBN 978-4-86185-300-5

第18回 中国人の日本語作文コンクール受賞作品集

日中「次の50年」

中国の若者たちが日本語で綴った提言

日中国交正常化50周年を記念し、中国で日本語を学ぶ若者たちが翻訳を通さずに直接日本語で書いた「生の声」による新鮮な体験談と斬新な提言が満載！

日中交流研究所所長 段躍中 編
ISBN978-4-86185-329-6　定価 2000 円＋税

受賞作品集 シリーズ ①〜⑰

❶日中友好への提言 2005
❷壁を取り除きたい
❸国という枠を越えて
❹私の知っている日本人
❺中国への日本人の貢献
❻メイドインジャパンと中国人の生活
❼蘇る日本！ 今こそ示す日本の底力
❽中国人がいつも大声で喋るのはなんでなのか？
❾中国人の心を動かした「日本力」
❿「御宅（オタク）」と呼ばれても
⓫なんでそうなるの？
⓬訪日中国人「爆買い」以外にできること
⓭日本人に伝えたい中国の新しい魅力
⓮中国の若者が見つけた日本の新しい魅力
⓯東京 2020 大会に、かなえたい私の夢！
⓰コロナと闘った中国人たち
⓱コロナに負けない交流術

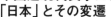